山东省世界社会主义共产主义运动研究基地
聊城大学世界社会主义共产主义运动研究所　主办

 *International Communist Movement History And Socialism Research Edits Publication*

国际共运史与社会主义研究辑刊

2011年卷（总第1卷）

程玉海　张祥云／主编

全国百佳出版社
中央编译出版社
CCTP　Central Compilation & Translation Press

创刊词

1847年6月共产主义者同盟的建立、1848年2月《共产党宣言》的发表，是马克思主义诞生、国际共产主义运动兴起的标志，也是国际共运史研究的起点。

19世纪40年代，马克思、恩格斯在完成世界观和政治立场转变，创立马克思主义理论体系的过程中，他们不断运用社会主义和共产主义概念论述问题，并从一开始就坚定不移地选择了"共产主义"来表达自己的政治立场和理论学说，以共产主义和共产党命名自己创立的组织和理论纲领。以《共产党宣言》的发表为标志，马克思、恩格斯关于"共产主义"的概念已包含了三个方面的内容：一是指运动——无产阶级解放的革命运动；二是指自己创立与发展的理论体系；三是指代替资本主义的未来的社会制度。这一时期马克思、恩格斯论述问题时，往往论述和强调其内涵的某一方面，但从总体上说，上述三个方面的内容，作为相互联系、不可分割的整体已经形成。这一时期，马克思、恩格斯也明确论述了共产主义革命是世界性革命的思想。他们指出，共产主义革命是"世界性的革命，所以将有世界性的活动场所"。"共产主义革命将不是仅仅一个国家的革命，而是将在一切文明国家里，至少在英国、美国、法国、德国同时发生的革命。"而共产主义者同盟作为"国际工人组织"，则是"第一次国际工人运动"。由此可见，在1848年前，"国际共产主义运动"这一概念虽未产生，但"共产主义运动"及其"世界性"已经被马克思、恩格斯所确立。

1848年欧洲革命失败后，马克思、恩格斯所期望的革命高潮未能到来。到1852年，在反动势力和共产主义者同盟内部分歧的双重压力下，第一个以共产主义命名的无产阶级政党——共产主义者同盟宣布解散，过早地结束了它短暂的历史。在19世纪后50年的漫长历史中，马克思主义虽然得到了极大的丰富和发展，"科学社会主义"概念虽已产生，但再也没有出现以共产主义命名的政党和国际组织。第一国际被称为"国际工人协会"，第二国际被称为"社会主义者国际代表大会"，各国无产阶级政党采用了社会党、社会民主党、社会主义工人党、社会民主工党等名称。在第一国际和第二国际期间，共产主义运动的概念已很少出现，更没有国际共产主义运动的提法和概念，而是以国际工人运动、国际无产阶级革命运动、国际社会主义运动统称这50年的国际无产阶级革命运动。

"国际共产主义运动"的概念是列宁在1920年6月出版的《共产主义运动中的"左派"幼稚病》一书中提出的，它既是共产国际及其推动的世界革命的产物，又同第二国际分裂之后左、中、右三派的继续发展、组合与进一步分野紧密相联，并通过共产国际和苏联共产党广泛传播开来，成为各国共产党及此后的社会主义国家研究、阐述马克思主义产生以来国际工人运动、无产阶级革命运动的统称。

国际共产主义运动作为马克思主义、无产阶级革命的真正代表和传承者，在20世纪不断发展、壮大，并不断取得了社会主义由一国到多国的胜利。二战后社会主义阵营的建立、民族解放运动的辉煌成就，各国社会主义革命与社会主义建设的重大成就，由社会主义力量、各国革命民主力量、民族解放斗争等所构成的强大的维护世界和平力量对冷战的制衡，对二战后的国际关系、国际政治产生了巨大影响。

在20世纪国际共产主义运动本身发展的进程中，它推动人类历史发展的伟大的成就，已通过各方面的理论成果、著作、教科书作出了结论，并进行了充分论证。但是，另一方面，由于二战前国际共产主义运动实际是在联共（布）的领导下并通过共产国际这个领导中心、指挥中心加以实施而不断发展的，所以，联共（布）关于世界革命理论中某些左的错误，联共（布）党内斗争，苏联社会主义模式，革命与建设经验的教条化、神圣化，联共（布）对各党脱离实际的干预以及由此造成的瞎指挥，不顾各国共产党实际的保卫苏联运动等错误，又通过共产国际严格的集中制，共产国际"五大"的各党布尔什维克化运动、"六大"的第三时期理论、反右倾运动等，对各国共产党和革命运动造成了严重的影响。1943年共产国际虽然解散，但由此形成的左的错误和左的传统，不仅没有得到清理，反而被各党保持下来，对此后的各国革命和建设造成了严重的损失。

20世纪50年代后期到60年代中期围绕国际共产主义运动总路线所发生的中苏大论战，反对现代修正主义的斗争，渗透着苏共和苏联的大党主义与大国主义，又终于在国际共产主义运动内部造成新的大分裂，这也应是20世纪国际无产阶级革命运动中的第二次大分裂。所以，20世纪以推进世界无产阶级革命为主导的国际共产主义运动，在取得伟大历史成就的前提下，也慢慢地演变为具有特定意义的运动。苏联东欧剧变的悲痛，中国改革的成功、中国特色社会主义理论体系的形成与实践，从两个方面验证了清除这种错误和传统的必要性。

今天，当我们站在21世纪初和中国特色社会主义成就的基础上，重新反思160余年的国际共产主义运动之时，实际上基于三个前提决定了我们仍能够继续使用"国际共产主义运动"这一概念，以推进这一领域的历史研究。这三个前提是：其一，多年建设与形成的学科体系与研究领域，已经为人们和学界所固化，其160余年的历史作为世界近现代史的重要组成部分也需要在国际共运史的门类下加以总结和研究。其二，我国30年的改革开放，从理论与实践两个层面提供了实证和结果，为推进我国的国际共产主义运动研究作出了巨大贡献。其三，20世纪很多难以解开的问题，在许多方面已经被20世纪后期和21世纪初叶的历史进程所解决，从而使我们又获得了新的经验和认识。新的实证和结果、新的经验与认识，又赋予我们今天所说的"国际共产主义运动"以崭新的内涵。所以，我们今天所说的"国际共产主义运动"与它产生之初和我国改革开放之前具有"特定意义"的"国际共产主义运动"相比，实际上已经发生了巨大的变化。

一百多年前，马克思曾经说过："对人类生活形式的思索，从而对它的科学分析，总是采取同实际发展相反的道路。这种思索是从事后开始的，就是说，是从发展过程的完成的结果开始的。"历史往往是在沉沉的思索中迈出坚实的每一步，国际共产主义运动的历史也不例外。160多年来，国际共产主义运动走过了跌宕起伏的历程，积淀了丰富而又宝贵的经验教训。今天，站在21世纪初所能达到的认识高度，理性地、科学地审视、研究国际共产主义运动的历史进程，解放思想，实事求是，认真分析和总结160多年来正反两方面的经验教训，在理论与实践、历史与现实紧密结合的基础上，探寻国际共产主义运动发生、发展的机理、规律，从而加深对坚持和发展中国特色社会主义的理解，加强对坚持和发展中国特色社会主义的学理支撑，使我们在新的创造历史的活动中获得走向未来的新的、更高的起点，取得更大的自由和主动，应当是理论工作者的历史使命和重要任务。

作为一种尝试，从2011年起，聊城大学山东省世界社会主义共产主义运动研究基地、世界共运研究所将以《国际共运史与社会主义研究辑刊》的形式，按年度结集出版团队成员一年来国际共运史与社会主义研究的相关成果，以期推进"马克思主义理论研究和建设工程"和相关学科的发展。同时恳请专家、同仁和读者对《辑刊》中存在的疏漏、不妥之处给予批评指正。

程玉海
2011年5月

目 录

论 1922 年三个国际柏林会议 …………………………………… 程玉海 / 1
一战后国际社会主义运动两大国际组织对立格局的
　　形成与演变 ……………………………………………………… 程玉海 / 26
列宁民族区域自治思想探析 ……………………………………… 张祥云 / 53
列宁"民族自决权"思想缘起探析 ……………………………… 张祥云 / 64
列宁的政治智慧与 1917 年革命 ………………………………… 张有军 / 77
列宁经济法制建设思想探析 ……………………………………… 张有军 / 89
苏联的"增量腐败"及其当代警示 …………………… 张祥云　秦正为 / 96
论苏联勃列日涅夫时期对第三世界扩张的后果 ……… 张英姣　孙启军 / 107
金诺克时期英国工党的工会政策评析 …………………………… 李华锋 / 118
英国工党性质的三维解读 ………………………………………… 李华锋 / 130
论毛泽东反腐防变思想及其启示意义 …………………………… 魏宪朝 / 141
论邓小平对中国社会主义的形态定位 …………………………… 赵常伟 / 150
论邓小平对科学社会主义内涵的升华 …………………………… 赵常伟 / 158
深化认识马克思主义的四种基本视角 …………………………… 于学强 / 169
马克思主义人权理论及其中国实践 ……………………………… 秦正为 / 180
马克思主义中国化理论创新的轨迹、启示及未来展望 ………… 孟宪霞 / 191
萌动与选择：1930 年代中国现代化发展的社会主义走向 …… 秦正为 / 203
论"中国奇迹"的充分必要条件 ………………………………… 李海英 / 214
从毛泽东到胡锦涛：学习型政党建设的理论探索与实践 ……… 刘子平 / 224
与时俱进视阈下中国特色社会主义理论体系的形成 …………… 刘焕申 / 233
科学发展观的价值逻辑探析 ……………………………………… 陈士军 / 247

论 1922 年三个国际柏林会议

程玉海[*]

摘　要：1922 年 4 月 2 日，共产国际、第二国际、社会党国际工人联合会在柏林国会大厦 25 室召开了三个国际组织执行委员会联席会议，商谈反对资本进攻的"共同行动"，进而召开国际工人代表会议，创建统一战线。然而，由于种种原因这次会议的成果不仅未得到巩固与发展，反而迅速夭折，促使维也纳国际最终倒向了第二国际，两者合并为社会主义工人国际，从而形成了国际社会主义运动中两大国际组织尖锐对立、鸿沟难愈、冰炭难容的局面。因此，三个国际柏林会议及建立国际工人统一战线尝试的失败，就成为国际社会主义运动在组织上由"一分为三"转为"一分为二"基本格局的分界线。认真研究这一问题，对正确认识 20 世纪国际社会主义运动的内部斗争和演变具有重要的意义。

关键词：共产国际；第二国际；社会党国际；工人联合会；柏林会议

1922 年 4 月 2 日，共产国际、第二国际、社会党国际工人联合会（也称维也纳国际、第二半国际），在柏林国会大厦 25 室召开了三个国际组织执行委员会联席会议，商谈反对资本进攻的"共同行动"，进而召开国际工人代表会议，创建统一战线。这是一战后已分裂为三个国际组织的代表第一次"聚首一堂，进行商谈"，[①] 所以，也称"三个国际执委会代表会议"。由于这次会议

---

[*] 程玉海（1954—　），男，山东聊城人，聊城大学党委书记、教授、博导，中国国际共运史学会副会长，山东省世界社会主义共产主义运动基地首席专家，研究方向为科学社会主义与国际共运史。

① [英] 珍妮·德格拉斯选编：《共产国际文件》第 1 卷，世界知识出版社 1963 年版，第 424 页。

在柏林召开，还被称为"三个国际柏林会议"。共产国际认为：这是1914年7月后，"统一的国际组织的国际工人运动各派代表第一次坐在一张桌子上会谈"。维也纳国际认为："召开这样一次会议在不久以前似乎还是不可能的，而现在竟然召开了，这一事实本身就已经是某种程度上的成功。"忧虑重重的第二国际执行局主席王德威尔得也表示："从1914年以来，我们是第一次坐在这里聚会……这在某种程度上是一个令人振奋的景象，我们今天终于能在这里开会了。"① 可见，三个国际都极为重视这次会议，并把这次会议的成果称为"刚刚开始形成的统一战线"或"统一战线微弱开端"。② 然而，不久，这次会议的成果不仅未得到巩固与发展，反而迅速夭折，促使维也纳国际最终倒向了第二国际，两者合并为社会主义工人国际，从而形成了国际社会主义运动中两大国际组织尖锐对立、鸿沟难愈、冰炭难容的局面。因此，三个国际柏林会议及建立国际工人统一战线尝试的失败，就成为国际社会主义运动在组织上，由"一分为三"转为"一分为二"基本格局的分界线。可见，认真研究这一问题，对正确认识20世纪国际社会主义运动内部斗争和演变具有重要的意义。为此，本文试就此加以探讨，以更好的总结经验与教训。

一

从1914年7月29日第二国际最后一次统一的会议，即布鲁塞尔国际社会党执行局会议，到1922年4月三个国际柏林会议，国际社会主义运动和国际工人运动的分裂与分化，已经历了痛苦而漫长的8年之久。一战后，由共产国际，及所属红色工会国际；社会党国际工人联合会；战后恢复的"第二国际"，及所属阿姆斯特丹工会国际所代表的左、中、右三派，正是统一的国际社会主义运动、国际工人运动"一分为三"的结果。实际上，三个国际此时

---

① 《第二国际、第三国际和维也纳国际联合会柏林会议记录》，三联书店1966年版，第2—22页。
② [英] 珍妮·德格拉斯选编：《共产国际文件》第1卷，世界知识出版社1963年版，第432—433页。

都已承认,并作出了"一分为三"的结论。①

恢复和重建第二国际的工作,停战前已在协约国社会党间展开了,他们于 1918 年 2 月和 9 月在伦敦召开过两次会议,倡议召开工人运动世界代表大会。这一倡议得到了原第二国际书记卡·胡斯曼的同意和支持,随后,由英国工党主席韩德逊、原第二国际执行局主席王德威尔得签发的邀请书发向各党。虽然这一倡议遭到许多社会党的反对,并拒绝出席,但代表会议还是于 1919 年 2 月在伯尔尼召开。由于参加会议的各党围绕战争责任展开了长时间的争吵,再加上代表性严重不足,所以,伯尔尼会议未能完成恢复和重建第二国际的任务,只是成立了布兰亭、韩德逊和胡斯曼三人组成的行动委员会,推动这一工作。1919 年 8 月,他们于卢塞恩再次召开了代表会议,决定 1920 年在日内瓦召开各国社会党代表大会,重建第二国际。可是由于欧洲几个大党,德国独立社会民主党,法国、意大利社会党,以及一系列社会民主党在这一期间先后正式解除了同第二国际的关系,奥地利社会党也拒绝会议邀请,所以,于 1920 年 7 月 31 日召开的日内瓦代表大会,仍然是以右翼为主体的部分社会党召开的会议。这次会议决定:将第二国际书记处迁往伦敦,并委托英国工党同解除关系的各党谈判。但工党发出的呼吁如石沉大海未得到任何响应。准备于 1922 年召开的第二国际代表大会也终未开成,所以,宣布重建第二国际的日内瓦大会,也是宣布重建工作无法真正完成的最后一次会议。至此,恢复和重建第二国际的任务,虽几经努力,耗费三年之久,但最终并未真正完成。这时重建的国际及领导机构,虽仍延续了第二国际的名义,但它只能是右翼组成的国际。正如社会党国际主席尤·布劳恩塔尔后来总结的那样:这次会议的任务是重建第二国际,但大会之前"已明显看出不可能达到这个目的。一大批社会主义政党脱离了第二国际,因此,日内瓦代表大会只不过代表着一个残缺不全的第二国际"。② 由此可见,共产国际关于第二国际在大战爆发后已经"破产和死亡"的结论,是符合历史实际的。

1919 年 3 月 2 日,共产国际,即第三国际在莫斯科成立,尽管参加"一

---

① 《列宁全集》第 29 卷,人民出版社 1985 年第 2 版,第 168 页。
② [奥] 尤·布劳恩塔尔:《国际史》第 2 卷,上海译文出版社 1986 年版,第 272 页。

大""代表的人数不多",①德共代表据此认为创建国际的时机尚未成熟,并投了弃权票,但创建新国际的任务还是完成了。当然,急迫创建共产国际同第二国际的伯尔尼会议有一定的联系。共产国际一开始就明确宣布,世界革命的形势已经成熟了,建立世界苏维埃共和国,至少是欧洲苏维埃共和国的时机已经来临了,所以,新的国际是"真正革命"的国际。②大会号召各国革命派,立即从社会民主党分裂出来,建立共产党,发动无产阶级革命,进行"直接进攻","用武器来反对武器,用暴力来反对暴力"。各国革命派要立即实行两个"决裂":同"右翼社会民主党人决裂","对他们除采取无情斗争的态度外,别无其他态度";同"中派决裂","把其中的革命分子分化出来,同时对其领袖进行毫无留情的批评和揭露"③列宁也认为:"破产的第二国际正在死去,活活腐烂着"。④当时,他的结论是"右派＝阶级敌人,中派＝动摇的小资产阶级"。⑤

共产国际第二次代表大会前后,英国独立工党、德国独立社会民主党、意大利社会党、法国社会民主党等一批社会党高调退出了第二国际。许多党准备加入共产国际,这些党大部分是欧洲的大党,有的党甚至参与了共产国际的创立过程,德国独立社会民主党代表、意大利社会党代表都参加了共产国际"二大"的活动。共产国际"二大"前,英、法、意、德"四个国家的工人运动,都存在着要求加入共产国际的强大思潮"。⑥但由于共产国际"二十一条"的出台和严格执行,这些党实际被坚决的拒之门外了。正如季诺维也夫所说:"我希望正如骆驼不会穿过针孔一样,中派门徒也不易滑过二十一个条件"。⑦同时,共产国际还进一步调整了对待中派的政策,中派被升级为"最危险的

---

① 《共产国际第一次代表大会文件》,中国人民大学出版社1988年版,第19页。
② [英]珍妮·德格拉斯选编:《共产国际文件》第1卷,世界知识出版社1963年版,第28页。
③ 同上,第4页。
④ 《列宁全集》第36卷,人民出版社1985年第2版,第402页。
⑤ 《列宁全集》第35卷,人民出版社1985年第2版,第482页。
⑥ [奥]尤·布劳恩塔尔:《国际史》第2卷,上海译文出版社1986年版,第214页。
⑦ [英]珍妮·德格拉斯选编:《共产国际文件》第1卷,世界知识出版社1963年版,第209页。

敌人"。"革命的进攻"和"打倒中派"成为这一时期的基本政策。这样一来，中派社会党不得不处于非常尴尬的境地。

共产国际"二大"后，一系列共产党从上述社会党中分化出来，完成了独立建党的过程。1921年1月15日，在意大利社会党里窝那会议（17大）上，党在"21条"的问题上决裂。共产主义派退出了大会，于1月21日建立了意大利共产党。1920年10月，在德国独立社会民主党哈雷代表大会上，围绕"21条"等问题分化为左、右两翼，右翼独立党人退出大会，另建独立社会民主党，两年后，它同德国社会民主党合并。12月4日，德国共产党和左翼独立党人合并为德国统一共产党。1920年10月25日，法国社会党图尔全国代表大会，通过了加入共产国际决议，中派和右派退出大会，另立了法国社会党。这次会议标志着法共的诞生。从三个共产党的力量看，当时，法共可算作一个群众性大党；合并后的德国统一共产党的力量得到了加强，可由于党在1921年"三月发动"中的政策错误，又迅速失去了半数以上的党员；意共未能争取到大多数。在其它一些党分裂过程中，群众的大多数也没有追随新成立的共产党而来。此后，在很长的时间内，各国共产党并没有扭转这种局面。为此，1921年6月召开的共产国际"三大"不得不承认："战后，领导无产阶级的却是第二国际"。① 群众的大多数，仍被第二国际和中派政党所掌握。"大多数工人还没有处于共产党人的影响之下。"② 列宁也作出了明确的结论："共产党在任何地方都没有争取到工人阶级大多数，不仅是组织领导，连共产主义原则都没有得到这个大多数的拥护。"③

再次分化后的这批独立党和社会党，随之也改变了要求加入共产国际的政策，走上了独立建立自己的国际的道路，它们通过两次会议完成了这项任务。1920年12月15日，在伯尔尼召开了由英国独立工党、德国独立社会民主党、瑞士社会民主党发起，法、奥、捷等社会党，马尔托夫代表的孟什维克参加的会议。它们以既不属于第二国际，也不属于第三国际的政党自居，它们认为：

---

① ［英］珍妮·德格拉斯选编：《共产国际文件》第1卷，世界知识出版社1963年版，第304页。

② 同上，第312页。

③ 《列宁全集》第42卷，人民出版社1987年第2版，第15页。

"第二国际已不复存在,今天自称第二国际的那个组织,只不过是那些纯粹构成改良主义和民族主义一翼的政党的综合体"。共产国际"只要坚持其第二次代表大会的决议",它就不能"起到团结容纳整个有阶级觉悟的无产阶级的作用。"① 这次会议号召退出第二国际和同意上述原则的政党,参加准备在维也纳召开的代表大会。1921年2月22日召开的维也纳代表大会,正式通过了建立社会党国际工人联合会的决议。会议选举奥地利社会党主席弗·阿德勒为书记,确定维也纳为书记处驻地。为此,它也被称为"维也纳国际"。一战后,第三个国际组织就这样问世了。维也纳国际把创建由国际工人运动各派政党参加的、统一的国际组织确定为自己的目标和任务,把既不同第二国际"谅解",又要同它联合抵御第三国际;既不同意第三国际的"模式",又要通过同第三国际的论战,以达到认识的统一,确定为基本方法和姿态。今天看来,对它的动机、它的一些号召和行动,盲目的予以完全否定是不合适的,历史的发展已证明了这一点。但它所确立的任务和方法,已决定了它必然是短命的。为此,共产国际戏称它为"第二半国际"。②

  维也纳国际为完成自己所奉为"神圣"的使命,它一方面在关于民主与无产阶级专政、格鲁吉亚问题、喀琅施塔水兵暴动、苏俄对待社会民主党的政策、第三国际组织制度和"21条"等问题上发表意见,并由此显示了它们在上述问题上同第二国际的一致性。同时,它也采取了许多今天看来是正确的政策:它表示不反对革命的选择,坚决拒绝了第二国际关于建立排除共产党和第三国际参加的国际组织的要求;在"反击帝国主义西方列强进攻以保卫苏维埃俄国"、争取各国在外交上承认苏俄;反对欧洲军国主义阴谋与霸权;号召国际无产阶级力量的团结、以反击资本进攻等方面,显示了与第二国际的区别。同时,它也努力为促成三个国际的合作与联合而作了大量的工作。1922年1月中旬,它独自采取行动,发起召开"国际工人代表大会",发表了《致各国工人党信》,向各党发出了邀请。1月19日,它又专门致信第二国际、第三国

---

  ① [奥]尤·布劳恩塔尔:《国际史》第2卷,上海译文出版社1986年版,第644页。

  ② [英]珍妮·德格拉斯选编:《共产国际文件》第1卷,世界知识出版社1963年版,第266页。

际执委会,建议于1922年春季召开国际工人代表大会,为开好这次大会,三个国际执委会先期召开会议进行商谈。它提议,三方不就原则性矛盾进行辩论,以防止因相互指责,导致会议失败,而仅就欧洲形势和工人阶级利益,"一定范围内采取共同行动"进行讨论。①

共产国际迅速同意和回应了维也纳国际的要求。1922年2月1日,即维也纳国际发信后的第13天,列宁就在给共产国际主席季诺维也夫和布哈林的电话中表明了同意参加会议的态度。列宁提议派出"口齿特别锋利的人代表共产国际"去参加会议,要求共产国际立即就这次会议的"策略和战略的基本问题"进行认真的准备。②

在2月21日—3月4日召开的共产国际执委会第一次扩大会上,经过激烈的争论,以绝对多数通过了参加三个国际会议的决议。此前这个决议已经俄共中央政治局批准。2月23日,列宁致信俄共中央政治局,对季诺维也夫向政治局提交的"关于参加三个国际代表会议的决议草案"提出了修改意见。他进一步强调,参加这次会议是极重要的实际工作,他告诫政治局和季诺维也夫,防止因"几个犯政治幼稚病的人"的反对,或"为了图痛快",采取"非常不明智"的措施,而"让极重要的实际工作去冒失败的危险"。③ 可见,列宁不仅重视、支持召开三个国际的会议,而且已经把它放到了很重要的位置。

对维也纳国际的建议,第二国际并不积极,它的原意是建立排除共产党和共产国际的国际,维也纳国际反而要把它拉入到三个国际的会议之中。为此,它设定了前提:即要求讨论有关格鲁吉亚和民族自决权问题;关于苏俄对社会民主党人审判问题;不要在社会党各级组织和所属工会内设立共产党支部的问题。列宁一开始就预料到了这一点,并为此专门作了指示。④ 3月27日,他在给参加执委扩大会的蔡特金的信中还指出:第二国际在阻挠这次会议,"我们

---

① 《第二国际、第三国际和维也纳国际联合会柏林会议记录》,三联书店1966年版,第2页。
② 《列宁全集》第42卷,人民出版社1987年第2版,第402页。
③ 同上,第435页。
④ 同上,第421页。

的任务，就是不顾这一切障碍召开这次三个国际的会议。"① 3月14日，他又致信政治局，对《共产国际执委会给出席三个国际代表会议的共产国际代表团的指示草案》提出修改意见，他明确指出：我建议共产国际应"仅仅提出争议最少的问题，因为我们把试图寻求工人群众部分的，但却是共同的行动作为目的"。只要"还没有失去希望，我们的代表就要极其克制"，"一般不要使会议破裂"② 3月17日，共产国际执委会一致批准了列宁的意见。

当时，三个国际的代表能否坐在一起，并顺利召开会议，关键在于第二国际和共产国际，因为两者不仅剑拔弩张，积怨极深，而且早已断绝往来。由于共产国际仅提出了："同时邀请一切工会及全国性和国际性的联合会"③ 的建议，实际上等于没有对召开这次会议设置前提条件和要求，正如拉狄克代表共产国际的发言中所说："我们没有为召开国际代表会议提任何条件"。④ 这就等于清除了通向会议的障碍，因此，第二国际的前提条件也就失去了阻碍会议召开的意义。可见，由维也纳国际提出的召开三个国际代表会议的要求，是在共产国际积极响应和支持下完成的。

二

这次会议于4月5日午夜结束。按会议前一天，4月1日的商定，三个执委会各派3人组成"九人委员会"，以协商会议的各种事项。拉狄克、蔡特金和布哈林代表共产国际；麦克唐纳、王德威尔得和威尔斯代表第二国际；阿德勒、布拉克和克里斯平代表维也纳国际。还决定，三个执委会各派10名有表决权的代表参加会议，其它为列席代表。这次会议公开举行，允许记者列席会

---

① 沈志华主编：《苏联历史档案选编》第2卷，社会科学文献出版社2003年版，第218页。
② 《列宁选集》第43卷，人民出版社1987年第2版，第339—340页。
③ ［英］珍妮·德格拉斯选编：《共产国际文件》第1卷，世界知识出版社1963年版，第376页。
④ 《第二国际、第三国际和维也纳国际联合会柏林会议记录》，三联书店1966年版，第24页。

议。1966年5月，北京编译社译，三联书店出版了《第二国际、第三国际和维也纳联合会柏林会议记录》，为我们今天对会议本身的研究提供了条件。

在三天的会议中，三方代表阐述了各自对待这次会议的态度和要求，虽然其中涉及到一战后导致国际工人运动分裂的一系列重大问题，但主要还是围绕第二国际提出的前提条件，而展开了激烈的辩论。其中不乏唇枪舌战和情绪激动，但为不使会议破裂，共产国际作出重大让步。所以，仅就会议的初衷而言，还是达成了一些共识，形成了成果。为此，把这次会议作为三个国际由分裂走向建立统一战线的有益的尝试，还是符合实际地。

会议第一天，无论是作为会议主席的弗·阿德勒，还是三方代表各自宣读的声明都清晰的表达了两点：一是分歧难以弥合，无法实现组织上的统一与合并，无法取得巨大的成果；二是在资本进攻的形势下，共同商谈以探索共同行动的事项与办法是完全必要地。这应是三方的第一个共识。弗·阿德勒指出"我的不抱幻想"，承认而不抹杀"目前存在着种种无法回避的分歧"，不企图实现"组织上的合并"。但"鉴于世界无产阶级当前的处境，不管可能存在多少分歧，都绝对有必要设法实现某些具体的目的和采取某些具体的行动"，"导致在一些范围采取共同行动"。① 蔡特金宣读的共产国际宣言指出："采取不同观点的国际无产阶级在组织上的联合是空想，因而是有害的。""工人阶级尽管有着使他们不能团结一致的各种深刻的意见分歧，但他们必须联合起来防御世界资本的进攻"。② 王德威尔得在代表第二国际的表态中指出："我不打算投入争论"。但如果"能够组织起来防御资本反动势力的进攻，那将是一件好事"。③ 上述三人所说的内容，事前已经过了三个国际执委会的认真研究，因此，这一共识应是三国际共同的要求。

承认三个国际组织的性质都属于无产阶级政党是这次会议的另一个重大突破。从三个国际会前声明和会议发言中都清晰的表明了这一点。特别是共产国际在声明中指出："至于无产阶级政党，我们建议除了这三个执委会所属的政

---

① 《第二国际、第三国际和维也纳国际联合会柏林会议记录》，三联书店1966年版，第4页。

② 同上，第8—9页。

③ 同上，第15页。

党外，还要邀请不属于任何国际团体的政党和政治派别。"① 从这段话可以看出，共产国际一改过去含混的或极端定性的表述，已承认其它两个国际同属"无产阶级政党"。

尽快召开国际工人代表大会，商讨共同行动的内容和方法，应是会议讨论的基本问题和主要任务。共产国际、维也纳国际的认识和态度基本一致，积极主张在4月10日召开的热那亚会议期间，同时召开国际工人代表大会，以反对和推动废除凡尔赛条约，反对资产阶级向人民转嫁恢复经济的压力和负担，共同抵御资本进攻，维护各国工人阶级的利益，支持苏俄在热那亚会议上的活动，反对绞杀苏俄的阴谋，推动各国承认苏俄等。维也纳国际代表明确指出："共同代表会议必须尽快召开"，以实现"在对热那亚会议的问题上表明他们的共同意志。"② 意大利社会党是正式列席会议的唯一政党，因为商定的国际工人代表大会，准备在热那亚或罗马召开。党的主席塞拉蒂作为有发言权的代表，积极支持了共产国际。③ 所以，对意大利社会党的作用，应实事求是给予正面估价。

第二国际虽原则上同意上述工作，但由于在热那亚会议期间召开国际工人代表大会，必然会涉及到对凡尔赛条约的态度、关于赔款条件、支持苏俄等方面的问题，而在对待凡尔赛条约的态度上，它和所在政府的态度与利益是一致的，此时，实际掌控第二国际的英国工党领导人已参加了内阁，第二国际主席王德威尔得也是比利时政府的重要阁员。于是他们尽力避免热那亚会议期间召开国际工人代表大会，竭力拖延召开会议的日期，实质上就是为掩盖他们对凡尔赛条约的态度。其实王德威尔得在发言中，也透露了他们维护凡尔赛条约的立场。④ 难怪维也纳国际在这次会议上，仍称它为"改良政党"。

经过三天的艰苦努力，在会议最后一天还是达成了共同协议，决定尽快召开国际工人代表大会。成立由三方组成的"九人筹备委员会"，也称"九人委

---

① ［英］珍妮·德格拉斯选编：《共产国际文件》第1卷，世界知识出版社1963年版，第427页。

② 《第二国际、第三国际和维也纳国际联合会柏林会议记录》，三联书店1966年版，第55页。

③ 同上，第41—48页。

④ 同上，第14页。

员会"，以协调共同行动，推动会议尽快召开。因第二国际不同意在四月间，即热那亚会议期间召开这次会议，所以三方决定："直接进行群众性的行动，以表达共同意志"，4月20日，"尽可能联合举行群众性示威"，因组织困难无法在这一天举行游行活动的地方，可改为"五一示威"。同时，会议还确定了共同的示威口号："实行八小时工作制"；"为反对因资本主义列强赔款政策而严重加剧的失业而斗争"；"无产阶级采取反对资本进攻的联合行动"；"拥护俄国革命，支持饥饿的俄国，争取各国恢复与苏维埃俄国的政治关系与经济关系"；"在各国及国际范围内建立无产阶级统一战线"。会议还决定，发表联合呼吁书，号召共同采取行动和联合举行示威。上述决定被表述为"这就是三个执行委员会发现的共同立场"。[①]

应该承认，这些成果反映了共产国际关于建立工人统一战线的基本要求，基本符合列宁与共产国际执委会给代表团的指示精神。达成共同协议和联合呼吁书本身，不仅应是重要成果，它还被视为"真正向建立无产阶级统一战线迈出了第一步"。共产国际代表团在声明中也认为：联合声明体现了"统一战线的微弱开端"。[②] 共产国际执委会在批准柏林会议结果的声明中，也把它称为"刚刚开始形成的统一战线。"[③] 列宁批评共产国际代表团让步太大，并在《真理报》发表了《我们付出的代价太大了》一文，但他在此文中也认为，"不管怎样，我们已经打开了一个缺口"，同此相比，"拉狄克和布哈林等同志所犯的错误并不大"。由此可以证明，尽管三个国际尖锐对立，但三个国际共商与合作还是可行的，列宁并没有否认这一点。可惜的是在此后的历史时期里，这一开端并没有发展下去。

围绕第二国际提出的三个条件所展开的争论，不仅异常激烈并占用和耗费了会议的大部分时间和主要精力，而且几度使会议陷入僵局和破裂的边缘。

1. 关于建立支部策略。王德威尔得、麦克唐纳在发言中都明确指出："共产国际应放弃成立支部的策略"，并把其作为前提条件之一。但是，第二国际

---

① 《第二国际、第三国际和维也纳国际联合会柏林会议记录》，三联书店1966年版，第74页。

② 同上，第77页。

③ [英] 珍妮·德格拉斯选编：《共产国际文件》第1卷，世界知识出版社1963年版，第433页。

最后并没有坚持这一点，也没有再坚持把这一问题写入共同协议。实际上，这也是第二国际的一个让步。

2. 关于格鲁吉亚问题。十月革命前，格属于沙俄的一部分。1918年4月，格与阿塞拜疆、亚美尼亚一起组成了外高加索联邦共和国，宣布脱离俄国。一个月后，这个共和国又解体为三，分别独立。1918年5月25日，格鲁吉亚宣布独立，成立了格鲁吉亚民主共和国。它先是接受德国的保护，此后又在英国的干涉和操纵下，同布尔什维克对抗。它在边界问题上与阿塞拜疆的冲突不断，并和亚美尼亚爆发了边界战争。1919年2月14日，在格鲁吉亚首次国会大选中，孟什维克以绝对优势胜出，建立了孟什维克为首的民主政府。1920年5月7日，苏俄与格鲁吉亚签署了"俄格国家条约"，苏俄承认了格鲁吉亚的独立与主权。孟什维克执政期间，进行土地改革，实行八小时工作制，采取了一些国有化的措施，进行了民主社会主义实践，取得了一些成果。为此，第二国际希望把这里建成与苏俄不同的、民主社会主义实验田。派出了考茨基、王德威尔得、麦克唐纳等人组成的代表团，考察和指导这块实验田的发展。这届政府仍采取依靠英国为首的协约国集团的基本政策，允许英军驻守巴统。1920年随着阿塞拜疆、亚美尼亚苏维埃社会主义政府的建立和内战的结束，在协约国，特别是在英国的支持和支撑下，格政府进一步加强了对苏俄的敌对政策，如俄共高加索委员会1921年1月2日向中央的密报所说："格鲁吉亚政府向克里米亚派去了所有撤退到格鲁吉亚的邓尼金军队，北高加索和阿塞拜疆的所有暴动都是在格鲁吉亚直接参与下发生的"。这里已成为"协约国在南方反对我们的最后一块基地"，① 它逮捕苏俄驻格代表处工作人员，逮捕共产党报纸的工作人员和秘书，扣押苏俄运往亚美尼亚的列车和物资，② 形成了对巴库地区的威胁。俄共高加索委员会把它形容为"正在向巴库地区逼近的致命危险。"③ 由于当时，俄共中央对格仍采取和平政策，所以严格约束了高

---

① 沈志华主编：《苏联历史档案选编》第1卷，社会科学文献出版社2003年版，第388—389页。
② 同上，第38页。
③ 同上，第394页。

加索委员会和军队。① 但在外交努力失败的情况下，苏俄第十一集团军支持了格鲁吉亚占领的与亚美尼亚有争议地区的武装起义，并以"应起义者要求"的名义，于 1921 年 2 月 17 日，出兵进入格鲁吉亚。1921 年 2 月 25 日，建立了格鲁吉亚苏维埃社会主义共和国。苏俄红军占领主权国家的事实，经英国工党及它控制的第二国际的声援与要求，成为热那亚会议和柏林会议的议题。由于英国政府毕竟是许多国家得占领者，所以，在热那亚会议上未能成为重要问题。在三个国际会议上，第二国际和维也纳国际，虽然就此广发议论，但最终在形成共同协议时，也由会议之初要求的"格鲁吉亚自决"，退为由三个国际执委会收集材料，经"九人委员会"汇总后，提交未来召开的代表大会。

3. 关于社会革命党人审判问题。俄国社会革命党是参加二月革命的主要政党之一，1917 年 9 月后，它的代表克伦斯基出任了临时政府的总理。十月革命后，右派社会革命党人转入地下，不断批评和反对布尔什维克的政策。由于社会革命党是代表农民利益的政党，所以布尔什维克认为，内战期间农民暴动大多和它有关，特别是喀朗施塔水兵暴动更是它直接策划的结果。为此，它的许多领袖，不断被关进监狱。1922 年 1 月 15 日，已是俄共成员的原社会革命党成员科诺普列娃向中央写了声明，控告社会革命党领袖，在 1917 年和 1918 年 6 月间，领导了反对苏维埃政权的破坏活动，采取暗杀等手段，对包括列宁、乌里茨基等布尔什维克的领袖实施了恐怖活动。也是这一年 2 月，已侨居国外的原社会革命党战斗队的成员谢苗诺夫，在柏林出版了《一九一七年——九一八年社会革命党的军事作战活动》一书，指控社会革命领袖的破坏、暗杀等恐怖活动。以这两人的揭发和肃反委员会掌握的材料为依据。中央于 1922 年 3 月决定对已关押很长时间的 47 名社会革命党人准备进行审判，为此重新修改和出台了包括使用死刑在内的《俄罗斯联邦法典》。被审判的 47 名社会革命党人，大部分是长期从事反对沙皇专制统治的革命者，所以，从苏俄政府作出审判决定之时起，反对把他们处以死刑的呼声立即在国内外，党内外形成了浪潮。其中也包括了高尔基、蔡特金、卢那察尔斯基等著名人士和领袖人物。对这一问题的深入研究，郑异凡先生已在《历史教学问题》2009 年

---

① 沈志华主编：《苏联历史档案选编》第 1 卷，社会科学文献出版社 2003 年版，第 394 页。

第1期发表了他的力作。第二国际，维也纳国际，立即将这一问题带入柏林会议，被第二国际设定为前提条件，并始终不妥协，迫使共产国际代表在最后一天做出了重大让步。即：承诺公开审判，允许自由选聘辩护人，不处以死刑，三个国际代表可以出庭旁听，并可作速记记录。列宁认为，在放弃"施用死刑"，"允许三个国际代表出庭"两个方面让步过大。在他看来，这是应同苏俄政府讨论的事情，苏俄国内问题不是三个国际会议应决定的事情。列宁还认为，由于在这一问题上，没有换来"对我们作出任何让步"。所以付出的代价太大了。①

上述三个问题，特别是格鲁吉亚和社会革命党人审判案，在当时虽然是影响很广泛的问题，也是社会民主党痛心的问题。但并不是导致三个国际分裂的根本原因，也不是当时世界无产阶级运动最急迫的现实问题，第二国际为何反而把它设定为前提条件，并展开激烈的斗争呢？对此，在会议后期，甚至维也纳国际也不完全同意第二国际的这种态度。究其原因，一是为了拖延召开国际工人代表大会的日期，以避开热那亚会议，以掩盖自己对待凡尔赛条约的真实态度。二是对建立统一战线的后果忧虑重重，担心自己受到削弱和分化。第二国际代表在发言中不断地对此提出疑义和质问。② 三是运用这种公开场合斗争的方式，使共产国际和苏俄处于尴尬的境地，以使它在国际工人运动中造成广泛的负面影响。应该说，这和第二国际此前坚持的、建立没有共产国际和共产党参加的国际的立场完全是一致地。可以看出，导致共产国际"让步过大"的原因，首先是和第二国际的立场与态度紧密联系在一起。也证明第二国际对这次会议和准备召开的代表大会的态度是消极地。

在上述三个问题上，维也纳国际的心态也极为复杂，一方面它赞同第二国际所提出的问题，并在这些问题上与第二国际一起对共产国际代表施加了巨大的压力，逼迫共产国际代表让步。所以共产国际将它称为"帮凶"，也并不是完全没有道理。但另一方面，由于作为会议的发起者，它既不愿意看到会议一事无成的局面，更不愿承担会议无果而终的压力，而第二国际的态度又直接影

---

① 《列宁选集》第43卷，人民出版社1987年第2版，第135页。
② 《第二国际、第三国际和维也纳国际联合会柏林会议记录》，三联书店1966年版，第20页。

响了共同行动和召开代表大会，因此，它又对第二国际坚持把上述三个问题设定为前提条件而有所不满，这也是事实。这在奥托·鲍威尔发言中表现的非常显明。他反复表白和澄清，在上述问题上同第二国际"没有意见分歧"、"第二国际提出的条件是任何人也不能认真反对的"。并以自嘲的口气表达了对共产国际不满，他说："我是一个叛徒，我今天看到报上这样说，是被派到这里来代表资产阶级的利益的"。同时又表示："并不同意第二国际把上述问题设定为""前提条件"，他反复强调"行动先于保证"，劝说第二国际把召开代表大会和共同行动与自己坚持的三大条件脱钩，并有所让步。他指出："由于一方硬性提出的条件遭到了另一方的拒绝，所以我们没能达成谅解，"，"就会让无产阶级大失所望，同时也就会鼓励在热那亚开会的资本主义国家的政府继续奉行它的政策"。①维也纳国际扮演的中立与促和的角度，既包含了它与第二国际在许多问题上的一致性，也显示了它与第二国际在一些问题上的不同点和分歧。维也纳国际虽自我欣赏，但角色难扮。难怪共产国际称他为"第二半国际"。正是由于维也纳国际在一些问题上同第二国际的一致性，实际造成了联合逼迫共产国际让步的局面和阵势。尽管它在发言中对共产国际的态度相对和缓，但在实际结果上却促成了第二国际的目的，所以，维也纳国际在迫使共产国际让步过大方面的责任，也不可推脱。但由此把它说成这次会议的破坏者，也不是符合实际的结论，应该承认，维也纳国际在推动会议取得成果，支持苏俄等方面，还是作出了很大的努力，发挥了一定的作用。

尽管共产国际付出很大的代价，但这次会议的成果，在当时仍具有重大的意义。它改变了共产国际成立以来，对社会民主党全面排斥，禁止上层往来，不允许联合行动的关门政策。同时也证明，三个国际的立场、观点虽然不同，理论上虽然截然对立，但在维护无产阶级的共同利益，共同反对资本进攻的基础上，共产党和社会民主党不仅可以商谈，而且能够取得成果。所以，为确保这次会议成果得到落实，列宁急迫的要求共产国际"立即批准柏林协议"，并敦促第二国际、第二半国际正式批准"柏林协议"。②

---

① 《第二国际、第三国际和维也纳国际联合会柏林会议记录》，三联书店1966年版，第55—56页。

② 《列宁选集》第43卷，人民出版社1987年第2版，第145页。

三

　　1922年4月20日和5月1日，许多国家的工人政党和团体，响应柏林会议的号召，举行了形式多样的游行示威活动。但"九人委员"的工作却没有任何进展，更没有推进国际工人代表大会的召开。"九人委员会"第一次会议不仅拖到5月23日方才召开，而短暂的开幕式后不久，会议随之破裂。因为，共产国际要求迅速召开国际工人代表大会，第二国际以提出的条件未取得满意的结果为由，断然予以拒绝，共产国际通牒无效，即退出了"九人委员会"，第一次会议也就成为最后一次会议。由三个国际柏林会议开始的，通过上层合作建立国际工人统一战线工作，宣告终结。5月24日，共产国际在《告各国工人书》中，举起了"建立自下而上的统一战线"的旗帜。6月18—29日，第二国际在伦敦召开的各政党会议也宣布：不再参加同第三国际取得协议的任何尝试。9月3日，维也纳国际决定：继续等待"共产党人回心转意"已没有意义，① 于是转向同第二国际谈判，并于1923年5月23日在汉堡与第二国际合并，建立了社会主义工人国际。

　　关于失败原因和责任的论述，早在当时就已经开始了。共产国际认为："第二国际使世界工人代表大会无论如何也不能召开"，"第二国际领导人的阻挠破坏了建立自上而下的统一战线的尝试"。② 第二国际认为：共产国际尽管声明赞成统一战线，但仍然竭力破坏和分裂社会主义运动，苏俄加紧对社会革命党人进行迫害，破坏格鲁吉亚问题的调查工作。因此，这种形势下，无法召开国际工人代表大会。③ 维也纳国际认为："第二国际和第三国际的态度使得代表大会不可能召开"。从表面上看，维也纳国际把失败的责任推给了第二、

---

① ［奥］尤·布劳恩塔尔：《国际史》第2卷，上海译文出版社1986年版，第300页。
② ［英］珍妮·德格拉斯选编：《共产国际文件》第1卷，世界知识出版社1963年版，第446页。
③ ［奥］尤·布劳恩塔尔：《国际史》第2卷，上海译文出版社1986年版，第300页。

第三国际双方,实际上它把主要责任也推给了共产国际。因为,它还认为:共产国际内部意见不统一,使得统一战线不能建立。① 此后,它又认为:"我们过去有意同莫斯科国际举行世界工人代表大会",但这个努力失败了,莫斯科本身不愿意举行世界工人代表大会。② 社会党国际主席尤·布劳恩塔尔认为:"热那亚会议已经闭幕,而且苏维埃政府同德国签了拉巴洛条约,原定召开的世界工人代表大会对共产国际失去了意义。"③ 珍·德格拉斯认为:"不论第二国际或第三国际都不准备为建立统一战线而妥协,只有维也纳国际的代表为之鼓吹。"④ 这是当时有代表性的几个观点。在此后的年代里,由于历史愈来愈久远,各方都竭力否认自身的原因,再加上意识形态的对立,以及由此作为划分责任的标准,不仅使人们难以全面认识的问题的原因,而且更使问题扑朔迷离,无法正确地总结经验与教训。

毋庸讳言,在推进统一战线的过程中,共产国际各党存在着许多不同意见,包括一些领袖人物在内的许多人,在认识上也经历了一段过程。在共产国际第一次执委全会期间,意共领导人特拉契尼等人反对统一战线政策;法共中央也曾通过了《统一战线策略不适于法国的决议》;意共也通过了博尔迪加提出的"关于反对在政治方面应用统一战线政策的决议案";德共强力支持统一战线政策,但以费舍和马斯洛夫为代表的"左派",反对上层统一战线,对统一战线政策给予了非常狭窄的、仅限于"下层"的解读,甚至认为仅是反对社会民主党的一种手段。季诺维也夫、拉狄克等人是统一战线政策的制定者和支持者,但他们在同左派辩论过程中,也往往顺应"左派"的调子,以极度夸张的口气,说了一些错误的话。拉狄克在俄共代表大会上,曾重复使用了季诺维也夫的一段话:"如果季诺维也夫同志说,昨天他想吊死谢德曼,而今天

---

① [英] 珍妮·德格拉斯选编:《共产国际文件》第1卷,世界知识出版社1963年版,第466页。
② [奥] 尤·布劳恩塔尔:《国际史》第2卷,上海译文出版社1986年版,第300页。
③ 同上,第299页。
④ [英] 珍妮·德格拉斯选编:《共产国际文件》第1卷,世界知识出版社1963年版,第434页。

向他伸出手去，那他是要拉着谢德曼的手，把他领向绞架"。① 为此，王德威尔得在柏林会议上要求拉狄克对此给予回答。拉狄克在共产国际"四大"，也很费气力地为此解释了一番。共产国际领袖的这样一些论述在当时有一定的代表性，事实上在统一战线政策初期，许多人的确有经过统一战线，最终完成"揭露"和"打倒"第二国际领袖的想法和说法。这说明他们思想深处，仍未完全放弃"三大"前的传统思维，当时也对人们正确认识统一战线政策造成了混乱。再加上苏俄红军占领作为主权国家的格鲁吉亚，苏俄审判社会革命党人案在欧洲造成的巨大反响，既为第二国际提供了借口，更使第二国际疑虑重重，望而生畏。从这个角度上说，第二国际止步不前，并不是完全没有道理。因此，分裂和对立、历史的原因与现实问题的交织，是造成柏林会议的成果难以实现的重要原因之一。

但是，这并不意味着共产国际应承担全部责任，第二国际和维也纳国际把责任全部推给共产国际，也不符合历史事实。

首先，从共产国际"三大"确立"争取群众大多数"方针，到工人统一战线政策的形成，是它对世界革命形势作出新的估价的结果。到1920年后，列宁已经认识到，过去一个时期对世界革命进程的估价存在失误。当时认为，由于第一次世界大战，西欧将走上一条由战争发展为革命，并一举取得世界革命胜利至少是欧洲革命胜利的"明确、笔直和最容易走的道路。事实表明，其它各国人民并没有走上这条笔直的道路"。② 1921年末，他提出："显然，当各国人民得到和平的时候，革命运动必然会慢下来，不能指望这个速度会很快。"共产国际"三大"期间，由于凡尔赛和约已经签订，他提出"在缔结和约之后，无论和约怎样得不好，其它资本主义国家的革命没能暴发起来。"他明确提出："一切进攻的喊叫都是错误的，荒谬的"，③ 是"讲空话和玩弄左的把戏"④ 所以，他坚定不移地推进共产国际的政策向争取群众大多数和统一战线转变。同时，共产国际许多领袖，虽不情愿，但也不得不承认了现实。托洛

---

① [苏]费·维·亚历山大罗夫著：《列宁与共产国际》，求实出版社1984年版第382页。

② 《列宁全集》第42卷，人民出版社1987年第2版，第320页。

③ 同上，第40页。

④ 同上，第13—14页。

茨基在共产国际"三大"指出："今天我们才看到，全世界夺取政权，实现世界革命，还有相当的距离。那时，在1919年我们认为，这是只要几个月就能办到的事情"，"我们必须得出结论：斗争也许是长期的，进展也不会象我们所希望的那么迅速"。虽然"从总体上看，形势对革命十分有利。然而革命不那么顺利，那么乖巧，以为能用绳子牵着走"。① 拉狄克也指出："在共产国际成立，并将世界革命的胜利定为自己的政策目标的时候，我们是如何的乐观，如何的目光短浅"。② 可见反击资本主义进攻，推进国际工人组织共同行动，已成为迫切的任务。

其次，向工人统一战线策略的转变，体现着包括列宁在内的俄共和共产国际主要领导人的基本思想和共同愿望。1921年12月1日，共产国际向俄共中央政治局提交了由季诺维也夫、拉狄克和布哈林起草的，关于工人统一战线政策的决议草案，列宁立即表示赞成，并给予了支持与帮助。12月5日，俄共中央政治局批准了这个草案。12月18日，共产国际执委会通过了"关于工人统一战线的策略提纲"，即著名的《十二月提纲》。1922年2月，共产国际执委第一次全会，俄共第11次代表大会相继批准了这一策略方针。《十二月提纲》虽未完全摆脱"二大"以来传统理论和策略的影响，但其基本内容和主导方向是正确的，它明确指出"工人统一战线，就是一切愿意同资本主义作斗争的工人统一战线"，"各国共产党和整个共产国际都必须支持工人统一战线的口号"，共产国际允许"各支部同第二国际、第二半国际各政党和各工会达成协议"，同时"不能拒绝在国际一级上达成类似的谅解"。③ 列宁更明确指出："统一战线的目的和意义在于吸收愈来愈广泛的工人群众参加反对资本主义的斗争，甚至对第二国际和第二半国际的领袖们也不妨再三发出呼吁，建议共同进行这种斗争"。④ 可见，转向统一战线策略，决非个别领袖人物意志的产物，而是共同认识的结果，决不能以个别领袖人物的错误言论和一些党内

---

① 《共产国际第三次大会文件》第1卷，中国人民大学出版社1988年版，第77—86页。
② 同上，第380页。
③ [英]珍妮·德格拉斯选编：《共产国际文件》第1卷，世界知识出版社1963年版，第398—399页。
④ 《列宁选集》第43卷，人民出版社1987年第2版，第128页。

的不同意见，作为否定共产国际基本政策的依据。在柏林会议上，拉狄克受到了王德威尔得关于真诚性的质问，在共产"四大"他又遭到"左派"的指责，同时，列宁既批评他在共产国际"三大"对"左派"妥协，也批评他在柏林会议让步过大，可谓集各方批评于一身，但他在"四大"汇报柏林会议结果时的一段话，还是真诚地说明了原委，他说：我们参加柏林会议，"并未打算在那里玩弄手段，大吵大叫，借以显示我们会争吵，而别人不会。我们去了，是为了尽可能从上层组织无产阶级统一战线"。① 布劳恩塔尔也不得不承认，共产国际内部的不同意见虽干扰了统一战线政策的落实，但"在第二国际某些党内，反对同共产党人结成统一战线的情绪并不亚于共产国际所属的各政党"。而"列宁并不因为自己队伍的反对而产生动摇"。②

其三，列宁作为俄共和共产国际公认的领袖，他不仅在对世界革命进程和形势的估价上引导了共产国际，推进共产国际改变了"二大"前后不与社会民主党合作的政策，同时在对第二国际、第二半国际性质的判定，对待第二国际和第二半国际的态度，特别是严格区别改良主义领袖与广大群众等方面，已发生了重大的变化。这种变化在共产国际"三大"期间明显表现出来，他认为："三大"期间的"主要问题"，就在于以特拉契尼等人为代表的各党"左派"，把"反右派斗争主义当成了儿戏"，夸大了反中派斗争的意义。他指出："第一次、第二次代表大会的口号是"打倒中派"，我们现在已经在召开第三次代表大会了，可是特拉契尼同志却还在谈老调，"这些事情我们已经做得很够了……我们就应该说，够啦！否则太危险了"。③ "三大"后，他又尖锐地批评"某些优秀的，有极高权威的党"，"夸大了同中派主义的斗争，稍微超过了限度，而使这样的斗争变成了游戏"，"可笑的游戏"。并认为"对付中派这件事我们做得够了，已经有些腻味了"他要求共产国际和各党，"在国际范围内同夸大中派主义"的错误作斗争，④ 在为柏林会议作准备期间，他又指示季

---

① 《共产国际第四次代表大会文件》第1卷，中国人民大学出版社1990年版，第404页。

② [奥] 尤·布劳恩塔尔：《国际史》第2卷，上海译文出版社1986年版，第298—299页。

③ 《列宁全集》第42卷，人民出版社1987年第2版，第27—37页。

④ 同上，第103页。

诺维也夫，"删去把第二国际和第二半国际领袖称为资产阶级走狗的那一段，这等于使用公鹅这样的字眼。为了图痛快，再臭骂一顿，却使重要的实际工作去冒失败的危险，这是非常不明智的"。① 柏林会议协议签字后，他一方面认为付出的代价太大，同时又特别告诫季诺维也夫：在会议、文件、传单中，"对第二国际和第二半国际政策的批判，……更带有解释性，要特别细心和细致，不要用尖锐的字眼把这些工人吓跑"。② 不仅如此，这一时期，他对第二国际的性质定位也发生了变化，他指出："我们必须找机会正式声明，在我们看来，第二国际和第二半国际不过是参与同全世界反革命资产阶级结成联盟但非始终如一而在动摇不定的组织"。③ 同时，他也严格区分了第二国际领袖和第二国际组织、群众的政策界限，在对第二国际领袖的斗争方向上，虽仍使用过"坏蛋"、"资产阶级代理人"、"揭露"、"批判"等概念，但主要之点还是集中在理论斗争，思想斗争，他特别强调"揭露第二国际、第二半国际整个立场在政治上是错误的"。④ 当时，列宁作为公认的领袖，他的思想和指示，在共产国际执委会得到了贯彻。列宁在共产国际"三大"期间和柏林会议结果问题上，虽多次批评拉狄克，但主要还是为了纠正他的不足。列宁并没有认为拉狄克等人在总体上违背了共产国际的决定。当时，共产国际领导人虽有一些错误观点，或者说思想深处还有错误，列宁去世后，这些深处的错误进一步发展起来，但在这一时期，在统一战线和推进柏林会议和共同行动问题上，他们还是全力贯彻了列宁和共产国际的指示。

还有一种观点认为，共产国际政策改变是苏俄退向新经济政策的结果，推动召开国际工人代表大会，是为了保卫苏俄的需要。季诺维也夫说过的一段话，更增强了这种观点的合理性。他说："当然，统一战线的问题是同俄国问题有联系的"，"同俄国新经济政策有关系的"。⑤ 应该承认，共产国际对形势的估价包括了俄国问题在内，苏俄是当时世界上唯一取得革命胜利的国家，也是共产国际的重要组成部分，把保卫苏俄作为共产国际工作的重要任务，并没

---

① 《列宁全集》第42卷，人民出版社1987年第2版，第104页。
② 同上，第146页。
③ 同上，第403页。
④ 同上，第403页。
⑤ 季诺维也夫：《论共产国际》，人民出版社1988年版，第254页。

有错。但总体上，这时的共产国际不同于列宁后的共产国际，从共产国际"三大"开始的策略转变看，它的基础还是建立在对欧洲革命形势和各国共产党状况的估价之上。在1922年5月23日召开的"九人委员会"会议上，针对召开国际工人代表大会，仅是为了保卫苏俄的舆论，共产国际明确提出，可以不把保卫苏俄列入议题，以换取尽快召开代表大会。所以，仅把此归结为苏俄需要，既不准确，也不全面。

可见，这一时期共产国际在积极推进柏林会议的召开，以作出重大让步促成国际工人代表大会等，都是为了全力推进国际工人统一战线和共同行动。共产国际在态度和实际目的上，并没有玩弄手段，不仅是真诚的，而且建立在坚实的理论、思想和政策转变的基础之上。共产国际"四大"后，开始固守"下层"统一战线，这一政策也不断沿下降路线行进，正是从"九人委员会"破裂开始的。所以，不是共产国际破坏了柏林会议及成果，反而由于它未能实现，又促使共产国际内部"左"的思想和力量重新抬头，并逐步占据了主导地位。

不管第二国际如何推脱和解释，三个国际柏林会议、建立国际工人统一战线尝试的失败，主要还是由于它的消极，在于它竭力以拖延的方法拒绝召开国际工人代表大会。所以导致共同行动失败的主要责任，自然就落到了第二国际的身上。第二国际在柏林会议和"九人委员会"上的表现，它顽固的态度已证明了这一点。

当然，第二国际的决心拖延召开国际工人代表大会，以及在这一问题上的僵持，还有着更深刻的根源，它和导致一战后国际工人运动的分裂的原因是一致的。这涉及到对资本主义发展的估价，走向社会主义道路，无产阶级专政和民主等重大理论和战略策略问题。

共产国际以列宁关于帝国主义的理论为基础，认为一战后世界资本主义已经进入它发展史上的最后一个阶段，成为寄生、腐朽、垂死的资本主义，世界已经进入帝国主义和无产阶级革命的时代。一战后，资本主义已进入了"总危机"时期，埋葬资本主义的任务，已成为近期可完成的现实任务。所以，共产国际作为革命的国际，把推进世界革命，通过无产阶级夺取政权，建立无产阶级专政，走向社会主义，建立世界苏维埃共和国，或欧洲苏维埃共和国确定为自己的任务和目标。它的纲领、战略、策略、章程与组织制度，都是以此为依据而确立的。1920年后，特别是苏俄红军围攻华沙失败，1921年德共"三月发动"失败后，列宁与共产国际认为，过去一个时期认为欧洲资本主义无法度过战后危机，必然被各国无产阶级浪潮所摧垮的认识并不准确，并总结了教训，所以共产国际"三大"得出了第一次革命高潮已经过去，第二次革命高潮尚未到来，在两次革命高潮之间，共产国际和各党应"学会准备革命"，同时，通过统一战线策略，共同反对资本主义进攻，进而完成各党群众化进程。

从共产国际"三大"，"四大"两次大会的记录可以看出，它一方面认为，一战后，由于第二国际掌握工人阶级大多数，所以，欧洲革命未能成功。正如拉狄克所说："尽管社会民主党的工人知道他们的党是反对专政的，但他们仍然认为这个党代表他们的利益，因此他们仍属于社会民主党。"① 在德国，社会民主党"依靠一个拥有百万成员的政党和追随他们的数百万人。"② "很清楚工人阶级多数现在不想夺取政权，谁否认这一点谁就是瞎子"。③ 为此，共产国际认为，第二国际是革命胜利的最大障碍，欧洲革命的胜利，首先必须铲除第二国际。季诺维也夫说得更夸张："劳动阶级现在人数众多，如果没有社会民主党掣肘，他们举手可以把国际资产阶级打倒。"④ 另一方面又认为，面对资本的进攻，必须和第二国际上层达成谅解，拉狄克在共产国际"四大"的报告中说明这一点，由于群众还相信社会民主党领袖，"他们就会问我们：你们同谢德曼和韩德逊谈过没有？"⑤ 所以，只有上层与下层的结合，才能真正形成统一战线的局面。共产国际实施工人统一战线初期，正是在这样一种深刻的背景下，采取了一系列推进措施。尽管共产国际竭力主张绕过这些根本问题，先选择争议最小的方面谈起，以达成共同行动协议，而最终的失败恰根源于这些问题。

战后恢复的第二国际，以帝国主义是资本主义发展的一个阶段，即"有

---

① 《共产国际第四次代表大会文件》第1卷，中国人民大学出版社1990年版，第403页。
② 同上，第493页。
③ 同上，第499页。
④ 同上，第12页。
⑤ 同上，第403页。

组织的资本主义"的阶段为理论依据，认为经过大战的破坏，欧洲资本主义虽出现了危机，战后的革命高潮也摧毁了罗曼诺夫、霍亨索伦和哈布斯堡三个古老的王朝，取得了俄国十月革命的胜利，但是，资本主义调节生产关系的能力并未丧失，资本主义生产力发展的极限并未到达，同时，随着民主制度的完善，无产阶级已可以通过民主的、和平的方式对资本主义制度进行改造，逐步实现社会主义。所以，无产阶级没有必要通过内战的、革命的手段夺取政权。它反对通过革命和无产阶级专政，建设社会主义。它还认为，苏俄的无产阶级专政，只是无产阶级一部分人的专政，或者"左派"的专政。维也纳国际的主要领袖人物，不同意第二国际一味追求渐进与改良，认为在特殊的形势下，革命的手段也是必要的，但总体上，在对资本主义发展能力的估价、国内和平与民主、无产阶级专政等问题上，同第二国际的认识基本一致。所以，无论第二国际、维也纳国际，还是1923年建立的社会主义工人国际，在它们召开的许多次会议上，虽然都把保卫苏俄作为一个议题，但又没有真正支持苏俄，并时常责难苏维埃政府和无产阶级专政的措施。为此，苏俄和共产国际总是认为它们实际上同资产阶级一起共演反苏大合唱。由于第二国际和后来的社会主义工人国际，始终害怕共产国际通过统一战线，挖掉它的根基，所以，它们总是以消极的态度，以设定前提的办法，阻碍统一战线和共同行动。这也是它们把反对在工会等群众组织建立共产党的支部作为前提条件的原因之一。由此看来，无论第二国际和维也纳国际如何推脱，在柏林会议和共同行动问题承担主要责任，是难逃其咎的。但与上述根本分歧相比，无论各方承担什么责任，都已成为次要问题了。

  共产党和社会民主党的关系，起始于共产国际和各国共产党的建立。从国际范围看，共产国际建立之时，也是以国际组织为代表的共产党与社会民主党关系形成之始，从欧洲各国而言，各国共产党从社会民主党分裂出来，并完成建党之日，也是两者关系开始之时。源自于一战后国际社会主义运动分裂之果的这种关系，以矛盾对立，斗争为基本特征，正是这种分裂的体现和标志。但三个国际柏林会议能够达成某种共同协议，已证明两者的矛盾、对立与斗争并非完全不可调和，在反对资本进攻的共同利益的基础上，在一定条件下的共商与合作，还是可能与可行的。这并非丧失原则，放弃斗争。1923年后，中欧革命相继失败，法西斯主义日渐猖狂，而共产国际和社会主义工人国际，却沿着相反的道路，愈走愈远，并演化为"阶级对阶级"，你死我活的敌对关系，三个国际柏林会议后，12年间阋墙之争，不相往来，终酿成严重的或灾难性后果。今天，当历史的进程已证明了其教训的深刻性之时，应该从三个国际柏林会议能够达成共同协议的经验，从后继活动失败而造成严重后果的教训两个方面认真加以总结。究竟如何正确对待社会主义运动中的不同流派；如何实现马克思主义与各国革命实际相结合；意识形态的对立与反对资本主义的统一战线和互助交流等问题，应实事求是地认真反思了。

（此文载于《当代世界与社会主义》2010年第3期）

一战后国际社会主义运动
两大国际组织对立格局的形成与演变

程玉海

摘 要：一战爆发后，统一的国际社会主义运动和国际工人运动组织分化为左、中、右三派。战后，在"一分为三"的基础上，相继建立起以共产国际、维也纳国际和战后恢复的第二国际为主体的国际组织。三者在尝试建立国际工人统一战线的努力失败后，国际社会主义运动和国际工人运动又演变为共产国际与社会主义工人国际的"两极对立"。两大国际组织的对立与斗争为后世留下宝贵的经验和沉痛的教训，值得旨在谋求社会主义价值的各个政党和国家深刻反思并认真汲取。

关键词：一战后；国际社会主义运动；国际组织；格局

1914年7月，第一次世界大战爆发，由第二国际领导的统一的国际社会主义运动和国际工人运动，分裂分化为左、中、右三派。战后，在"一分为三"基础上，相继建立了共产国际及所属红色工会国际，社会党国际工人联合会（也称维也纳国际、第二半国际），战后恢复的第二国际，及所属的阿姆斯特丹工会国际。1922年三个国际柏林会议及建立国际工人统一战线尝试的失败后，1923年5月，维也纳国际与第二国际合并，在汉堡建立了社会主义工人国际。国际社会主义运动和工人运动，由"一分为三"，演变为共产国际与社会主义工人国际"两极对立"的格局，并直接对立、对峙了17年之久。二战爆发后，两个国际组织相继解散，但由此形成的"两级对立"格局，却以不同的形式保持下来并继续发展演变。与此相适应，共产党与社会民主党的关系，也随之形成并发展到今天，从国际范围看，共产国际建立之时，也是以国际组织为代表的两者关系形成之日，从欧洲各国而言，各国共产党从社会民主党分裂出来,并完成建党之日,也是两者关系形成之时。所以,认真研究两大国际组织对立格局的形成与演变,对于正确认识国际共运史上的经验与教训,正确处理共产党与社会民主党关系有着重大的意义。

一、左、中、右三派的形成与发展

国际社会主义运动和工人运动左、中、右三派的政治分野,在第二国际后期虽已显现,但它的形成还是大战爆发的结果。战前,第二国际为应对日益来临的战争危机,已通过了一系列决议和宣言,特别是著名的"巴塞尔宣言",已为各党确立了在帝国主义战争来临之时应采取的战略和策略。当大战真的到来之时,第二国际和各国社会民党却立即陷入了混乱状态。8月4日,拥有百万之众的德国社会民主党,首先背叛了巴塞尔宣言,在国会投票支持战争拨款,欧洲各社会民主党立即效仿。以大战各军事集团划分,各社会民主党也随政府一起分裂分化为不同的集团,并相互指责,第二国际各党统一的局面已被完全打破。第二国际领导机构虽仍然存在,但由于它的主要领袖追随本国政府转而支持帝国主义战争,所以,作为国际统一象征的各领导机构已名存实亡,第二国际破产。

大战初期,以第二国际和各党右翼领袖为主体,构成了右派集团。他们以"保卫祖国"为由,背叛了自己在战前的承诺和自己制定的决议,转而支持本国政府的战争政策,在国内放弃反对资产阶级的斗争,推行"国内和平"政策。大战之初,在民族主义高涨的形势下,他们构成了各社会民主党内的"多数派"。所以,他们也被称为"右派""多数派"、"社会沙文主义者"、"保卫祖国派"。列宁认为,右派"即口头上的社会主义者,实际上的沙文主义者,"他们"已经转到资产阶级方面去了","这些人是我们的阶级敌人。"这些人包括第二国际执行局主席王德威尔得、书记胡斯曼等主要领袖,英国工党主席韩德逊,德国社会民主党领袖艾伯特、谢德曼及各党主要领袖。列宁甚至认为"各国正式社会民主党的正式领袖大多数都是这样"。①

---

① 《列宁全集》第29卷,人民出版社1987年第2版,第168页。

中派是由各社会民主党反对派发展起来的。随着战争的持久和破坏，伤亡的增加和贫困的加剧，反战与和平的情绪开始高涨。许多人开始怀疑党的领袖支持政府战争政策的正确性，并在许多问题上同占多数的右派领导人发生矛盾和冲突，并逐步分化出来，成为党内的反对派。他们反对新增战争拨款，主张尽快结束战争，实现和平，反对党的领袖支持政府的"国内和平"政策。在各党内的反对派中包括了左派，因为在当时，左派在反战、反对党的右翼领袖战争政策方面同中派是一致的，所以左派作为反对派的左翼而存在，但中派占据了反对派的多数。

考茨基作为"中派的主要领袖和代表"①，他一方面主张"不赔款，不割地"的国际和平主义，并以此引导各国和各党的反战情绪，以防止由反战运动导致各国革命。用他的话说："防止激进主义在党内占上风"。实质上就是反对以革命和推翻本国政府的方法，实现世界和平。同时，他又以此向党的领导施压，警示他们应立即调整政策，防止反对派与右派领袖的分裂。他主张恢复第二国际，反对同第二国际决裂。同时，他在《新时代》杂志发表文章，在理论上对上述主张加以论证，并为第二国际和各党领袖背弃巴塞尔宣言解脱提供依据。正是在这一时期，他进一步论述了"超帝国主义"理论。认为：资本主义将进入"以国际联合的金融资本共同剥削世界代替各国金融资本互相斗争"的新阶段，反对无产阶级革命。他在齐美瓦尔得会议期间，采取了大量的措施，防止列宁和左派主导会议。列宁认为："中派这些人摇摆于社会主义者和真正的国际主义者之间"，"问题的关键在于中派不相信用革命反对本国政府的必要性，不宣传革命"，捏造各种借口"来躲避革命"，反对同第二国际和各党右派领袖决裂。这时，列宁把中派定性为"被腐朽合法性侵蚀了的，被议会环境败坏了的守旧派"，"小资产阶级的善良空话王国"，"胆怯的机会主义"。②

在当时，左派被称为"国际主义的革命的马克思主义左派"③，右派和中派有时把他们称为"左派"，有时称为反对派中的"激进主义"、"激进分子"

---

① 《列宁全集》第29卷，人民出版社1987年第2版，第170页。
② 同上，第169页。
③ 同上，第48页

等。列宁作为左派的主要代表,在大战之初,就指明了战争的帝国主义性质,提出了"使本国政府在战争中失败","变帝国主义战争为国内革命战争"的主张,形成了关于战争、革命与和平的战略策略。他认为第二国际已经破产,号召各党同第二国际决裂,建立新的革命的第三国际。大战之初,各党左派力量弱小而分散,而1915年9月5日召开的齐美瓦尔得会议,却成为国际左派力量团结聚集的重要机遇。会议前一天,列宁和各党左派首先召开了独立的会议,协商立场,统一认识。这次会议最初是由中派发起,以反战和平为主要内容的会议,以考茨基主义为基础的中派占据了主导地位,会议没有接受列宁和左派的要求,关于彻底同第二国际决裂,建立第三国际的主张,也未能实现。但通过这次会议,各国左派实现了思想和认识上的团结,形成了齐美瓦尔得运动左派集团。

随着左、中、右三派的分野与发展,各国中派逐步实现了组织上的统一。麦克唐纳为首的英国独立工党在战前已存在,战争爆发后,它实际已成为以中派为主体的政党。1917年4月,德国社会民主党反对派分裂出来,建立了德国独立社会民主党。虽然考茨基等人竭力避免党的分裂,但由于党的右派领袖压抑和打击反对派,分裂不可避免,从而形成了德国社会民主党和德国独立社会民主党并存与斗争的局面。在其它许多国家,社会民主党虽在形式上保持了统一,但各党中派的力量不仅逐步增强,而且也相继组成了独立的派别,其独立性已日益增强。

1918年3月,布尔什维克党第七次代表大会,决定改名为俄国共产党(布),为各国左派独立建党指明了方向。但大战期间,由于各国左派力量弱小,始终处于少数派的位置,不具备建立独立政党的条件。在德国和英国,它们作为独立社会民主党和独立工党的左翼而存在。德国独立社会民主党在性质上虽属于中派政党,左派领袖罗·卢森堡,卡·李卜克内西,蔡特金,梅林等,同考茨基,伯恩施坦,希法亭等人都是党的领袖或中央委员,左派虽创建了"斯巴达克派",但它作为德国独立社会民主党左翼而存在。其它各国左派基本上也是以这种形式存在与活动。列宁在1917年指出:"战争爆发两年多来,国际社会主义运动和工人运动在所有的国家都造成了三个派别,""谁要是不承认三个派别的存在","谁就会软弱无力,束手无策,陷入错误。"① 在当时的环境下,左、中、右三派的阵营虽基本确定,但并非战后那么分明。在许多方面,右派与中派的界限,往往又很难分清。在分歧与斗争的主要问题和思想理论基础上,左、中、右三派的分野也并不完全一致。在反对第二国际和各党右派领导人的错误政策,反战与和平问题上,中派与左派的认识与目标基本上一致。在革命与和平,在彻底与第二国际和各党右派领袖决裂等方面,中派和右派又完全一致。在思想与理论上,左派以列宁主义关于帝国主义和无产阶级革命为基础,而考茨基、伯恩施坦、希法亭等人的论述,得到右派和中派的支持和拥护。

为此,列宁早在大战初期已经告诫指出:"中派特别有害",因为它"掩饰第二国际破产"。② 他在批判第二国际机会主义时,同时也对考茨基主义大加斥责,对后者的批判甚至超过前者。后来,共产国际在反对中派斗争中,时常出现过激的现象,并非一时之为,而有着很深的历史之源。尽管如此,列宁这一时期在性质判定上,对右派和中派仍有所区别,他虽然明确指出:中派并不是真正的,而是口头上的马克思主义者,国际主义者,但并没有把它同右派一起列入"阶级敌人"的范围。

二、三个国际组织的并存与斗争

1918年11月,第一次世界大战结束。但是,在十月革命影响下,欧洲地区各种各样的革命运动,却由东向西迅速蔓延开来。同时,为战后重新安排而召开的"巴黎和会",也于1919年1月开幕。如何面对新形势下的一系列问题,战前形成的左、中、右三派,都必须给予回答。以俄共(布)为代表的各国左派,要求尽快创建新的革命的国际,以领导世界革命运动,第二国际右派领袖,为控制运动的发展,也急切的要求恢复第二国际。为此,各方都走上了恢复和创建新的国际组织的道路,左、中、右三派的分歧与斗争,在形式与

---

① 《列宁全集》第29卷,人民出版社1987年第2版,第168页。
② 《列宁全集》第27卷,人民出版社1985年第2版,第5页。

内容上都发生了许多变化。

恢复和重建第二国际的工作，停战前已在协约国社会党间展开了，他们于1918年2月和9月在伦敦召开过两次会议，倡议召开工人运动世界代表大会。这一倡议得到了原第二国际书记卡·胡斯曼的同意和支持，随后，由英国工党主席韩德逊、原第二国际执行局主席王德威尔得签发的邀请书发向各党。这一倡议遭到许多社会党的反对，并拒绝出席。俄共和许多左派，也曾号召齐美瓦尔得运动左派及各党抵制这次会议，瑞士左派代表普拉亭就指出："为使我们的各齐美瓦尔得联盟同志抵制伯尔尼会议，我们不知花费多少心血"。① 尽管如此，代表会议还是于1919年2月在伯尔尼召开。由于参加会议的各党围绕对待巴黎和会的态度，对待俄国革命的态度以及战争责任展开了长时间的争吵，再加上代表性严重不足，所以，伯尔尼会议未能完成恢复和重建第二国际的任务，只是成立了布兰亭、韩德逊和胡斯曼三人组成的行动委员会，推动这一工作。共产国际严厉抨击了伯尔尼会议，把它称为"复活第二国际这具僵尸的一次尝试"。认为"伯尔尼会议在无关痛痒的问题上纠缠不休"，"像它们本国的资产阶级一样，相互指责"，就是"不肯承认战犯就是资本主义"。② 应该说，共产国际的批评，直指伯尔尼会议的要害。

1919年8月，他们于卢塞恩再次召开了代表会议，决定1920年在日内瓦召开各国社会党代表大会，重建第二国际。由于欧洲几个大党，德国独立社会民主党，法国、意大利社会民主党，以及西班牙、瑞士等一系列社会民主党和俄国孟什维克，在这一期间先后正式解除了同第二国际的关系，奥地利社会民主党也拒绝会议邀请，所以，于1920年7月31日召开的日内瓦代表大会，仍然是以右翼为主体的部分社会党召开的会议。这次会议决定：将第二国际书记处迁往伦敦，并委托英国工党同解除关系的各党谈判。但工党发出的呼吁如石沉大海，未得到任何响应。准备于1922年召开的第二国际代表大会也终未开成，所以，宣布重建第二国际的日内瓦大会，也是宣布重建工作无法真正完成的最后一次会议。至此，恢复和重建第二国际的任务，虽几经努力，耗费三年之久，但最终并未真正完成。这时的国际及领导机构，虽仍延续了第二国际的

---

① 《共产国际第一次代表大会文件》，中国人民大学出版社1988年版，第165页。
② 同上，第302页。

名义，但它只能是右翼组成的国际。正如社会党国际主席尤·布劳恩塔尔后来总结的那样：这次会议的任务是重建第二国际，但大会之前"已明显看出不可能达到这个目的。一大批社会主义政党脱离了第二国际，因此，日内瓦代表大会只不过代表着一个残缺不全的第二国际"。① 由此可见，共产国际关于第二国际在大战爆发后已经"破产和死亡"的结论，是符合历史实际的。

1919年3月2日，共产国际，即第三国际在莫斯科成立。在大会开幕之时，由于德共的反对，会议未就是否在本次会议上宣布共产国际成立达成一致。德共代表阿尔伯特明确地指出：现在"真正的共产党只是在少数几个国家才有，多数共产党成立才几个星期，在许多国家中，虽然有了共产党人，但他们并无任何组织可言。""参与成立的组织竟少得可怜，如何取得合法地位"。"我要进一句忠言：切切不可立即成立第三国际，不可草率从事"，"基础过于薄弱"，"请诸位三思"。② 德共代表据此认为创建国际的时机尚未成熟。但是，在俄共和许多代表的坚持下，创建新国际的任务还是完成了。

今天看来，急迫创建共产国际同第二国际的伯尔尼会议有重要的联系。1918年12月24日，俄共（布）中央曾发电各国左派，号召它们抵制伯尔尼会议，同时立即建立第三国际。共产国际第一次代表大会邀请书中也指出："由于背叛社会主义的政党企图联合起来"，所以，应立即建立共产国际。③ 正如阿尔伯特所说："一些同志之所以如此坚持，是因为他们深受目前第二国际内部事态发展的影响，是因为在伯尔尼会议后，他们恨不能另起炉灶，以便与之抗争"。④ 当然，创立共产国际的根本原因还在于对当时世界革命运动的认识与判断。正如列宁在开幕词中所说："因为我们看到，帝国主义战争后的事变进程不可避免地促进了无产阶级的革命运动，国际世界革命在全世界已经开始，并正加紧进行。"⑤ 当时许多革命者都认为，最后决战的时期虽然比社会

---

① ［奥］尤·布劳恩塔尔：《国际史》第2卷，上海译文出版社1986年版，第272页。
② 《共产国际第一次代表大会文件》，中国人民大学出版社1988年版，第146—147页。
③ 同上，第6页。
④ 同上，第145页。
⑤ 同上，第17页。

革命倡导者所预期的来迟了一些，但是这个时期终于到来了，既然要立即开展世界革命，就必须创立一个世界革命的指挥中心。

共产国际一开始就明确宣布，世界革命的形势已经成熟了，建立世界苏维埃共和国，至少是欧洲苏维埃共和国的时机已经来临了，所以，新的国际是"斗争的国际"，"实现革命的国际"，"行动的国际"。①大会号召各国革命派，立即从社会民主党分裂出来，建立共产党，发动无产阶级革命，进行"直接进攻"，"用武器来反对武器，用暴力来反对暴力"。各国革命派要立即实行两个"决裂"：同"右翼社会民主党人决裂"，"对他们除采取无情斗争的态度外，别无其他态度"；同"中派决裂"，"把其中的革命分子分化出来，同时对其领袖进行毫不留情的批评和揭露"。②列宁也认为："破产的第二国际正在死去，活活腐烂着"。③当时，他的结论是"右派＝阶级敌人，中派＝动摇的小资产阶级"。④

共产国际第二次代表大会前后，英国独立工党、德国独立社会民主党、意大利社会党、法国社会民主党等一批社会党高调退出了第二国际，要求加入共产国际。这些党大部分是欧洲的大党，有的党甚至参与了共产国际的创立过程，德国独立社会民主党代表、意大利社会民主党代表都参加了共产国际"二大"的活动。共产国际"二大"前，英、法、意、德"四个国家的工人运动，都存在着要求加入共产国际的强大思潮"。但由于共产国际"二十一条"的出台和严格执行，这些党实际被坚决的拒之门外了。正如季诺维也夫所说："我希望正如骆驼不会穿过针孔一样，中派门徒也不易滑过二十一个条件"。⑤同时，共产国际还进一步调整了对待中派的政策，中派被升级为"最危险的敌人"。"革命的进攻"和"打倒中派"成为这一时期的基本政策。这样一来，中派社会党不得不处于非常尴尬的境地。

---

① 《共产国际第一次代表大会文件》，中国人民大学出版社1988年版，第323页。
② [英]珍妮·德格拉斯选编：《共产国际文件》第1卷，世界知识出版社1963年10月版，第4页。
③ 《列宁全集》第36卷，人民出版社1985年第2版，第402页。
④ 《列宁全集》第35卷，人民出版社1985年第2版，第482页。
⑤ [英]珍妮·德格拉斯选编：《共产国际文件》第1卷，世界知识出版社1963年版，第209页。

共产国际"二大"后，一系列共产党从上述社会党中分化出来，完成了独立建党的过程。1921年1月15日，在意大利社会党里窝那会议（17大）上，党在"21条"的问题上决裂。共产主义派退出了大会，于1月21日建立了意大利共产党。1920年10月，在德国独立社会民主党哈雷代表大会上，围绕"21条"等问题分化为左、右两翼，右翼独立党人退出大会，另建独立社会民主党，两年后，它同德国社会民主党合并。12月4日，德国共产党和左翼独立党人合并为德国统一共产党。1920年10月25日，法国社会民主党图尔全国代表大会，通过了加入共产国际决议，中派和右派退出大会，另立了法国社会民主党。这次会议标志着法共的诞生。

再次分化后的这批独立党和社会党，随之也改变了要求加入共产国际的政策，走上了独立建立自己的国际的道路，它们通过两次会议完成了这项任务。1920年12月15日，在伯尔尼召开了由英国独立工党、德国独立社会民主党、瑞士社会民主党发起，法、奥、捷等社会民主党，马尔托夫代表的孟什维克参加的会议。它们以既不属于第二国际，也不属于第三国际的政党自居，它们认为："第二国际已不复存在，今天自称第二国际的那个组织，只不过是那些纯粹构成改良主义和民族主义一翼的政党的综合体"。共产国际"只要坚持其第二次代表大会的决议"，它就不能"起到团结容纳整个有阶级觉悟的无产阶级的作用。"① 这次会议号召退出第二国际和同意上述原则的政党，参加准备在维也纳召开的代表大会。1921年2月22日召开的维也纳代表大会，正式通过了建立社会党国际工人联合会的决议。会议选举奥地利社会党主席弗·阿德勒为书记，确定维也纳为书记处驻地。为此，它也被称为"维也纳国际"。一战后，第三个国际组织就这样问世了。弗·阿德勒指出：新建立这个国际，也如第二国际和第三国际那样，"事实上代表着无产阶级的三分之一。"②

维也纳国际把创建由国际工人运动各派政党参加的、统一的国际组织确定为自己的目标和任务，把既不同第二国际"谅解"，又要同它联合抵御第三国际；既不同意第三国际的"模式"，又要通过同第三国际的论战，以达到认识

---

① ［奥］尤·布劳恩塔尔：《国际史》第2卷，上海译文出版社1986年版，第644页。

② 同上，第276页。

的统一，确定为基本方法和姿态。今天看来，对它的动机、它的一些号召和行动，盲目的予以完全否定是不合适的，历史的发展已证明了这一点。但它所确立的任务和方法，已决定了它必然是短命的。为此，共产国际戏称它为"第二半国际"。认为，它是"一些政治上无家可归的假革命分子的临时避难所。"①并号召无产阶级对它"予以应有的鄙视"，象抵制第二国际那样，抵制"第二半国际"。②

三个国际并存局面的形成，实质上仍是左、中、右三派斗争与发展的结果。由于巴黎和会的结束和凡尔赛条约的签订，关于反战和平等方面的分歧与斗争已经成为历史，但在无产阶级革命等问题上的分歧与斗争不仅仍在延续，而且又增加新的内容。这主要涉及对资本主义发展的阶段、走向社会主义道路、无产阶级专政与民主等重大理论和战略策略问题。

共产国际认为，"帝国主义体系正在土崩瓦解"，"无产阶级共产主义革命的时代已经开始了"。无产阶级当前的任务，应是立即发动革命，同各国资产阶级进行"决战"。1920年7月，共产国际"二大"期间，正值苏俄红军包围华沙之际，参加会议的各国代表，沉浸在世界革命即将胜利的喜悦之中，季诺维也夫以其惯有的夸张口气，再次形容了当时的世界革命形势。他在大会讲话中指出："一个伟大而又质朴的事件在你的眼前发生了。""同志们，难道我们大家没有听到胜利的翅膀在簌簌作响吗？我们的地球将获得解放。"他认为革命胜利的速度会发展的很快，他说：再过几个月（1921年3月）就要纪念巴黎公社50周年了，"我要说出自己的愿望，即希望在巴黎公社50周年前夕，我们在法国能看到一个法兰西苏维埃共和国。"③列宁对此要慎重的多，他一方面告诫不要为革命胜利机械的规定时日，同时也认为："世界资本主义经济的结构正在全面瓦解"，"现在任何一个最富有的国家也不能生存，不能进行贸易了"，所以"革命危机"已经来临，各国共产党要立即为建立无产阶级专政

---

① ［英］珍妮·德格拉斯选编：《共产国际文件》第2卷，世界知识出版社1963年版，第44页。
② ［英］珍妮·德格拉斯选编：《共产国际文件》第1卷，世界知识出版社1963年版，第267页。
③ 《共产国际第二次代表大会文件》第2卷，中国人民大学出版社1988年版，第112页。

做好准备,要反对第二国际领袖,以及考茨基、麦克唐纳、鲍威尔等人关于民主制的论述等一系列观点。①

第二国际认为:"资本主义世界危机已经克服,不能再指望出现新的革命形势,因此工人阶级着眼于进行社会革命的政策是毫无意义的。它必须争取工会斗争的传统方式,争取改善工人阶级的状况,并以议会民主的方法夺取国家政权。"②

"关于成立维也纳国际的号召书",集中反映了这个中派国际的思想、观点与策略。号召书认为:第二国际各政党,"不顾各个国家和各个发展阶段上的特点,将无产阶级限制在民主方法上,从而在理论上无视革命阶级解放的历史必然性。它容忍改良主义入阁做官,并把入阁做官看成通向社会主义的道路,从而在实践中放弃了无产阶级争取政权的斗争"。同时,它又认为,共产国际"强迫所有其它各国的工人政党接受布尔什维克在俄国无产阶级农民革命中采取的方法作为模式。它不顾各国阶级斗争条件的多样性,不顾阶级斗争中采用的方法需要因地制宜和因时制宜。它企图使全世界社会主义政党接受一种特殊的,从俄国特有文化关系中产生的组织形式。"它认为:不应该否定民主与和平发展的道路,但也不应把它绝对化,应承认一定条件下的革命的选择。无产阶级夺取政权后,在特定的形势下,即"资产阶级进行消极破坏或直接反抗无产阶级国家权力的地方",可以"采取专政的手段"。但"采取什么形式专政,这取决于各个国家的经济、社会和政治的情况"。③ 共产国际在正确评价它时也曾指出:"第二半国际是工人阶级一部分思想激进的人的表现,这部分人赞成革命的阶级斗争,并主张在这种斗争中与共产党工人结成统一战线,只是还没有决心进行革命斗争。"④

当然,上述问题上的争论,还有着更深刻的根源,即关于帝国主义时代资

---

① 《共产国际第二次代表大会文件》第 2 卷,中国人民大学出版社 1988 年版,第 122 页。
② [奥]尤·布劳恩塔尔:《国际史》第 2 卷,上海译文出版社 1986 年版,第 277 页。
③ 同上,第 644—645 页。
④ [英]珍妮·德格拉斯选编:《共产国际文件》第 2 卷,世界知识出版社 1963 年版,第 44 页。

本主义的前途与命运这一根本问题。

共产国际以列宁关于帝国主义和无产阶级革命时代的理论为基础，认为一战后，世界资本主义已经进入它发展史上的最后一个阶段，成为寄生、腐朽、垂死的资本主义，资本主义"总危机"的时期已经来临了，埋葬世界资本主义，已成为近期应完成的现实任务。所以，共产国际作为革命的国际，把推进世界革命，通过无产阶级夺取政权，建立无产阶级专政，走向社会主义，建立世界苏维埃共和国，或欧洲苏维埃共和国确定为自己的任务和目标。它的纲领、战略、策略、章程与组织制度，都是以此为依据而确立的。共产国际认为，一战后，由于第二国际掌握工人阶级大多数，所以，第二国际是革命胜利的最大障碍，欧洲革命的胜利，首先必须铲除第二国际。季诺维也夫说得更夸张："劳动阶级现在人数众多，如果没有社会民主党掣肘，他们举手可以把国际资产阶级打倒。"①

战后恢复的第二国际，以帝国主义是资本主义发展的一个阶段，即"有组织的资本主义"的阶段为理论依据，认为经过大战的破坏，欧洲资本主义虽出现了危机，战后的革命高潮也摧毁了罗曼诺夫、霍亨索伦和哈布斯堡三个古老的王朝，取得了俄国十月革命的胜利，但是，资本主义调节生产关系的能力并未丧失，资本主义生产力发展的极限并未到达，同时，随着民主制度的完善，无产阶级已可以通过民主的、和平的方式对资本主义制度进行改造，逐步实现社会主义。所以，无产阶级没有必要通过内战的、革命的手段夺取政权。它反对通过革命和无产阶级专政，建设社会主义。它还认为，苏俄的无产阶级专政，只是无产阶级一部分人的专政，或者"左派"的专政。

维也纳国际的主要领袖人物，不同意第二国际一味追求渐进与改良，认为在特殊的形势下，革命和专政的手段也是必要的，但总体上，在对资本主义发展能力的估价、国内和平与民主、苏俄无产阶级专政等问题上，同第二国际的认识基本一致。考茨基这时实际已充当了第二国际和维也纳国际共同的理论家。

今天看来，第二国际把和平与民主的道路绝对化。全盘否定革命和专政的

---

① 《共产国际第四次代表大会文件》第1卷，中国人民大学出版社1990年版，第12页。

手段与措施，无论从哪个角度上说，都是错误的。共产国际作为当时唯一"革命的国际"，它在领导各国无产阶级反对资本主义、法西斯主义斗争中做出了巨大贡献，共产国际的工作不仅对战后社会主义阵营的形成，特别是中国革命的胜利有着直接的联系，而且对推动各国革命的发展，各国共产党的成立有着重大的意义。但同时，共产国际对无产阶级革命胜利的速度的估价，关于资产主义的生命力的估价也并不准确，而把它绝对化，并作为划分革命与反动的标准，由此在组织制度上的制定的一系列政策，也付出了沉重的代价。1923年共产国际"四大"期间，作为共产国际主要领导之一，也曾是极为乐观估价革命形势的拉狄克，说过这样一句发人深省的话："很清楚工人阶级多数现在不想夺取政权，谁否定这一点谁就是瞎子"。"尽管社会民主党的工人知道他们的党是反对专政的，但他们仍然认为这个党代表他们的利益。因此，他们属于社会民主党。"在德国，社会民主党仍是"一个拥有百万成员的政党和追随他们的数百万人。"①

可见，一战后左、中、右三派，已转向了由三个国际组织为代表的并存与斗争的阶段，但是，由于维也纳国际为自己确定了实际无法完成的目标，所以，这个阶段非常短暂，到1923年5月就回归到了左、右两极对立与斗争的历史时期。

三、两大国际组织对立格局的形成

1923年5月23日，维也纳国际与第二国际在汉堡合并，建立了社会主义工人国际。国际社会主义运动和工人运动由"一分为三"，演变为共产国际与社会主义工人国际"两极对立"的格局，直到两个国际组织的终结。这一格局的形成，既是实现社会主义的两种不同道路的对立与斗争的结果，也是1922年三个国际柏林会议及建立国际工人统一战线尝试失败的结果。

1921年前后，欧洲各国的战后重建和恢复都取得了进展，伴随着芬兰、

---

① 《共产国际第四次代表大会文件》第1卷，中国人民大学出版社1990年版，第403、493、499页。

匈牙利无产阶级革命的失败，1921年德共"三月发动"的失败，意大利工人运动和西欧各国罢工浪潮的渐趋平息，战后革命高潮已经回落。为推进战后重建和恢复，主要资本主义国家向劳动者和战败国转嫁危机和沉重负担的措施正在加剧。用共产国际的话说："资本进攻已经展开。"为重新认识战后政治、经济形势，确定新的任务和策略，共产国际于1921年6月22日—7月12日召开了第三次代表大会。大会首先在形势和革命运动估价上发生了重大变化，尽管共产国际仍然认为：资本主义处于不断崩溃的过程中，它的灭亡为期不远，从总体说，欧洲生产机构正趋于瓦解；战后出现的繁荣是"虚假"的，"繁荣后必有危机"，"通货膨胀必然导致长期危机"等，但还是承认"战后经济生活逐渐恢复正常"，"危机缓和"。列宁对这一点的认识要早于共产国际，他在1920年后，特别是伴随新经济政策的实行，他已经认识到，过去一个时期对世界形势和革命进程的估价存在失误。他指出：过去认为，由于第一次世界大战，西欧将走上一条由战争发展为革命，并一举取得世界革命胜利至少是欧洲革命胜利的"明确、笔直和最容易走的道路。事实表明，其它各国人民并没有走上这条笔直的道路"。① 1921年末，他提出："显然，当各国人民得到和平的时候，革命运动必然会慢下来，不能指望这个速度会很快。"共产国际"三大"期间，由于凡尔赛和约已经签订，他提出"在缔结和约之后，无论和约怎样得不好，其它资本主义国家的革命没能暴发起来。"② 同时，共产国际许多领袖，虽不情愿，但也不得不承认了现实。托洛茨基在"三大"报告指出："今天我们才看到，全世界夺取政权，实现世界革命，还有相当的距离。那时，在1919年我们认为，这是只要几个月就能办到的事情"，"我们必须得出结论：斗争也许是长期的，进展也不会象我们所希望的那么迅速"。虽然"从总体上看，形势对革命十分有利。然而革命不那么顺利，那么乖巧，以为能用绳子牵着走"。③ 拉狄克也指出："在共产国际成立，并将世界革命的胜利定为自己的政策目标的时候，我们是如何的乐观，如何的目光短浅"④。

---

① 《列宁全集》第42卷，人民出版社1987年第2版，第320页。
② 同上，第40页。
③ 《共产国际第三次代表大会文件》第1卷，中国人民大学出版社1988年版，第77—86页。
④ 同上，第380页。

在上述认识的基础上，共产国际把"争取群众大多数"，为工人阶级的现实利益进行局部斗争，反击资本进攻，确定为新的任务和策略。共产国际承认，"战后领导无产阶级的是第二国际"，群众的大多数已被第二国际和中派政党所掌握，"大多数工人还没有处于共产党人的领导下"。列宁说的更明确："共产党在任何地方都没有争取到工人阶级的大多数，不仅是组织领导，连共产主义原则都没有得到大多数的拥护"。① 他坚定不移地推进共产国际的政策转变，为此，他要求共产国际，不要再高喊"直接进攻"的口号，"一切进攻的喊叫都是错误的，荒谬的"，是"讲空话和玩弄左的把戏"。②

同时，列宁推进共产国际改变了"二大"前后不与社会民主党合作的政策，在对第二国际、第二半国际性质的判定，对待第二国际和第二半国际的态度，特别是严格区别改良主义领袖与广大群众等方面，都发生了重大的变化。

他指出：各党"左派"，把"反右派斗争当成了儿戏"，夸大了反中派斗争的意义。他说："第一次、第二次代表大会的口号是打倒中派，我们现在已经在召开第三次代表大会了，可是特拉契尼同志却还在谈老调，""这些事情我们已经做得很够了"。"我们就应该说，够啦！否则太危险了"。③ "三大"后，他又尖锐地批评"某些优秀的，有极高权威的党"，"夸大了同中派主义的斗争，稍微超过了限度，而使这样的斗争变成了游戏"，"可笑的游戏"。并认为"对付中派这件事我们做得够了，已经有些腻味了"，他要求共产国际和各党，"在国际范围内同夸大中派主义"的错误作斗争。④

为推进各党进一步落实"争取群众大多数"的方针，共产国际于1921年12月又通过了："关于统一战线策略的提纲"，即著名的《十二月提纲》，明确指出："工人统一战线，就是一切愿意同资本主义作斗争的工人统一战线"，"各国共产党和整个共产国际都必须支持工人统一战线的口号"，共产国际允许"各支部同第二国际、第二半国际各政党和各工会达成协议"，同时"不能

---

① 《列宁全集》第42卷，人民出版社1987年第2版，第12页。
② 同上，第12—14页。
③ 同上，第30—36页。
④ 同上，第100—104页。

拒绝在国际一级上达成类似的谅解"。① 列宁更明确指出:"统一战线的目的和意义在于吸收愈来愈广泛的工人群众参加反对资本主义的斗争,甚至对第二国际和第二半国际的领袖们也不妨再三发出呼吁,建议共同进行这种斗争"。②

维也纳国际为完成自己所奉为"神圣"的使命,它一方面在关于民主与无产阶级专政、格鲁吉亚问题、喀琅施塔水兵暴动、苏俄对待社会民主党的政策、第三国际组织制度和"21条"等问题上发表意见,并由此显示了它们在上述问题上同第二国际的一致性。同时,它也采取了许多今天看来是正确的政策:它表示不反对革命的选择,坚决拒绝了第二国际关于建立排除共产党和第三国际参加的国际组织的要求;在"反击帝国主义西方列强进攻以保卫苏维埃俄国"、争取各国在外交上承认苏俄;反对欧洲军国主义阴谋与霸权;号召国际无产阶级力量的团结、以反击资本进攻等方面,显示了与第二国际的区别。同时,它也努力为促成三个国际的合作与联合而作了大量的工作。1922年1月中旬,它独自采取行动,发表了《致各国工人党信》。1月19日,它又专门致信第二国际、第三国际执委会,建议于1922年春季召开"国际工人代表大会",为开好这次大会,三个国际执委会先期召开会议进行商谈。它提议,三方不就原则性矛盾进行辩论,以防止因相互指责,导致会议失败,而仅就欧洲形势和工人阶级利益,"一定范围内采取共同行动"进行讨论。③

共产国际迅速同意和回应了维也纳国际的要求。1922年2月1日,即维也纳国际发信后的第13天,列宁就在给共产国际主席季诺维也夫和布哈林的电话中表明了同意参加会议的态度。列宁提议派出"口齿特别锋利的人代表共产国际"去参加会议,要求共产国际立即就这次会议的"策略和战略的基本问题"进行认真的准备。④ 2月23日,列宁又进一步强调,参加这次会议是极重要的实际工作,他告诫季诺维也夫,防止因"几个犯政治幼稚病的人"的反对,或"为了图痛快",采取"非常不明智"的措施,而"让极重要的实

---

① [英]珍妮·德格拉斯选编:《共产国际文件》第1卷,世界知识出版社1963年版,第398—399页。
② 《列宁全集》第43卷,人民出版社1987年第2版,第128页。
③ 《第二国际、第三国际和维也纳国际联合会柏林会议记录》。三联书店1966年版,第2页。
④ 《列宁全集》第42卷,人民出版社1987年第2版,第402页。

际工作去冒失败的危险"。① 可见，列宁不仅重视、支持召开三个国际的会议，而且已经把它放到了很重要的位置。

第二国际对此并不积极，它的原意是建立排除共产党和共产国际的国际，维也纳国际反而要把它拉入到三个国际的会议之中。为此，它设定了前提：即要求讨论有关格鲁吉亚和民族自决权问题；关于苏俄对社会民主党人审判问题；不要在社会民主党各级组织和所属工会内设立共产党支部的问题。列宁一开始就预料到了这一点，并为此专门作了指示。② 他在给参加执委扩大会的蔡特金的信中曾指出：第二国际在阻挠这次会议，"我们的任务，就是不顾这一切障碍召开这次三个国际的会议。"③ 3月14日，他又致信政治局，对《共产国际执委会给出席三个国际代表会议的共产国际代表团的指示草案》提出修改意见，他明确指出：我建议共产国际应"仅仅提出争议最少的问题，因为我们把试图寻求工人群众部分的，但却是共同的行动作为目的"。只要"还没有失去希望，我们的代表就要极其克制"，"一般不要使会议破裂"。④ 3月17日，共产国际执委会一致批准了列宁的意见。

当时，三个国际的代表能否坐在一起，并顺利召开会议，关键在于第二国际和共产国际，因为两者不仅剑拔弩张，积怨极深，而且早已断绝往来。由于共产国际"没有为召开国际代表会议提任何条件"⑤，这就等于清除了通向会议的障碍，因此，第二国际的前提条件也就失去了阻碍会议召开的意义。

由维也纳国际提出的召开三个国际代表会议的要求，在共产国际积极响应和支持下，终于在1922年4月2日—5日在柏林召开。在三天的会议中，虽然展开了激烈的辩论，其中不乏唇枪舌战和情绪激动，但仅就会议的初衷而言，还是达成了一些共识，形成了成果。为此，把这次会议作为三个国际由分裂走向建立统一战线的有益的尝试，还是符合实际地。

---

① 《列宁全集》第42卷，人民出版社1987年第2版，第435页。
② 同上，第421页。
③ 沈志华主编：《苏联历史档案选编》第2卷，社会科学文献出版社2003年版，第218页。
④ 《列宁全集》第43卷，人民出版社1987年第2版，第339—340页。
⑤ 《第二国际、第三国际和维也纳国际联合会柏林会议记录》，三联书店1966年版，第24页。

会议认为：虽然三个国际矛盾深刻，分歧难以弥合，无法实现组织上的统一与合并，无法取得巨大的成果，但在资本进攻的形势下，共同商谈以探索共同行动的事项与办法是完全必要地。这应是三方的第一个共识。

承认三个国际组织的性质都属于无产阶级政党是这次会议的另一个重大突破。从三个国际会前声明和会议发言中都清晰的表明了这一点。特别是共产国际在声明中指出："至于无产阶级政党，我们建议除了这三个执委会所属的政党外，还要邀请不属于任何国际团体的政党和政治派别。"① 从这段话可以看出，共产国际一改过去含混的或极端定性的表述，已承认其它两个国际同属"无产阶级政党"。

尽快召开国际工人代表大会，商讨共同行动的内容和方法，应是会议讨论的基本问题和主要任务。共产国际、维也纳国际的认识和态度基本一致，积极主张在4月10日召开的热那亚会议期间，同时召开国际工人代表大会，以反对和推动废除凡尔赛条约，反对资产阶级向人民转嫁恢复经济的压力和负担，共同抵御资本进攻，维护各国工人阶级的利益，支持苏俄在热那亚会议上的活动，反对绞杀苏俄的阴谋，推动各国承认苏俄等。维也纳国际代表明确指出："共同代表会议必须尽快召开"，以实现"在对热那亚会议的问题上表明他们的共同意志。"②

第二国际原则上同意上述工作，但它坚持会前提出的三大前提条件。围绕这三大问题所展开的争论，不仅异常激烈，而且几度使会议陷入僵局和破裂的边缘。这三大问题；特别是格鲁吉亚和社会革命党人审判案，在当时既是影响很广泛的问题，也是社会民主党痛心的问题。但并不是导致三个国际分裂的根本原因，也不是当时世界无产阶级运动最急迫的现实问题，第二国际为何反而把它设定为前提条件，并展开激烈的斗争呢？对此，在会议后期，甚至维也纳国际也不完全同意第二国际的这种态度。究其原因，一是为了拖延召开国际工人代表大会的日期，以避开热那亚会议期间召开国际工人代表大会，因为这必

---

① ［英］珍妮·德格拉斯选编：《共产国际文件》第1卷，世界知识出版社1963年版，第427页。
② 《第二国际、第三国际和维也纳国际联合会柏林会议记录》，三联书店1966年版，第55页。

然会涉及到对凡尔赛条约的态度、关于赔款条件、支持苏俄等方面的问题，而在对待凡尔赛条约的态度上，它和所在政府的态度与利益是一致的，此时，实际掌控第二国际的英国工党领导人已参加了内阁，第二国际主席王德威尔得也是比利时政府的重要阁员。于是他们尽力避免热那亚会议期间召开国际工人代表大会，竭力拖延召开会议的日期，实质上就是为掩盖他们对凡尔赛条约的态度。其实王德威尔得在发言中，也透露了他们维护凡尔赛条约的立场。二是对建立统一战线的后果忧虑重重，担心自己受到削弱和分化。第二国际代表在发言中不断地对此提出疑义和质问。① 三是运用这种公开场合斗争的方式，使共产国际和苏俄处于尴尬的境地，以使它在国际工人运动中造成广泛的负面影响。应该说，这和第二国际此前坚持的、建立没有共产国际和共产党参加的国际的立场完全是一致地。可以看出，第二国际对这次会议和准备召开的代表大会的态度是消极地。

　　在上述三个问题上，维也纳国际的心态极为复杂，一方面它赞同第二国际所提出的问题，并在这些问题上与第二国际一起对共产国际代表施加了巨大的压力，逼迫共产国际代表让步。所以共产国际将它称为"帮凶"，也并不是完全没有道理。但另一方面，由于作为会议的发起者，它既不愿意看到会议一事无成的局面，更不愿承担会议无果而终的压力，而第二国际的态度又直接影响了共同行动和召开代表大会，因此，它又对第二国际坚持把上述三个问题设定为前提条件而有所不满，他反复强调"行动先于保证"，劝说第二国际把召开代表大会和共同行动与自己坚持的三大条件脱钩，并有所让步。他指出："由于一方硬性提出的条件遭到了另一方的拒绝，所以我们没能达成谅解，""就会让无产阶级大失所望，同时也就会鼓励在热那亚开会的资本主义国家的政府继续奉行它的政策"。② 维也纳国际扮演的中立与促和的角度，既包含了它与第二国际在许多问题上的一致性，也显示了它与第二国际在一些问题上的不同点和分歧。维也纳国际虽自我欣赏，但角色难扮。难怪共产国际称他为"第二半国际"。正是由于维也纳国际在一些问题上同第二国际的一致性，实际造

---

　　① 《第二国际、第三国际和维也纳国际联合会柏林会议记录》，三联书店1966年版，第20页。

　　② 同上，第55—56页。

成了联合逼迫共产国际让步的局面和阵势。尽管它在发言中对共产国际的态度相对和缓，但在实际结果上却促成了第二国际的目的，所以，维也纳国际在迫使共产国际让步过大方面的责任，也不可推脱。但由此把它说成这次会议的破坏者，也不是符合实际的结论，应该承认，维也纳国际在推动会议取得成果，支持苏俄等方面，还是作出了很大的努力，发挥了一定的作用。

经过三天的艰苦努力，在共产国际做出重大让步，即承诺不对正在审判的社会革命党人使用死刑，允许自由聘任辩护人，允许三个国际代表列席旁听，允许记录的情况下，在会议最后一天还是达成了共同协议。决定：尽快召开国际工人代表大会。成立由三方组成的"九人筹备委员会"，也称"九人委员会"，以协调共同行动，推动会议尽快召开。因第二国际不同意在四月间，即热那亚会议期间召开这次会议，所以三方决定："直接进行群众性的行动，以表达共同意志"，4月20日，"尽可能联合举行群众性示威"，因组织困难无法在这一天举行游行活动的地方，可改为"五一示威"。同时，会议还确定了共同的示威口号："实行八小时工作制"；"为反对因资本主义列强赔款政策而严重加剧的失业而斗争"；"无产阶级采取反对资本进攻的联合行动"；"拥护俄国革命，支持饥饿的俄国，争取各国恢复与苏维埃俄国的政治关系与经济关系"；"在各国及国际范围内建立无产阶级统一战线"。会议还决定，发表联合呼吁书，号召共同采取行动和联合举行示威。上述决定被表述为"这就是三个执行委员会发现的共同立场"。①

应该承认，这些成果反映了共产国际关于建立工人统一战线的基本要求，基本符合列宁与共产国际执委会给代表团的指示精神。达成共同协议和联合呼吁书本身，不仅应是重要成果，它还被视为"真正向建立无产阶级统一战线迈出了第一步"。共产国际代表团在声明中也认为：联合声明体现了"统一战线的微弱开端"。② 共产国际执委会在批准柏林会议结果的声明中，也把它称

---

① 《第二国际、第三国际和维也纳国际联合会柏林会议记录》，三联书店1966年版，第74页。
② 《第二国际、第三国际和维也纳国际联合会柏林会议记录》，三联书店1966年版，第77页。

为"刚刚开始形成的统一战线。"① 列宁批评共产国际代表团让步太大，并在《真理报》发表了《我们付出的代价太大了》一文，但他在此文中也认为，"不管怎样，我们已经打开了一个缺口"，同此相比，"拉狄克和布哈林等同志所犯的错误并不大"。

1922年4月20日和5月1日，许多国家的工人政党和团体，响应柏林会议的号召，举行了形式多样的游行示威活动。但"九人委员"的工作却没有任何进展，更没有推进国际工人代表大会的召开。"九人委员会"第一次会议不仅拖到5月23日方才召开，而短暂的开幕式后不久，会议随之破裂。因为，共产国际要求迅速召开国际工人代表大会，第二国际以提出的条件未取得满意的结果为由，断然予以拒绝，共产国际通牒无效，即退出了"九人委员会"，第一次会议也就成为最后一次会议。由三个国际柏林会议开始的，通过上层合作建立国际工人统一战线的尝试宣告终结。5月24日，共产国际在《告各国工人书》中，举起了"建立自下而上的统一战线"的旗帜。6月18—29日，第二国际在伦敦召开的各政党会议也宣布：不再参加同第三国际取得协议的任何尝试。9月3日，维也纳国际决定：继续等待"共产党人回心转意"已没有意义，② 于是转向同第二国际谈判，并于1923年5月23日在汉堡与第二国际合并，建立了社会主义工人国际。

尽管三个国际柏林会议及后继工作最终还是失败了，但这次会议及成果仍具有重大的意义。它改变了共产国际成立以来，对社会民主党全面排斥，禁止上层往来，不允许联合行动的关门政策。同时也证明，三个国际的立场、观点虽然不同，理论上虽然截然对立，但在维护无产阶级的共同利益，共同反对资本进攻的基础上，共产党和社会民主党不仅可以商谈，而且能够取得成果。可惜的是在此后的历史时期里，这一开端并没有发展下去。

---

① [英]珍妮·德格拉斯选编：《共产国际文件》第1卷，世界知识出版社1963年版，第433页。

② [奥]尤·布劳恩塔尔：《国际史》第2卷，上海译文出版社1986年版，第300页。

四、两大国际组织对立与斗争的后果和结局

1923年后，中欧各国革命相继失败，欧洲革命转入低潮，资本主义进入了政治经济相对稳定时期。1926年虽爆发了英国工人大罢工，共产国际也不断地作出革命高潮即将到来的结论，但革命运动真正持续发展已转向了东方，特别是中国革命。为此，共产国际把中国革命和1926年英国大罢工，称为世界革命的"前哨战"。在欧洲，法西斯主义日渐猖獗，而共产国际和社会主义工人国际，却在对立与斗争中愈走愈远。1923年后，两个国际的对立与斗争，在思想理论上已没有重大的变化，不仅坚持过去形成的基本理论，而且进一步使其绝对化，意识形态上的对立和划线，更使两个国际截然对立，冰炭难容。所以，思想理论上的绝对化、非此即彼，现实运动中的对立与斗争，就成为这个时期两个国际关系及共产党与社会民主党关系的基本特征。

共产国际"四大"后，它内部"左"的思想和力量开始提升，这一方面在于三个国际柏林会议失败的后果，在于维也纳国际与第二国际的合并，客观上为"左"的思想和力量的发展提供了条件。另一更重要的原因在于列宁因病已无法讲话，列宁晚年关于世界革命理论和运动的反思被打断。这两大因素的综合作用，使共产国际逐步抛弃了"三大"所确立的正确策略，沿着左倾化的道路发展。在这种情况下，列宁的反思和新的思想不仅没有得到进一步落实，传统的理论观点反而被绝对化和教条化，并成为对内、对外划线的标准。这一转变从1923年6月召开的执委第三次全会起，通过1924年召开的"五大"，1928年召开的"六大"，以及1929年召开的执委第十次全会，转向了左倾化和关门主义的道路，到1933年执委会第十三次全会，方有所转变。

这表现为：不顾资本主义政治、经济稳定和欧洲革命低潮的现实，再次推进"直接进攻"的策略，季诺维也夫在五大报告中，以"两个革命高潮"之间的方法回避现实，认定世界革命形势正迅速发展，重弹"革命在敲门"的高调。季诺维也夫下台后，布哈林接任了共产国际领导权。他虽对形势有所认识，但由于联共（布）党内斗争和反右倾斗争的影响，在这种潮流下，他同样与共产国际一起，沿着"左"的道路愈走愈远，终于在共产国际"六大"

被推向了"登峰造极"的"第三时期理论"。统一战线的策略虽在理论上得以保留,但实际运动中,却再度把社会民主党排除在外。在执委三次全会上,许多领袖再次认为:"关于同社会民主党人联合的概念,以为最近几年的全部革命经验所推翻。"① 会议决议认定:新成立的社会主义工人国际加深了两个组织对立,"是共产国际在工人运动中的最后一个对手"。② 通过各党布尔什维克化运动,反右倾斗争,无论是两个国际上层联系与合作,还是各党在现实斗争中联系与合作实际已经中止。"第三时期理论"推出后,为迎接即将到来的革命高潮与决战,共产国际把打击"中间势力",特别是社会民主党左翼作为重要任务,认为社会民主党是"共产主义和无产阶级专政的最危险的敌人"。执委会十次全会把反对法西斯斗争同反对社会民主党并列起来。要求共产党人必须同社会民主党划清界限。正是在这次会议上,正式出笼了"社会法西斯主义"的概念,进一步形成了反法西斯斗争与反社会民主党政策的一体化,并上升到"阶级对阶级"的策略高度,要求各党作为政治策略的总方针予以落实。

无独有偶,社会主义工人国际沿着右倾和改良主义的道路也愈走愈远。1923年,社会主义工人国际的成立大会,也是它的第一次代表大会。正是在这次会议上,维也纳国际坚持的:一定条件下的革命选择,特定条件下无产阶级专政的必要性,以及它具有正确意义的反对第二国际改良主义的观点已不见踪迹。马尔托夫在对此加以解释时,一方面抱怨共产国际的关门主义,同时又表示为了在社会主义工人国际扮演左翼角色而自我解脱。但他们实际完全回归了所谓"民主道路"。社会主义工人国际"一大",为证明它与共产国际完全不同,明确宣布它的成立和全部工作,不是为了发动世界革命,"而是谋求在资本主义社会制度范围内,通过社会改革以提高工人阶级的物质地位和文化地位,通过政治改革以扩大民主,通过国际性改革,以确保和平。""它不采取革命国内战争的方法,而采取和平进化的议会民主方法争取工人阶级掌握政

---

① 《共产国际执行委员会扩大会议(1923年6月12日—13日记录)》,俄文版,第9—12页。

② [英]珍妮·德格拉斯选编:《共产国际文件》第2卷,世界知识出版社1963年版,第44页。

权。不致力于无产阶级专政，而是通过民主机构变资本主义制度为社会主义社会制度"，为区别于"革命的国际"，它承认自己在"意识形态和政治实践上是一个改良主义的社会主义国际"。①

1933年前，它先后于1925年8月在马赛召开了"二大"；1928年8月在布鲁塞尔召开了"三大"；1931年7月在维也纳召开了"四大"。从它四次代表大会的决议可以看出，它不顾形势的变化，顽固坚持所谓"民主道路"，反复强调其反对革命的选择，反对无产阶级专政的论调，并逐步把它绝对化和教条主义。意识形态划线，同样成为社会主义工人国际策略的出发点和区分事物的标准。它1928年"三大"通过和发布的《世界政局和工人运动》决议，充分表现了上述问题。这个文件承认了由军备竞赛导致的战争危险，承认法西斯主义的危险，承认"唯有社会主义"才能保证真正的和平，要求各国人民"依靠社会主义工人国际来确保社会主义胜利"。应该说这些认识同共产国际"六大"没有什么区别，问题在于通过什么方式确保社会主义胜利，它不顾形势的变化，一味强调"各国和解"和民主手段，甚至罢工和政治斗争的方法也未能在决议中特别体现。也和共产国际"左"的观点一样，它牢牢站在另一个极端，反对一切"专政"。"不论这样的专政采取何种形式"，公开批评苏联的政策，并把无产阶级专政和布尔什维克主义同法西斯危险相提并论。② 它于1931年"四大"通过的《德国和中欧的形势及工人阶级为争取民主而斗争》的决议，沿着右倾和绝对化的道路走得更远。这个文件承认了德国法西斯主义与危机，把"保卫德国民主"和各国民主作为重大任务提了出来，但在措施上，仅仅是呼吁西方各国给予信贷支持，对战争赔款给予调整，空洞的号召"通过民主的方法和国际权利的方法加以克服。"号召各国工人阶级用民主的方法逼迫政府裁减军备。正是在这次会议上，甚至连鲍威尔都呼吁"以暴力作为工人阶级保卫民主的最后手段，"但这个文件中，仍要求在民主的基础上和使用民主的手段进行斗争。这一方面说明社会主义工人国际在认识上已经出现了不同的声音和矛盾，另一方面也证明其主导方针仍是所谓"民主"

---

① ［奥］尤·布劳恩塔尔：《国际史》第2卷，上海译文出版社1986年版，第396—397页。

② 同上，第547—652页。

手段，在实际运动中，还是限制了各社会民主党的各种有效的斗争手段。正是在这个文件中，它也把法西斯主义者同共产党人并列在一起了。① 到这时，社会主义工人国际同样也限制了各国党与共产党的基层合作。

共产国际和社会主义工人国际坚持不同的发展道路，意识形态上的尖锐对立，方法观点上的更加绝对化，更加剧了政治上的仇视和鸿沟，这在1925年德国总统选举中造成了严重的后果。1925年2月，德国总统社会民主党人艾伯特去世，在第一轮总统选举中，社会民主党提名的奥托·布劳恩获783.6万张选票，资产阶级民主政党和中央党提名威·马克思获368万张，三方相加为1340.6万张，共产党提名台尔曼获188.5万张。兴登堡作为右翼的代表得票1198万张。在这种形势下，作为军国主义象征和代表的兴登堡出任总统，实际上意味着魏玛共和国的终结，有的甚至认为，兴登堡上台是希特勒上台的开端。为此，社会民主党和资产阶级的两个民主政党联合提名威·马克思作为第二轮代表，以抗衡兴登堡。但兴登堡以1465.5万张选票，对威·马克思1375.1万张选票而当选。共产党仍独立提名台尔曼，并获193.12万张，如果共产党选票与社会民主党选票相加得票1568.2万张，超兴登堡100余万张。为此，社会民主党认为："共产党放弃了以民主制度为基础的过渡解决办法"，"帮了兴登堡的忙"，② 企图把责任推给共产党。但社会民主党作为能够左右国家政策的群众性大党，长期坚持排斥共产党、拒绝与共产党合作的政策，恰好是问题的根源。德共在这一问题上的教训也非常深刻，后来，德共也作为沉痛教训对此加以总结。所以，把责任完全推给德共是不正确的，这种方法也恰好是当时两党关系的真实写照。

更大的悲剧还在于这种错误再次重演。伴随着兴登堡出任总统，法西斯势力迅速增长。1930年议会选举中，法西斯"国家社会党"一跃成为议会第二大党，比1928年议会选举得票猛增8倍。但此时，社会民主党和共产党得票相加仍超"国家社会党"一倍以上。两者联合制止希特勒上台还是较为容易的事情，但两党均未采取措施。1932年11月大选中，"国家社会党"再次跃

---

① ［奥］尤·布劳恩塔尔：《国际史》第2卷，上海译文出版社1986年版，第653—656页。

② 同上，第358页。

为第一大党。社会民主党得票 700 余万张，共产党得票 600 余万张，两者相加仍超"国家社会党"150 余万张。因此，两者在国会联合抵制希特勒上台，仍然是可以做到的。可是，1933 年 1 月 30 日，当兴登堡提名希特勒为总理时，两党并没有联合抵抗。希特勒上台后，立即引起了全国性的抗议和罢工浪潮。两党群众已冲破限制，自发联合起来走上街头。"德国工人阶级在 1933 年 2 月做好了战斗准备。"① 但德国社会民主党中央却以"合法斗争"为理由，禁止立即战斗，确定了"小心谨慎和保持克制"的方针。2 月 27 日，希特勒制造国会纵火案，先是打击查禁共产党，四个月后打击查禁了社会民主党，德国法西斯终酿成了人类的祸端。后来，社会党对此总结时也认为："德国社会民主党在法西斯面前屈膝投降，显得特别令人费解。"② 在总结这一问题的教训时，无论社会民主党还是共产党都承认：无产阶级的分裂是惨痛的教训。

  1933 年后，共产国际和社会主义工人国际都走上了调整策略的道路，事实上各国工人阶级和基层组织，已经部分地突破了两个国际的禁令。1935 年 7 月召开的共产国际"七大"，终于结束了其"六大"以来的左倾路线和政策，走上了向反法西斯统一战线策略转变的进程。已无力召开代表大会的社会主义工人国际，也于 1933 年 8 月召开了代表会议，这也是它的最后一次会议。虽然这次会议决定"在法西斯主义取得胜利的国家，只能通过人民群众的革命起义推翻法西斯主义专政"，"除了进行革命斗争外再无其它通向解放的道路。鉴于历史的经验，工人阶级没有理由继续保持分裂"③ 但是，多年合法主义的侵蚀，已使社会主义工人国际的领袖们无力在这条道路上运行。多年的对立、抗争、积怨、猜疑和旦旦誓言筑成的牢笼，已经使两个国际难以一夜之间成为共同斗争的伙伴。1937 年 10 月 15 日，当阿德勒应共产国际的要求，代表社会主义工人国际，就双方共同支持西班牙反法西斯斗争，进而建立国际反法西斯统一战线进行商谈之时，阿德勒竟未能给予明确的回答。虽然这是三个国际柏林会议 12 年后再次进行的直接会谈，但由于社会主义工人国际内部陷入

---

  ① ［奥］尤·布劳恩塔尔：《国际史》第 2 卷，上海译文出版社 1986 年版，第 451 页。
  ② 同上，第 450 页。
  ③ 同上，第 659 页。

了无休止的争论，不仅未能对共产国际的号召给予回应，它自己反而在这一争论中结束了生命。1940年4月后，它停止了活动，自行消失，终结了它17年的历史。1943年5月，共产国际在领导了既轰轰烈烈，又异常曲折的反法西斯统一战线后，也结束了它23年的历史进程。

  两个国际的解散标志着由两个国际组织所代表和领导的共产党和社会主义党关系的终结。但它们的思想、理论和政治遗产，战后却仍然被各国共产党和社会党继承下来。今天，当我们有幸处于21世纪的条件下重新认识这些问题时，过去的沉痛教训虽不堪回首，但实事求是的认真反思已极为重要：在社会主义的选择作为人类价值追求目标的前提下，各国走向社会主义的道路应根据各国历史的现实的条件，由各国人民选择，由两个国际指挥中心，确定两种道路，并使其绝对化、意识形态化，显然不符合马克思主义同各国实践相结合的基本原则。给世界各国规定一条统一的走向社会主义道路的方法，已被历史证明是行不通的。与此相联系，必须正确处理意识形态的差异与共商合作的关系；必须求同存异，正确区分各社会主义政党左翼、中翼和右翼，方能确立和促进统一战线策略的落实与发展。

（此文载于《聊城大学学报》（社科版）2010年第3期）

列宁民族区域自治思想探析

张祥云[*]

摘 要: 列宁在领导俄国革命的过程中,结合俄国的实际,进一步发展了马、恩有关地方自治和区域自治的思想,明确地把地方自治看作真正民主国家的前提。特别是列宁一开始就把自治问题与俄国多民族的实际联系起来,与民族自治相结合,形成了民族区域自治的思想,并把它作为无产阶级在国家和政权建设问题上的一个重要原则。这一理论提出与实施在俄国革命、苏联创立以及社会主义多民族国家建设中发挥了重大的作用。系统研究与探讨列宁关于民族区域自治理论的相关问题,有助于发挥其在多民族国家建设中的重要作用。

关键词: 列宁;民族区域自治;民族自决权;民族文化自治

基金项目: 山东省社科规划重点项目《苏联联盟体制建设的经验教训及启示》(03BMJ10)的阶段性成果。

社会总是人的社会,现实的个人是历史科学的逻辑起点。[①]列宁在领导俄国革命和创建苏联的过程中,依据俄国国情,顺应时代的要求,在充分吸收和借鉴前人思想文化成果的基础上,丰富、发展了马克思主义的民族理论。其中,民族自治(地方自治、区域自治)思想占有极其重要的地位。它的提出与实施不仅极大地激发了俄国各被压迫民族人民的革命热情,对推翻沙皇俄国、创建苏联起过重大的作用,而且对其他多民族社会主义国家的构建也产生

---

[*] 张祥云(1966—),男,山东莱州人,聊城大学学科建设处处长兼思政与马克思主义学院院长,教授,法学博士,主要从事苏联问题与当代俄罗斯问题研究。

[①] 潘魏、汤树松:《历史唯物主义的历史观再认识》,《贵州社会科学》2009 年第 6 期

了极其重要的影响。

一 列宁关于民族区域自治的理论阐释与实践构想

关于地方自治和区域自治，马克思、恩格斯在论述国家的政治结构，特别是资产阶级国家的政治结构时曾多次谈到。1850年，他们在《中央委员会告共产主义者同盟书》中，在强调工人阶级必须坚持建立统一而不可分的国家的同时，也非常强调地方自治。1886年，恩格斯在了解到有关荷兰国内管理的情况后，认为荷兰所实行的地方自治和省自治有"某些优越的地方"，"这对发展民族性格，以及对今后的发展，有很大的好处；只要稍许起一些变化，劳动人民就能够在这里建立起自由的自治，而这种自治在变革生产方式时应当是我们的最好武器。"① 1891年，恩格斯在论证集中制优于联邦制，集中制给地方的自由多于联邦制的问题时，又指出，集中制不仅不排斥地方自治，相反必须实行地方自治，因为只有这样才能消除官僚主义和自上而下的命令主义。

列宁同马、恩一样，一贯坚持无产阶级必须反对民族的闭关自守、相互隔绝，主张建立民主集中制的大国。但是，他同时指出："我们维护集中制只是维护民主集中制。……民主集中制不仅不排斥地方自治以及有独特的经济和生活条件、民族成分等等的区域自治，相反，它必须既要求地方自治，也要求区域自治。……如果不保证每一个在经济和生活上有较大特点并且民族成分不同等等的区域享有这样的自治，那么现代真正的民主国家就不可能设想了。资本主义发展所必需的集中制原则，不仅不会因为实行这样的（地方的和区域的）自治而遭到破坏，反而会因此能够民主地而不是官僚主义地得到贯彻。没有这种既促进资本集中、生产力发展，又促进资产阶级及无产阶级在全国范围内的团结的自治，那么，资本主义广泛、自由和迅速的发展就是不可能的，或者至少会有极大的阻力。这是因为，对纯粹地方性的（区域的、民族的等等）问题实行官僚主义的干预，是经济和政治发展的最大障碍之一，特别是在大的、

---

① 《马克思恩格斯论民族问题》，民族出版社1987年版，第829页。

重要的、根本性的问题上实行集中制的障碍之一。"① 1914年，列宁在《关于民族政策问题》一文中再次强调："一个民主国家必须承认各地区的自治权，特别是居民的民族成分复杂的地区和专区的自治权。这种自治同民主集中制一点也不矛盾；相反地，一个民族成分复杂的大国只有通过地区的自治才能够实现真正民主的集中制。"② 1917年，列宁在《国家与革命》中又一次指出，民主集中制的大国与民族自治（地方自治、区域自治）并不矛盾，"真正民主的集中制共和国赋予的自由比联邦制共和国要多。换句话说，在历史上，地方、州等等能够享有最多自由的是集中制共和国，而不是联邦制共和国。"③ 这样，列宁在领导俄国革命的过程中，结合俄国的实际，进一步发展了马、恩有关地方自治和区域自治的思想，明确地把地方自治看作真正民主国家的前提。特别是列宁一开始就把自治问题与俄国多民族的实际联系起来，与民族自治相结合，形成了民族区域自治的思想，并把它作为无产阶级在国家和政权建设问题上的一个重要原则。

关于在俄国这个多民族的国家如何实行区域自治的问题，1913年到1914年间，列宁在《民族问题提纲》、《1913年有党的工作人员参加的俄国社会民主工党中央委员会夏季会议的决议》、《关于民族问题的批评意见》、《关于民族平等和保护少数民族权利的法律草案》等一系列著作中明确指出，实行区域自治和地方自治要根据当地居民自己对经济和生活习惯条件、居民民族成分等等的估计来确定地方及区域自治地区的行政区划，并就自治区域的划分、自治权力机构的设立、自治单位的权利等一系列问题进行了完整的阐发。列宁指出，"社会民主党要求取消农奴主专制国家的农奴主—地主和官僚所规定的俄国原来的行政区划，而代之以根据现代经济生活要求和尽可能同居民民族成分相适应的区划。凡是居民生活习惯特点或民族成分不同的国内的各个区域，都应当享有广泛的自我管理和自治，其机构应在普遍、平等、无记名的投票的基础上建立起来"；④ "尤其必须实行广泛的区域自治和完全民主的地方自治，并

---

① 《列宁全集》第24卷，人民出版社1990年版，第149—150页。
② 《列宁全集》第25卷，人民出版社1988年版，第73页。
③ 《列宁全集》第31卷，人民出版社1985年版，第70—71页。
④ 《列宁全集》第23卷，人民出版社1990年版，第331—332页。

且根据当地居民自己对经济条件和生活条件、居民民族成分等等的估计，确定地方自治地区和区域自治地区的区划"；① "1. 俄国行政区划的变动，不论农村或城市（村、乡、县、省、城市区和段，以及郊区等），都必须以当前经济条件和当地居民的民族成分的调查为依据。2. 这种调查由当地居民按照比例代表制通过普遍、直接、平等和无记名投票选出的委员会来进行；少数民族因人口过少（按照比例代表制）不足于选出一名委员的，可选出一名享有发言权的委员。3. 新界的最后批准权属于国家中央议会。4. 全国各地应毫无例外地按照比例代责制通过普遍、直接、平等和无记名投票选举产生地方自治机关；在地理、生活或经济条件以及居民的民族成分特殊的所有地区，有权成立自治区并设自治区议会。5. 自治议会和地方自治机关的管辖范围由国家中央议会确定。6. 国内各民族无条件地一律平等，属于一个民族或一种语言任何特权都应被认为是不能容许的、违背宪法的。……"等等②十月革命后，列宁根据当时俄国的现实，在多民族国家的建设实践中进一步明确了苏维埃国家体制与民族区域自治之间的关系。实际上，列宁在十月革命后已经把一些小民族在本民族地区内采取自治共和国、自治州、自治专区等多种形式的民族自治，看成是社会主义时期进行民族国家建设的一种有效的形式。后来苏联民族国家体制的建设就很好地体现了列宁所倡导的民族自治的原则。

二 对列宁民族区域自治思想的几点认识

列宁自己讲过，"如果从事实的整体上、从它们的联系中去掌握事实，那么，事实不仅是'顽强的东西'，而且是绝对确凿的证据。如果不是从整体上、不是从联系中去掌握事实，如果事实是零碎的和随意挑出来的，那么它们就只能是一种儿戏，或者连儿戏也不如。"③ 这为我们正确认识和把握列宁的相关思想与理论提供了一种方法。笔者认为，为了系统、全面、准确地理解和

---

① 《列宁全集》第 24 卷，人民出版社 1990 年版，第 61 页。
② 《列宁全集》第 25 卷，人民出版社 1988 年版，第 143—145 页。
③ 《列宁全集》第 28 卷，人民出版社 1990 年版，第 364 页。

把握列宁的民族自治、区域自治理论,必须在以下几个方面确立正确的认识。

首先,在列宁的民族理论中,民族自决权与民族自治(地方自治、区域自治)是经常提及的两个政治概念,但是它们具有不同涵义,不能混淆。

1903年,列宁在提出民族自决权之初就曾明确表示,"鼓吹联邦制和民族自治,并不是无产阶级应做的事情,提出这类必然导致要求成立自治的阶级国家的要求,也不是无产阶级应做的事情。无产阶级应做的事情就是要把所有民族中尽可能广泛的工人群众更紧密地团结起来,以便在尽可能广阔的舞台上为建立民主共和国和社会主义而斗争……俄国社会民主党永远必须遵循的总的基本纲领,应当只是要求公民(不分性别、语言、宗教、种族、民族等等)的完全平等和公民的自由的民主的自决权。至于说到对民族自治要求的支持,那么这种支持根本不是无产阶级经常性和纲领性的职责。只有在个别的特殊情况下,这种支持才是无产阶级所必须提供的。"① 1913年11月,列宁在《给斯·格·邵武勉的信》中,明确反对邵武勉提出的"自决权不仅意味着有要求分离的权力,而且还意味着有结成联邦的权力和要求自治的权力"的观点,他写道,"有'要求自治的权力'吗?也不对。我们赞成所有地区都能自治,我们赞成由分离的权力(但不赞成所有民族的分离!)。自治制是我们建立民主国家的计划。分离绝对不是我们的计划。我们绝对不宣传分离。总的说来,我们反对分离。但我们赞成由要求分离的权力,因为黑帮的大俄罗斯民族主义大大损害了民族共居的事业,有时在自由分离以后,反而可以获得更多的联系!!自决权是我们集中制这个总前提中的一个例外。这个例外,在黑帮的大俄罗斯民族主义存在的时候,是绝对必要的,稍一抛弃这个例外,就是机会主义(像罗莎·卢森堡那样),就是对黑帮的大俄罗斯民族主义有利的愚蠢做法。但是对这个例外不能解释得过头。这一点上只是指要要求分离的权力,此外绝对没有也不应该有别的什么东西。"② 在《论民族自决权》中,列宁指出,从社会民主党的观点看来,"既不能把民族'自决'权理解为联邦制,也不能理解为自治(虽然抽象地说,两者都是包括在'自决'这个概念之内的)。联邦权根本是荒谬的,因为联邦制是双边协定。马克思主义者决不能在自己的纲领

---

① 《列宁全集》第7卷,人民出版社1986年版,第89—90页。
② 《列宁全集》第46卷,人民出版社1990年版,第379—380页。

内拥护任何联邦制，这是用不着说明的。至于自治，马克思主义者所维护的并不是自治'权'，而是自治本身，把它当作民族成分复杂和地理等条件各异的民主国家的一般普遍原则。因此，承认'民族自治权'，也象承认'民族联邦权'一样，是荒谬的。"① 1916年7月，列宁在《关于自决问题的争论总结》中再一次明确指出："自治是一种改良，它和作为革命措施的分离自由根本不同，这是毫无疑问的。可是，大家都知道，改良实际上往往只是走向革命的一个步骤。正是自治使被强制留在某一国家疆界以内的民族能够最终被确认为一个民族，聚集、认识和组织自己的力量，选择完全适当的时机，以便……用'挪威的'方式声明：我们是某某民族或某某边区的自治议会，宣布全俄皇帝已经不再是波兰的国王，等等。"② 由此可见，在列宁看来，无产阶级应支持民族自决，而民族自治是一种改良，二者是有原则性区别的。

其次，列宁的民族自治（地方自治、区域自治）理论与当时非常流行的"民族文化自治"毫无共同之处。

所谓"民族文化自治"，就是每个民族不论其成员居住在哪里，他们都将组成一个统一的得到国家承认的联盟，管理各种民族文化事业，其中主要是教育事业，通过这种办法来确定民族成分。它由奥地利社会民主党人奥托·鲍威尔、卡·伦纳等人提出，并受一些国家社会民主党的机会主义者，特别是俄国的崩得分子以及犹太资产阶级政党的推崇。因而，"民族文化自治"是列宁在捍卫和阐释民族自决权理论时之所以着力批判这种民族理论。

列宁认为，"民族文化自治"是违背资本主义国家一切经济条件并且在世界任何一个民主国家中都没有设立过的制度，是某些人的一种机会主义幻想，"他们对于建立彻底民主的制度感到绝望，而想在某些（'文化'问题）上把每个民族的无产阶级和资产阶级都人为地加以隔绝，以求摆脱资产阶级的民族纷争。"③ "既然不能让猫和狗和睦相处，那就在学校教育上用纯而又纯的彻底办法一劳永逸地把所有的民族隔开，分成'民族集团'吧！——这就是产生

---

① 《列宁全集》第25卷，人民出版社1988年版，第271页。
② 《列宁全集》第28卷，人民出版社1990年版，第41页。
③ 《列宁全集》第23卷，人民出版社1990年版，第333页。

糊涂的'民族文化自治'的心理。"①

在列宁看来，每个民族的文化里，都有一些不发达的民主主义的和社会主义的文化成分，因为每个民族里面都有被剥削劳动群众，他们的生活条件必然会产生民主主义的和社会主义的思想。但是每个民族里面也都有资产阶级的文化，并且不仅是一些"成分"，而是占统治地位的文化。"笼统说的'民族文化'就是地主、神父、资产阶级的文化。"②"社会民主党人过去和现在都坚持国际主义的立场。我们不许农奴主和警察国家侵犯各民族的平等，但是我们所拥护的并不是'民族文化'，而是国际文化，国际文化只包含每个民族文化中的一部分，即每个民族文化中具有彻底民主主义和社会主义内容的那一部分。"③因此，"谁想为无产阶级服务，谁就应当联合各民族工人，不屈不挠地同'自己的'和别人的资产阶级民族主义作斗争。谁拥护民族文化的口号，谁就只能与民族主义市侩为伍，而不能与马克思主义者为伍。"④

斗争的实践也表明，在任何资本主义社会中，当发生任何真正严肃而深刻的政治问题时，人们是按阶级而不是按民族来进行组合的。"重大的阶级斗争都首先是在经济和政治领域内进行的。把教育部门从这个领域分出来，首先，这是一种荒谬的空想，因为要学校（以及笼统的'民族文化'）脱离经济和政治是不行的；其次，正是资本主义国家的经济和政治生活每一步都迫使消除荒谬陈腐的民族隔阂和偏见，而把学校教育这类事业分出来恰恰会保持、加剧、加强'纯粹的'教权主义和'纯粹的'资产阶级沙文主义。"⑤"只要不同的民族居住在一国之内，它们在经济上、法律上和生活习惯上就有千丝万缕的联系。怎能把学校教育与这些联系割断呢？……既然经济生活使居住在一国家之内的各个民族结合在一起，那么，企图在'文化'问题特别是在学校教育问题方面把这些民族一劳永逸地分开的做法就是荒谬和反动的。"⑥

列宁指出，"在某种'公正'划定的范围内巩固民族主义，'确立'民族

---

① 《列宁全集》第24卷，人民出版社1990年版，第182页。
② 《列宁全集》第24卷，人民出版社1990年版，第125—126页。
③ 《列宁全集》第23卷，人民出版社1990年版，第215页。
④ 《列宁全集》第24卷，人民出版社1990年版，第127页。
⑤ 同上，第139页。
⑥ 同上，第180—181页。

主义，借助于专门的国家机关牢固而长期地隔离一切民族，——这就是民族文化自治的思想基础和内容。"① 社会民主党对"民族文化自治"的种种方案之所以持否定态度，是因为它"第一，根本违反无产阶级阶级斗争的国际主义；第二，容易使无产阶级和劳动群众受资产阶级民族主义思想的影响；第三，会置整个国家的彻底民主改造的任务于不顾，然而只有这样的改造才能保证（一般来说是在资本主义制度下可能的限度内）民族和平。"②

因此，列宁认为，"民族文化自治"同无产阶级国际主义、彻底民主主义是绝对矛盾的，它只符合民族主义的小市民理想，是"最精致的、因而也是最有害的民族主义"，"马克思主义者如果不愿背叛民主派和无产阶级，那他们就必须坚持民族问题上的一项特别要求，即民族自决权（俄国社会民主工党党纲第9条），也就是政治分离权。"③

此外，列宁在批判"民族文化自治"时还特别强调，"我们提出'民主主义的和全世界工人运动的各民族共同的文化'这个口号，只是从每一个民族的文化中抽出民主主义和社会主义的成分，我们抽出这些成分只是并且绝对是为了对抗每个民族的资产阶级文化、资产阶级民族主义。任何一个民主主义者，特别是任何一个马克思主义者，都不会否认语言平等，不会否认用母语同'本民族的'资产阶级进行论战、向'本民族的'农民和小市民宣传反教权派的思想或反资产阶级的思想的必要性"，"必须'适应'各地方和各民族的特点，用各种语言宣传工人的国际主义口号以反对民族文化这一口号。"④

总之，在列宁看来，"民族文化自治"是与政治、经济因素相脱离的"自治"，是一种虚幻的东西，它只会强化各民族成员的民族主义情绪，破坏民主集中制国家的统一，尤其是这种思想的泛滥，将会在无产阶级的革命斗争中分裂无产阶级的队伍。从长远的观点看，这种脱离共同的地域、没有政治和经济自治权利保障的"文化自治"，只能加剧民族隔阂和互不信任的情绪，妨碍民族平等与联合的真正实现。

---

① 《列宁全集》第24卷，人民出版社1990年版，第138页。
② 《列宁全集》第23卷，人民出版社1990年版，第332页。
③ 《列宁全集》第24卷，人民出版社1990年版，第236—237页。
④ 同上，第126页。

再次，在实行地方自治、区域自治问题上，列宁明确反对绝对立足于"民族区域"的原则。

从列宁关于区域自治的大量理论论述中，可以清楚地看出，他对区域自治是持明确肯定态度的。但是，在自治区域划分所依据的条件上，列宁是把民族成分和经济的、生活的等等条件摆在同等的地位上，并没有将民族成分看成是唯一的因素。

1913年，在《关于民族问题的批评意见》中，列宁指出，"现代资本主义的要求，无疑会包括居民的民族成分要尽可能统一的这项要求，因为民族性、语言的统一对于完全控制国内市场和经济流通的完全自由是一个重要因素。……事实上，保留中世纪的、农奴制的、官方行政的区划就是'破坏'和损害现代资本主义条件。只有满脑子是这种区划精神的人，才会'故作博学的专家的姿态'，动脑筋把'地方自治'和'区域自治'对立起来，考虑什么按照死公式大区域应推行'区域自治'，小区域应推行地方自治。现代资本主义完全不需要这些官僚死板公式。为什么不仅不可能成立拥有50万居民的民族自治州，甚至拥有5万居民的民族自治州也不可能，为什么这一类的州在合适的情况下，在经济流转需要的情况下，不能采取各种不同的方式同毗邻的大大小小的州联合成统一的自治'边疆区'。"但是，针对奥地利社会民主党布隆迪民族纲领第二条，即"废除历代的皇朝封地"，把奥地利划分为"以民族分界"的州，列宁认为它的"完全立足于民族区域自治"，而俄国社会民主党"不想走这么远"。列宁指出，"毫无疑义，统一的居民民族成分，是实现自由的、广泛的、真正现代化的商业周转的最可靠的因素之一。毫无疑义，任何一个马克思主义者甚至任何一个坚定的民主主义者，都不会去保护奥地利的皇朝封地和俄罗斯的省、县（后者不像奥地利皇朝封地那样糟糕，但毕竟还是很糟糕的），都不会否认必须尽可能地按居民的民族成分划分区域的办法来代替这些旧的划分办法。最后，毫无疑义，建立拥有清一色的、统一的民族组成的自治州，哪怕是最小的自治州，对于消灭一切民族压迫都是极其重要的，并且散居全国各地甚至世界各地的这个民族的成员都会'倾向'这些州，同它们交往，同它们组成各种自由联盟。所有这一切都是无可争辩的，只有从顽固的官僚主义观点出发，才会对这一切提出异议。"列宁话锋一转，"居民的民族成分虽是极重要的经济因素之一，但它不是唯一的，在其他诸因素中也不是最重要的。例如，城市在资本主义制度下起着极重要的经济作用，但是任何地方的城市，波兰的也好，立陶宛的也好，乌克兰的也好，大俄罗斯等地的也好，居民的民族成分都是十分复杂的。由于考虑'民族'因素而把那些经济上倾向城市的乡村和州割开来，这是荒谬的，也是不可思议的。因此，马克思主义者不应当完全绝对以'民族地域'原则为立足点"。而是"把居民的民族成分和其他条件（首先是经济条件，其次是生活条件等等）相提并论的，……只有当地居民才能够完全准确地'估计'所有这些条件，而国家的中央议会将根据这种估计来确定自治区域的区划和自治议会的管辖范围。"①

最后，列宁民族区域自治思想的提出与实施，是针对民族压迫政策以及行政区划上官僚主义干预，是作为反对一切民族压迫、官僚主义以及命令主义的民主手段提出来的，其根本的目的完全是为了适应经济社会发展的需要，使各民族在民主和平等的基础上的自愿联合与发展。

列宁指出，"我们反对压迫民族的特权和暴力，同时丝毫也不纵容被压迫民族谋求特权。"②他还明确指出，"民族原则在资产阶级社会中有其历史的必然性，因此，马克思主义者重视这个社会，完全承认民族运动的历史合理性。然而，不要把这种承认变成替民族主义辩护，因此应该极严格地仅限于承认这些运动中的进步东西，因此不能因为这种承认而让资产阶级思想模糊了无产阶级意识。群众从封建沉睡状态中觉醒，反对一切民族压迫，为争取人民主权、争取民族主权而斗争，这是进步。因此，在民族问题的各个方面维护最坚决最彻底的民主主义是马克思主义者的义不容辞的责任。这项任务多半是消极。可是无产阶级不能超出这项任务去支持民族主义，因为超出这项任务就属于力图巩固民族主义的资产阶级的'积极'活动了。冲破一切封建桎梏，打倒一切民族压迫，取消一个民族或一种语言的一切特权，这是无产阶级这个民主力量的义不容辞的责任，是正在为民族纠纷所掩盖和阻碍的无产阶级阶级斗争的绝对利益。然而，超出这些受一定历史范围的严格限制的界限去协助资产阶级的民族主义，就是背叛无产阶级站到资产阶级方面去了。……反对一切民族压迫的斗争是绝对正确的。为了一切民族发展，为笼统的'民族文化'而斗争是

---

① 《列宁全集》第24卷，人民出版社1990年版，第151—154页。
② 《列宁全集》第25卷，人民出版社1988年版，第240页。

绝对不正确的。全世界资本主义社会的经济发展给我们提供了世界上一些没有充分发展的民族运动的实例，提供了一些由若干小民族组成大民族或损害某些小民族而组成大民族的实例，也提供了一些民族同化的实例。资产阶级民族主义的原则是笼统的民族发展，由此而产生了资产阶级民族主义的局限性，由此而产生了难解难分的民族纠纷。无产阶级不仅不维护每个民族的民族发展，相反，还提醒群众不要抱这种幻想，无产阶级维护资本主义周转的最充分的自由，欢迎民族的一切同化，只要同化不是强制性的或依靠特权进行的。……无产阶级不能支持任何巩固民族主义的做法，相反，它支持一切有助于消灭民族差别、消除民族隔阂的做法，支持一切促使各民族间日益紧密的联系和促使各民族打成一片的措施。不这样做就站到反动的民族主义小市侩一边去了。"①

（此文载于《社会主义研究》2010年第6期）

---

① 《列宁全集》第24卷，人民出版社1990年版，第137—138页。

列宁"民族自决权"思想缘起探析

张祥云

摘 要： 19世纪末20世纪初，列宁在继承前人思想成果的基础上，结合时代特点与要求，基于俄国的国情与民族特点，为捍卫和发展马克思主义的民族理论，实现各国和各民族的无产阶级与全体劳动群众在反对帝国主义的国际社会主义革命和争取民族彻底解放、独立斗争中的团结与统一，对"民族自决权"思想进行了新的阐发与实践。

关键词： 列宁；民族自决权；阐发缘由

19世纪末20世纪初，列宁对"民族自决权"思想进行的阐发与实践，不仅激发了俄国各被压迫民族人民的革命热情，对推翻沙皇、创建苏联起过重大的作用，而且促进了殖民地半殖民地国家的民族解放运动，对20世纪中叶之后的非殖民化运动产生了重大影响。当今，"民族自决权"已作为处理民族问题的一项重要国际法原则和基本人权得到国际社会的普遍承认。在对列宁的"民族自决权"理论的研究中，关于这一理论的缘起问题，还有待于进一步探索。这一探索，对于我们进一步理解列宁的"民族自决权"思想，发挥其在国际政治和民族国家建设中的建设性作用，是有意义的。

一

民族自决权理论源于17至18世纪欧美资产阶级革命时期有关"天赋人权"和建立"民族国家"的思想。在18~19世纪，民族自决思想在欧洲各国广泛实施。当时，民族自决权在反对封建制度、建立资本主义民族国家的过程中起过积极作用。19世纪末20世纪初，随着资本主义从自由竞争向帝国主义时代的跨越，形成了帝国主义列强压迫和奴役其他大多数国家和民族的局面，从而使民族自决权成为广大殖民地半殖民地国家人民反对帝国主义压迫、争取民族解放和独立的思想武器。正是在这一时期，列宁结合帝国主义时代的特点与要求，对"民族自决权"思想进行了新的阐发与实践探索。

首先，列宁认为，资本主义制度与封建主义的斗争，是同民族运动联系在一起的。为了使资本主义经济获得完全胜利，资产阶级必须夺取国内经济市场，必须建立能够适应资本主义商品生产的民族国家，这是一切民族运动的发展趋势。强大的经济因素推动人民去建立民族国家，因此，"建立最能满足现代资本主义这些要求的民族国家，是一切民族运动的趋势（趋向）。最深刻的经济因素推动着人们来实现这一点，因此民族国家对于整个西欧，甚至对于整个文明世界，都是资本主义时期典型的正常的国家形式"①。列宁认为，这一趋势同样适用于西方列强进行殖民统治的地区："毫无疑问，世界上人口最密的亚洲，大部分或者处于'列强'殖民地的地位，或者是一些极不独立和备受民族压迫的国家。可是，这种尽人皆知的情况难道能够丝毫动摇下面一件无可争辩的事实吗？这就是在亚洲只有日本，也就是说，只有这个独立的民族国家才造成了能够最充分发展商品生产，能够最自由、广泛、迅速地发展资本主义的条件。这个国家是资产阶级国家，因此它自己已在压迫其他民族和奴役殖民地了；我们不知道，亚洲是否来得及在资本主义崩溃以前，也象欧洲那样形成独立的民族国家的体系。但是有一点是无可争辩的，这就是资本主义唤醒了亚洲，在那里也到处都激起了民族运动，这些运动的趋势就是要在亚洲建立民族国家，也只有这样的国家才能保证资本主义的发展有最好的条件。……在巴尔干保证资本主义发展的最好的条件，正在随着在这个半岛上建立独立的民族国家才形成起来。"② 无论是整个先进文明人类的实例也好，巴尔干的实例也好，亚洲的实例也好，都证明："民族国家是资本主义的通例和'常规'，而民族复杂的国家是一种落后状态或者是一种例外。"因此，"从民族关系方面来看，民族国家无疑是保证资本主义发展的最好的条件。这当然不是说，这种

---

① 《列宁全集》第25卷，人民出版社1988年版，第225页。
② 同上，第227—228页。

国家在资产阶级关系基础上能够排除民族剥削和民族压迫。这只是说，马克思主义者不能忽视那些产生建立民族国家趋向的强大的经济因素。这就是说，从历史—经济的观点看来，马克思主义者的纲领中所谈的'民族自决'，除了政治自决，即国家独立、建立民族国家以外，不可能有什么别的意义。"① 列宁同时认为，既然在资本主义生产关系基础上建立的民族国家并不能消除民族压迫和民族不平等现象，它只不过是实现了资产阶级的民族自决权，而这种自决权是资产阶级出于自己利益的需要，而不管其他民族的处境如何，不管它们受到什么样的损害。那么，无产阶级在向自己的目标迈进的过程中，必须摆脱狭隘的资产阶级民族主义，用彻底的民主主义和社会主义精神教育群众，宣传和承认一切民族都有自决权，从而为各民族的自由发展创造必要的民主前提。

列宁民族自决权原则的提出还与20世纪初帝国主义的发展及当时欧亚大陆民族民主革命的兴起有关。从历史上看，"民族自决权是已经过去了的资产阶级民主革命和资产阶级民主运动时代的用烂了的口号"，但是，"帝国主义造成新的基础上的民族压迫……更新了这一陈旧的口号"② 因此，列宁认为，"必须把从民族运动的角度来看根本不同的两个资本主义时代严格区别开来。一个时代是封建制度和专制制度崩溃的时代，是资产阶级民主制的社会和国家形成的时代，当时民族运动第一次成为群众性的运动，它通过报刊和参加代表机关等等途径，以不同方式把一切阶级的居民卷入了政治。另一个时代，就是我们所处的各资本主义国家已经完全形成、宪制早已确立、无产阶级同资产阶级的对抗大大发展的时代，这个时代可以叫做资本主义崩溃的前夜"③。

基于这样的认识，列宁认为，"在西欧大陆上，资产阶级民主革命时代所包括的是一段相当确定的时期，大致是从1789年到1871年。这个时代恰恰是民族运动以及民族国家建立的时代。这个时代结束后，西欧便形成了资产阶级国家的体系，这些国家通常都是单一民族国家。因此，现在到西欧社会党人纲领里去寻找民族自决权，就是不懂得马克思主义的起码常识"④。但是，在西

---

① 《列宁全集》第25卷，人民出版社1988年版，第228页。
② 《列宁全集》第27卷，人民出版社1990年版，第72页。
③ 《列宁全集》第25卷，人民出版社1988年版，第229页。
④ 同上，第234页。

欧资产阶级民族国家的建立，不仅没有消除民族压迫和剥削，而且在20世纪初，随着资本主义从自由竞争向垄断阶段的跨越，形成了几个帝国主义国家统治世界上多数国家和民族的殖民体系，世界民族被划分成尖锐对立的压迫民族和被压迫民族，殖民地半殖民地的民族解放运动已成为无产阶级世界革命的一部分。"在东欧和亚洲，资产阶级民主革命时代是在1905年才开始的。俄国、波斯、土耳其和中国的革命，巴尔干的战争等，就是我们这个时代我们'东方'所发生的一连串有世界意义的事变。只有瞎子才不能从这一串事变中看出一系列资产阶级民主民族运动的兴起，看出建立民族独立的和单一民族的国家的趋向。正是因为而且仅仅是因为俄国及其邻邦处在这样一个时代，所以我们需要在我们的纲领上提出民族自决权这一条"①。也就是说，在列宁看来，在帝国主义阶段，世界已被分裂为压迫民族和被压迫民族的情况下，只有使每一个民族自己决定自己的命运，才能实现真正的平等，这也是促使各民族无产阶级的国际联合，达到无产阶级革命胜利的必要条件。

二

民族自决权作为被压迫民族在政治上同压迫民族自由分离的权利，很早就被马克思主义创始人所关注。马克思恩格斯在总结1848年革命的经验时，提出了民族自由分离和自由联盟的原则。到19世纪60年代，针对恢复波兰独立问题，围绕着工人阶级应不应关心和支持波兰人民的正义斗争，马克思恩格斯在批判蒲鲁东派的斗争中明确指出：工人阶级主张各个民族在一切内部事务上有权支配自己的命运，有分离的独立的生存的权利。此外，有关民族自决权思想的论述还大量散见于马克思、恩格斯的演讲、通信和国际工人组织的决议和宣言中。1896年第二国际伦敦代表大会重申了马克思恩格斯的这一基本思想："代表大会宣布，它主张一切民族有完全的自决权，它同情现在受到军事的、民族的或其他的专制制度压迫的一切国家的工人；大会号召所有这些国家的工人加入全世界有觉悟的（即认识到本阶级利益的）工人队伍，以便和他们一

———
① 《列宁全集》第25卷，人民出版社1988年版，第234页。

起打倒国际资本主义,实现国际社会民主党的目标而斗争"①。

自从民族自决权于1896年第一次在伦敦举行的社会主义工人党和工会国际代表大会被宣布为工人革命政党民族纲领的基本原则之一时起,就曾不止一次地在国际工人运动特别是在俄国共产党内部引起过争论,其中比较重要的有四次:第一次是在1895—1896年期间,即伦敦国际代表大会之前,争论主要发生卢森堡、考茨基和波兰社会党("弗腊克派")为代表的三种观点之间,结果,国际采纳了考茨基拥护民族自决权的观点,拒绝了卢森堡反对民族自决权的观点和波兰社会党的民族主义观点。第二次是1901—1903年期间,围绕俄国社会民主党党纲草案,在普列汉诺夫为代表的拥护民族自决权和波兰社会民主党人坚持的卢森堡的反对观点之间的争论。结果以后者的失败而告终。第三次是在1913年前后,即列宁和俄国社会民主党取消派、崩得、乌克兰民族社会党人相对垒的两种相反观点的争论。由于后者完全是重复卢森堡的观点,争论实际上仍是同卢森堡的争论。最后仍然是以卢森堡及其在俄国拥护者的失败而结束。最后一次是1916年在齐美尔瓦尔得左派和波兰社会民主党之间进行的,结果还是后者失败。在民族自决权问题上进行的争论中,主要有三种观点。一是要求工人政党明确地规定和答应某个民族的分离要求;二是反对把民族自决权原则纳入工人政党的民族纲领;三是拥护和坚持民族自决权原则。第一种观点,实际上是一种资产阶级民族主义观点,在争论中没有引起多少注意就被放在一边了。整个争论实际上是同第二种观点进行的。这种观点的主要论点认为,民族自决权的含义"不清楚","不实际";自决权在帝国主义条件下"不能实现";自决权在社会主义条件下"不适用";承认民族自决权就是"鼓励被压迫民族的民族主义"等等②。

从各种观点的激烈交锋中不难看出,19世纪末20世纪初,如何看待"民族自决权"已成为新形势下捍卫和发展马克思主义的重大理论问题。对于在"民族自决权"问题上的混乱思想,考茨基和普列汉诺夫曾做过有力的批评。但是,真正给予系统、彻底批评的是列宁。粗略统计,列宁有关民族自决权的文章共56篇,其中十月革命前撰写的有44篇,十月革命后写的有12篇。在

---

① 《列宁全集》第25卷,人民出版社1988年版,第259页。
② 参见刘锷:《如何正确理解民族自决权》,载《内蒙古社会科学》1984年第3期。

十月革命前的文章中有 7 篇是专门论述民族自决权问题的①。列宁在《论民族自决权》、《关于自决问题的争论总结》等一系列著作中，在自决权问题上坚持和发展了马克思主义的民族理论。

1902 年，列宁在《俄国社会民主工党纲领草案》中规定了民族自决权原则，草案规定"俄国社会民主工党的最近的政治任务是推翻沙皇专制制度，代之以建立在民主宪法基础上的共和国，民主宪法应保证……承认国内各民族都有自决权"②。

1903 年秋，俄国社会民主工党召开了"二大"，在列宁的努力下，将"承认国内各民族的自决权"列入了党纲第九条。

1905 年，俄国迎来了资产阶级民主革命，此时，国内的民族运动也高涨起来。民族问题成为首次登上革命舞台的无产阶级政党必须回答的重大课题。对此，在党内，崩得派高唱"民族文化自治"，也有人提出了在帝国主义时代建立民族国家是"过时的"、"民族自决权是空想的"等等观点，以至"发展到违反党纲的地步，——这一切都绝对要求我们比以前更加关注民族问题"③。为此，从 1905 年革命开始至十月革命前，列宁撰写了《论民族自决权》等一系列文章来阐发"民族自决权"理论。

一方面，列宁对他认为是机会主义的观点进行了批评，被批评者对"民族自决权"原则进行攻击的主要武器是罗莎·卢森堡的民族理论。1909 年，卢森堡发表了《民族问题和自治》，反对党纲第九条，说它"纯粹是老生常谈"，没有一点"实际的东西"，"在任何一个现代社会党的纲领内都找不到这个原则"。列宁与她进行了论战。首先，针对"空想论"，列宁认为她混淆了"政治独立"与"经济独立"两个概念，亚洲的觉醒、巴尔干半岛各国的斗争也说明帝国主义时代弱小民族的自决权决不虚幻。"资本主义唤醒了亚洲，在那里也到处都激起了民族运动，这些运动的趋势就是要在亚洲建立民族国家，也只有这样的国家才能保证资本主义的发展有最好的条件"；"在巴尔干保证

---

① 参见华辛芝：《列宁论民族问题理论研究》，内蒙古人民出版社 1987 年版，第 46—60 页。

② 《列宁全集》第 6 卷，人民出版社 1986 年版，第 194—195 页。

③ 《列宁全集》第 24 卷，人民出版社 1990 年版，第 120 页。

资本主义发展的最好的条件，正是随着在这个半岛上建立独立的民族国家才形成起来的"[1]。其次，针对"老生常谈论"、"多余论"等，列宁认为，卢森堡的错误在于忽视了资本主义民主改革早已完成的国家与没有完成的国家之间的区别。西欧各国从1789年至1871年是资产阶级革命时代，也形成了单一的资产阶级民族国家体系，因此，"到西欧社会党人纲领里去寻找民族自决权，就是不懂得马克思主义的起码常识"。而在东欧和亚洲，1905年才开始资产阶级民主革命，此时的俄国、波斯、土耳其和中国的革命使党在目前时代承认民族自决权具有特别迫切的意义，因此，自决权不仅不"多余"，而且"正是因为而且仅仅是因为俄国及其邻邦处在这个时代，所以我们需要在我们的纲领上提出民族自决权这一条"[2]。这样，列宁纠正了机会主义者认识上的偏差，捍卫了马克思主义"民族自决权"原则，促进了党内思想的统一。

另一方面，列宁在继承前人思想成果的基础上进一步明确了马克思主义民族自决权的定义。他指出，"从历史-经济的观点看来，马克思主义者的纲领中所谈的'民族自决'，除了政治自决，即国家独立、建立民族国家以外，不可能有什么别的意义"[3]；"所谓民族自决，就是民族脱离异族集合体的国家分离，就是成立独立的民族国家"[4]；"民族自决权只是一种政治意义上的独立权，即在政治上从压迫民族自由分离的权利"[5]。列宁强调，民族自决的目的不是分离而是民族融合。无产阶级只有承认民族自决权，才能保证各民族的工人充分团结，才能促进各民族真正的民主接近，因为"社会主义的目的不只是要消灭人类分为许多小国家的现象，消灭一切民族隔绝状态，不只是要使各民族接近，而且要使各民族融合。……正如人类只有经过被压迫阶级专政的过渡时期才能导致阶级的消灭一样，人类只有经过所有被压迫民族完全解放的过渡时期，即他们有分离自由的过渡时期，才能导致各民族的必然融合"[6]。

列宁指明了实现民族自决权的途径与适用范围。关于民族自决权的实现途

---

[1] 《列宁全集》第25卷，人民出版社1988年版，第228页。
[2] 同上，第234页。
[3] 同上，第228页。
[4] 同上，第225页。
[5] 《列宁全集》第27卷，人民出版社1990年版，第257页。
[6] 同上，第258页。

径，列宁认为，"解决民族问题的办法只有一个……那就是实行彻底的民主主义。……工人民主派的民族纲领是：绝不允许任何一个民族，任何一种语言享有任何特权；采取完全自由和民主的办法解决各民族的政治自决问题，即各民族的国家分离权问题；颁布一种全国性的法律，规定凡是赋予某一民族任何特权、破坏民族平等或侵犯少数民族权利的措施（地方自治机关的、市的、村社的等等），都是非法的和无效的，同时国家的每一个公民都有权要求取消这种违反宪法的措施，都有权要求给予采取这种措施的人以刑事处分"①；"'自决权'意味着这样一种民主制度，即在这种制度下不仅有一般的民主，而且特别不能用不民主的方式来解决分离问题的事情"②；"具体说来，这种政治民主要求，就是有鼓动分离的充分自由，以及由要求分离的民族通过全民投票来决定分离问题"③。对于民族自决权的适用范围，列宁指出，"提出民族自决的口号同样必须同资本主义发展的帝国主义时代联系起来"，"如果认为一切民族都有这种权利，那就不应当单单提出，譬如说，比利时一个国家，而必须包括欧洲的一切被压迫民族（英国的爱尔兰人、尼斯的意大利人、德国的丹麦人等、俄国的百分之五十七的居民，等等）和欧洲以外的一切被压迫民族，即一切殖民地"④。最后，列宁把"民族自决权"作为社会主义的一项基本原则和建国方略。列宁指出，"取得胜利的社会主义必将实现充分的民主，因而，不但要使各民族完全平等，而且要实现被压迫民族的自决权，即政治上的自由分离权。任何社会主义政党，如果不能在目前和在革命时期以及在革命胜利以后，用自己的全部行动证明它们将做到解放被奴役的民族并且在自由结盟的基础上——没有分离自由，自由结盟就是一句谎话——建立同它们的关系，那就是背叛社会主义"⑤。

---

① 《列宁全集》第23卷，人民出版社1990年版，第449—450页。
② 《列宁全集》第24卷，人民出版社1990年版，第238页。
③ 《列宁全集》第27卷，人民出版社1990年版，第257页。
④ 《列宁全集》第26卷，人民出版社1990年版，第316、314页。
⑤ 《列宁全集》第27卷，人民出版社1990年版，第254—255页。

三

沙皇俄国作为一个殖民帝国，其多民族国家形成的过程，也是民族问题形成和积累的过程。沙俄对各族人民实行残暴统治。政治上，沙俄推行大俄罗斯主义；经济上，对民族地区进行残酷掠夺、剥削和殖民政策；思想文化上，对各民族实行愚民政策，强制推行俄语，阻挠民族教育发展，磨灭民族痕迹，以达到同化非俄罗斯民族的目的。"俄国即使在和平时期，在更加野蛮的、中世纪的、经济落后的、军事官僚式的帝国主义基础上也打破了民族压迫的世界纪录"①。因此，列宁认为，俄国社会民主党人作为"位于欧洲最东部和亚洲很大一部分地区的一个大国民族的成员，是绝不应当忘记民族问题的巨大意义的，——特别是在这个被公正地称之为'各族人民的监狱'的国家里"②。

为此，在俄国革命中，布尔什维克和列宁把夺取政权的斗争同解决民族问题的斗争结合在一起，提出并坚持"民族自决权"，推动俄国革命的发展。

首先，列宁把民族自决的主张建立在俄国具体的民族特点之上。1914年，列宁在《论民族自决权》一文中分析了俄国当时的民族构成和民族关系。他指出：俄国虽是以大俄罗斯民族为中心的国家，但非俄罗斯民族占全国人口的多数（57%），而且集中在边疆地区；这些居住在边疆地区的被压迫民族往往有一些同族人住在国界那边（即邻国），所以他们的民族独立性较强；由于沙俄极力推行民族沙文主义政策，俄国成为"民族的监狱"，使这些非俄罗斯民族在俄国所受的压迫比他们在各邻国所受到压迫要厉害得多；被压迫民族居住的边疆地区资本主义发展程度和一般文化发展水平往往高于国家中部地区；邻近的亚洲各国资产阶级民主革命和民族运动已经开始发展起来了，并且部分地蔓延到住在俄国境内的那些同血统的民族中去了。"正是由于俄国民族问题的这些具体的历史特点，我们在当前所处的时代承认民族自决权，具有特别迫切

---

① 《列宁全集》第28卷，人民出版社1990年版，第56页。
② 《列宁全集》第26卷，人民出版社1988年版，第108—109页。

的意义"①。直到十月革命胜利后，列宁仍然强调，为了清除苏联境内各民族对俄罗斯人的不信任，必须特别慎重地对待民族感情，认真地实行各民族的真正的平等和分离的自由，以便清除这种不信任的基础。

其次，列宁把民族自决的主张建立在俄国独特的历史发展道路之上。经过1861年废除农奴制改革后，俄国逐步发展成为军事封建帝国主义国家。直至1905年，俄国才迎来资产阶级民主革命。1917年的二月革命推翻了沙皇政府，但是，俄国资产阶级同专制制度仍有着千丝万缕的联系，不可能把资产阶级民主革命进行到底，也不会实现民族自决权这一资产阶级民主革命的纲领。基于这种认识，列宁强调，俄国社会民主工党要解决民族问题和完成革命，就必须承认受沙皇制度压迫的民族有从俄国自由分离的权利，俄国社会民主党人如果"不去为受沙皇制度压迫的民族的分离自由而斗争，那实际上就是帝国主义者，就是沙皇制度的走狗"②。面对俄国党内机会主义者"在任何一个现代社会党的纲领中都找不到民族自决权原则"的围攻和责难，列宁指出，俄国党内机会主义者的根本错误在于忽视了最主要的一点：即"资产阶级民主改革早已完成的国家和没有完成的国家之间的区别"，而"这种区别正是全部关键的所在"；因此，到当时西欧社会党人的纲领里去寻找民族自决权，那是不懂得马克思主义的起码常识，而在没有完成民主革命的俄国，则"需要在我们的纲领上提出民族自决权这一条"③。

第三，列宁提出民族自决的主张是基于俄国各民族自由解放的共同事业。沙皇俄国镇压被压迫民族运动数百年的历史，统治阶级的系统宣传，造成了大俄罗斯民族的种种偏见。因此，列宁指出，"民族压迫政策是分裂各民族的政策。它同时又是一种不断腐蚀人民意识的政策。黑帮的全部打算，就是要把各民族的利益对立起来，毒害愚昧无知和备受压制的群众的意识。只要拿起黑帮的任何一张报纸，你就可以看到，迫害'异族人'，挑起俄罗斯农民、俄罗斯小市民、俄罗斯手工业者同犹太的、芬兰的、波兰的、格鲁吉亚的、乌克兰的农民、小市民、手工业者之间互相猜疑，——这就是整个黑帮赖以为生的粮

---

① 《列宁全集》第25卷，人民出版社1988年版，第236页。
② 《列宁全集》第28卷，人民出版社1990年版，第56—57页。
③ 《列宁全集》第25卷，人民出版社1988年版，第234页。

食。……对'异族人'的压迫,是一根棍子两个头。一头打击'异族人',另一头打击俄罗斯民族"①。这种状况的长期存在,已经"成了大俄罗斯民族本身解放事业的莫大障碍"。因此,"大俄罗斯无产阶级不同这种偏见进行不断的斗争,就不能实现自己的目的,就不能替自己扫清走向解放的道路"②。

从俄国的革命实践看,列宁重新提出、阐发民族自决权理论对于消除民族主义,特别是大俄罗斯主义的影响,促进无产阶级的革命斗争同被压迫民族解放斗争的联合,实现各民族无产阶级和广大劳动群众团结统一,增强俄国无产阶级革命的力量,加快革命发展的进程,起到了非常重要的作用。

四

列宁指出,"马克思向压迫民族中的一位社会主义者询问了一下他对被压迫民族的态度,就能立刻发现统治民族(英吉利和俄罗斯)的社会主义者的一个共同缺点:不了解他们对被压迫民族所负的社会主义义务,一味重复他们从'大国'资产阶级方面接受来的偏见"③。为此,在看待和分析帝国主义时代各国无产阶级所面临民族问题时,列宁多次援用马克思对待英国爱尔兰问题的观点。列宁认为,马克思从来没有把民族运动看作绝对的东西,他知道只有工人阶级的胜利才能使一切民族得到完全的解放。所以,马克思最初以为能够解放爱尔兰的不是被压迫民族中的民族运动,而是压迫民族中的工人运动。但是后来由于英国工人阶级在相当长的时期内受资产阶级影响,成了他们的尾巴,而爱尔兰的资产阶级解放运动加强起来,并且采取了革命的形式。在这种情况下,马克思重新审查自己的观点并且作了改正,提出了"如果一个民族奴役其他民族,那对它自己来说该是多么的不幸"的论断。列宁据此得出结论:"工人阶级是最不会把民族问题当作偶像的,因为资本主义的发展不一定就唤起一切民族都来争取独立生活。可是,既然群众性的民族运动已经产生

---

① 《列宁全集》第25卷,人民出版社1988年版,第90—91页。
② 同上,第241页。
③ 同上,第264页。

了，那么回避它，拒绝支持其中的进步成分，这在事实上就是陷入民族主义偏见，就是认为'自己的'民族是'模范民族'（我们再补充一句，或者是享有建立国家特权的民族）"①。"马克思和恩格斯在爱尔兰问题上的政策提供了各压迫民族的无产阶级应当怎样对待民族运动的伟大范例，这种范例至今还具有巨大的实际意义"②。

列宁坚持和发展了马克思恩格斯的上述思想，他指出，民族自决权的实现必须同帝国主义的时代特点联系起来。"帝国主义就是那些压迫许多其他民族的民族力图扩大和加强这种压迫，重新瓜分殖民地。所以，在我们这个时代，民族自决问题的关键就在于各压迫民族的社会党人的行动如何。压迫民族（英、法、德、日、俄、美等国）的任何一个社会党人如果不承认和不坚持被压迫民族有自决权（即自由分离权），他实际上就不是社会主义者，而是沙文主义者"③。列宁认为，只有具备这种观点，才能同帝国主义进行真正的彻底的斗争，才能贯彻反对任何民族压迫的原则，才能消除压迫民族和被压迫民族的无产者之间的不信任，以实现社会主义革命，建立各民族完全平等的社会制度。因此，"在社会民主党的纲领中居中心地位的，应该是把民族区分为压迫民族和被压迫民族。……根据这个区分应当得出我们对'民族自决权'的彻底民主主义的、革命的、同为社会主义而立即斗争的总任务相适应的定义。为了这种权利，为了真正承认这种权利，压迫民族的社会民主党人应当提出被压迫民族有分离的自由这一要求，否则，所谓承认民族平等和工人的国际团结，实际上就只能是一句空话，只能是一种欺人之谈。被压迫民族的社会民主党人则应当把被压迫民族的工人同压迫民族的工人的团结一致和打成一片摆到首位，否则，这些社会民主党人就会不由自主地成为一贯出卖人民和民主的利益、一贯准备兼并和压迫其他民族的这个或那个民族的资产阶级的同盟者。"④也就是说，在世界已经分成压迫民族和被压迫民族的帝国主义时代，压迫国家里的社会民主党人对本国工人的教育重心必须是宣传被压迫民族有分离的自

---

① 《列宁全集》第 25 卷，人民出版社 1988 年版，第 266 页。
② 同上，第 271—272 页。
③ 《列宁全集》第 26 卷，人民出版社 1988 年版，第 316 页。
④ 《列宁全集》第 27 卷，人民出版社 1990 年版，第 81 页。

由，被压迫民族的社会党人则应把鼓动的重心放在各民族的自愿联合上，这样才能保证对群众进行真正民主主义和真正社会主义的教育，消除由于帝国主义列强的殖民掠夺、民族压迫以及社会主义运动中机会主义者的叛卖行为在压迫民族和被压迫民劳动群众之间所造成的隔阂与不信任，在反对帝国主义的国际社会主义革命和争取民族彻底解放、独立的斗争中，实现各国和各民族的无产阶级和全体劳动群众的团结与统一。

（此文载于《当代世界社会主义问题》2010年第4期）

列宁的政治智慧与 1917 年革命

张有军*

摘 要：1917 年革命是俄国现代化进程中的重要转折点。在革命发展过程中，政治领袖列宁表现出了卓越的政治智慧：以俄国革命唤起欧洲革命的坚定信念；"全部政权归苏维埃"口号的灵活运用；瓦解旧军队策略的综合实施；抓住机遇不言弃的坚强意志。这些政治智慧是保证革命取得胜利的重要条件。

关键词：列宁；1917 年革命；政治智慧

1917 年 11 月 7 日（俄历 10 月），以列宁为代表的布尔什维克在俄国发动了十月革命，推翻了资产阶级临时政府的统治，在世界上建立了第一个社会主义国家。作为一代伟人，列宁不仅以其非凡的人格魅力团结了一大批致力于无产阶级解放事业的志士仁人，更以其卓越的政治智慧，影响和推动着革命目标的逐步实现。这种政治智慧，和他丰富的思想理论一样，是列宁留给后人的宝贵财富。深入发掘这些政治智慧，不仅在中国特色社会主义建设事业中具有重要的现实意义，也是对列宁诞辰 140 周年的最好纪念。

一、坚定信念，以俄国革命唤起欧洲革命

沙皇专制制度是欧洲的反动堡垒，是西欧无产阶级革命道路上的绊脚石。

---

* 张有军（1966— ），男，山东东阿人，聊城大学思政与马克思主义学院副教授、法学硕士，主要研究方向为科学社会与国际共运史。

马克思恩格斯多次指出，沙皇俄国"是欧洲现存秩序的支柱"，"不但欧洲的君主，而且连欧洲的资产阶级都把俄国的干涉看作是帮助他们对付刚刚觉醒的无产阶级的唯一救星。"① 因此，"西欧的任何革命，只要在旁边还存在着现代俄罗斯国家，就不可能获得彻底胜利。"② 推翻沙皇专制制度，保卫欧洲无产阶级革命，是马克思恩格斯一生为之奋斗的重大目标。

列宁继承了马克思恩格斯的事业，在他从事和领导革命的过程中，始终把俄国革命的命运与西欧无产阶级革命联系在一起。

早在1905年，俄国第一次资产阶级民主革命刚刚爆发之际，列宁就在《俄国革命的开始》这篇文章中谈到了俄国革命的国际意义："我国工人阶级英勇开始的推翻沙皇制度的事业，将是世界各国历史上的一个转折点，它将促进各个民族、各个国家、地球上各个角落的全体工人的事业。"③ 随着革命进程的发展，列宁预测沙皇政府如果被推翻，"那时候革命的火焰将延烧欧洲，……那时候欧洲的革命高潮就会反过来影响俄国，使几个年头的革命时代变成几十个年头的革命时代"④。他认为，俄国的民主革命是欧洲社会主义革命的"序幕"⑤，它的胜利"将使整个欧洲甩掉反动军事强国的深重枷锁，帮助我们的弟兄，全世界有觉悟的工人更迅速、更坚决、更勇敢地向社会主义迈进。""而在欧洲的社会主义无产阶级的援助下，我们不仅能捍卫住民主共和国，而且能向社会主义阔步前进。"⑥ 在列宁看来，俄国革命与欧洲革命是紧密地联系在一起的，是互相促进的。

1905年革命后的第一个重大事变是第一次世界大战。大战不仅加速了俄国革命的到来，而且在欧洲许多先进国家造成了革命形势。针对新的情况，列宁重新探讨了俄国革命和欧洲革命之间的关系。如果说1905年俄国无产阶级革命的任务是把资产阶级革命进行到底，以便燃起西欧的无产阶级革命，那么，在帝国主义战争把俄国革命危机，即资产阶级民主革命基础上的危机，同

---

① 《马克思恩格斯选集》第1卷，人民出版社1995年版，第230页。
② 《马克思恩格斯全集》第18卷，人民出版社1964年版，第642页。
③ 《列宁全集》第9卷，人民出版社1987年版，第188页。
④ 《列宁全集》第10卷，人民出版社1987年版，第12页。
⑤ 同上，第28页。
⑥ 同上，第203页。

西欧各国日益增长的无产阶级社会主义革命的危机日益紧密地联系起来的情况下,"俄国资产阶级民主革命现在已不单是西欧社会主义革命的序幕,而且是它的一个不可分割的组成部分了。"①

1905年革命后第二个重大事变是1917年爆发的三月革命(俄历二月)。三月革命是全世界突破资本利益战线的开始,同时也把俄国无产阶级推上了突破资本战线的阵地。三月革命的胜利虽然没能实现列宁于1915年在《论欧洲联邦口号》中提出的"社会主义可能首先在少数甚至在单独一个资本主义国家内获得胜利"②的预言,但却提供了实现这一预言的政治舞台。这使列宁倍感欣慰。1917年3月中旬,列宁从国外返回俄国前夕,在《给瑞士工人的告别信》中指出,俄国是一个农民国家,"在这个国家里,社会主义不可能立刻直接取得胜利。但是,在贵族地主的大量土地没有触动的情况下,在有1905年经验的基础上,俄国这个国家的农民性质能够使俄国资产阶级民主革命具有巨大的的规模,并使我国革命变成全世界社会主义革命的序幕,变成进到全世界社会主义革命的一级阶梯。""俄国无产阶级单靠自己的力量是不能胜利地完成社会主义革命的。但它能使俄国革命具有浩大的声势,从而为社会主义革命创造极好的条件,这在某种意义上说就意味着社会主义革命的开始。这样,俄国无产阶级就会使自己主要的、最忠实的、最可靠的战友——欧洲和美洲的社会主义无产阶级易于进行决战。"③

回到俄国后,1917年5月7日(俄历4月25日),列宁在俄国社会民主工党(布)第七次全国代表会议(四月代表会议)的开幕词中进一步指出,世界无产阶级革命将从俄国开始。他说,过去马克思和恩格斯预测,社会主义革命将从法国工人开始,由德国工人来完成。"现在,开始革命的巨大光荣落到了俄国无产阶级的头上,但它不应当忘记,俄国无产阶级的运动和革命仅仅是世界无产阶级革命运动的一部分。"④

把俄国革命看作是世界无产阶级革命不可分割的组成部分,以俄国革命促

---

① 《列宁全集》第27卷,人民出版社1990年版,第32页。
② 《列宁选集》第2卷,人民出版社1995年版,第554页。
③ 《列宁全集》第29卷,人民出版社1985年版,第90—91页。
④ 同上,第339—340页。

进世界社会主义革命的胜利，是列宁发动十月革命的强大精神支柱。

二、审时度势，灵活运用"全部政权归苏维埃"口号

1917年三月革命后，布尔什维克党由半地下状态走向了公开，开始以合法身份参加到全新的俄国政治生活中去。许多寓居国外和流放地的革命家返回彼得格勒。不过，布尔什维克当时还是个小党，人数不足4万人。如何使布尔什维克发展壮大，并最终夺取政权？"全部政权归苏维埃"口号的提出和运用，显示了列宁超人的智慧和胆略。

三月革命后，俄国历史上出现了两个政权并存的特殊局面："一个是主要的、真正的、实际的、掌握全部政权机关的资产阶级政府，即李沃夫之流的'临时政府'。另一个是补充的、附加的、'监督性的'政府，即彼得格勒工兵代表苏维埃，它没有掌握国家政权机关，但是它直接依靠绝大多数人民，依靠武装的工人和士兵"。这个苏维埃是"革命政府唯一可能的形式"。①

两个政权并存的局面，一方面反映了俄国三月革命扫除了"一个旧阶级即以尼古拉·罗曼诺夫为首的农奴主、贵族、地主阶级的"整个沙皇君主制度，把全部政权交给了资产阶级；另一方面反映了俄国两大对立阶级的力量对比状态，即拥有武装的无产阶级人数较少，缺乏觉悟性和组织性，不能把政权掌握到自己手里，掌握政权的资产阶级由于没有足够的进攻力量，也不能建立单一的资产阶级政权。列宁说："毫无疑问，这种'交织'是不能长久保持下去的。一国之内决不能有两个政权。其中必有一个要化为乌有。"② 因此，随着阶级矛盾的激化和发展，无论是资产阶级临时政府，还是工兵代表苏维埃，都必然要打破两个政权的并存局面：要么全部政权转归资产阶级，实行资产阶级专政，使苏维埃政权中途夭折；要么全部政权转归苏维埃，将革命进行到底，实现由资产阶级民主革命向社会主义革命的转变。

在俄国革命何去何从的历史关头，列宁以革命领袖所特有的极其敏锐的洞

---

① 《列宁选集》第3卷，人民出版社1995年版，第40、15页。
② 同上，第41页。

察力，科学地分析了俄国当时的历史条件和阶级力量对比，在1917年4月发表了著名的《四月提纲》，提出了"全部政权归苏维埃"的战斗口号。

这个口号的基本含义包括两个方面：第一，把国家政权由临时政府转移到苏维埃，使苏维埃成为单一的国家政权形式。第二，布尔什维克在苏维埃执委会中争取多数，把苏维埃由孟什维克与社会革命党控制转变为布尔什维克领导。这两个方面的实质归结为一点，国家政权由资产阶级专政转变为工农民主专政。

列宁提出"全部政权归苏维埃"口号本身并不是要求布尔什维克党立即以暴力推翻资产阶级临时政府，而是主张革命政权的和平转交，是一个"革命和平发展的口号"。这是因为二月革命后，第一，布尔什维克党在当时大多数工人代表苏维埃中"处于少数地位"①。第二，"被小资产阶级和政治观点感染了和俘虏了"②的广大的工人群众对"这个资本家政府，对这个和平与社会主义的死敌，抱着不觉悟的轻信态度。"③，第三，被社会革命党和孟什维克把持的工兵代表苏维埃通过了支持资产阶级临时政府的决议，把国家政权自愿地奉送给资产阶级，而自己只是充当"监督性"的角色④。在这种情况下，如果布尔什维克贸然提出武力推翻临时政府的主张，就把自己放在了工人群众的对立面。因此，根据当时俄国形势和阶级力量对比，列宁要求布尔什维克党在工作中一是揭露临时政府的"谎言"和"欺骗"，使群众逐渐认清资产阶级的反动本质，划清革命与反革命的界限，把全部政权集中到工农兵代表的苏维埃手中，以结束两个政权并存的局面，实行工农民主专政。二是在苏维埃政权内部，通过对社会革命党和孟什维克的斗争，揭露他们的错误，孤立他们。列宁坚信，无产阶级和贫苦农民"会愈来愈多地转到我们方面来。因为实际生活将时时打破'社会民主党人'齐赫泽、策列铁里、斯切克洛夫之流，以及'社会革命党人'这些更'地道的'小资产者等等的小资产阶级幻想。"⑤ 由此可见，"全部政权归苏维埃"决不是要把政权归社会革命党或孟什维克，而

---

① 《列宁全集》第29卷，人民出版社1985年版，第115页。
② 《列宁选集》第3卷，人民出版社1995年版，第41页。
③ 同上，第14页。
④ 同上，第40页。
⑤ 同上，第21页。

是要归布尔什维克。

从二月革命到十月革命,在短短的八个月,"全部政权归苏维埃"的口号依其是否有利于夺取政权,经历了三次浮沉。

二月革命后,俄国出现了二个政权并存的局面。列宁认为,当时"苏维埃是由广大自由的、即不受任何外力强制的、武装的工人和士兵的代表组成的",这就为革命的和平发展提供了可能。"全部政权归苏维埃"就是把这种可能性变为现实性的"道路上最先迈出的、能够直接实现的一步的口号。"①

1917年7月1日(俄历6月18日),根据协约国的要求,临时政府下令俄军在前线发动进攻,结果损失惨重,在10天的战斗中死伤近10万人。前线失败的消息犹如重磅炸弹,激起了人民早就积藏在内心中的对临时政府的不满。7月17日,首都彼得格勒有50多万工人和士兵参加了游行示威。临时政府命令军队枪杀游行的群众,造成400多人伤亡。这次流血事件导致了资产阶级单一政权的建立,标志着革命和平发展时期的结束。被孟什维克和社会革命党人把持的苏维埃沦为临时政府的附庸。列宁指出,七月事变是一个转折点。政治形势急剧转变,"全部政权归苏维埃"的口号已经失去了意义②。8月8~16日,布尔什维克党在彼得格勒秘密地召开了第六次代表大会。大会进一步明确了列宁的思想,并统一了全党的认识,制定了武装起义的方针。

七月流血事件结束后,由于临时政府的动摇不定和布尔什维克党的活动,引发了俄国国内极右翼势力的强烈不满,从而导致了九月份的科尔尼洛夫叛乱。在粉碎科尔尼洛夫的叛乱中,布尔什维克党发挥了重要作用。这一事件也是布尔什维克党的一次历史性转机。就在科尔尼洛夫事件平息的第二天,彼得格勒苏维埃的领导权就转到了布尔什维克党手中。此后不久,莫斯科等一百多个城市的苏维埃领导权相继落入布尔什维克的手中。列宁及时提出的平分土地的纲领也受到了广大农民的欢迎。针对这种情况,列宁指示党重新提出"全部政权归苏维埃"的口号。与上次使用相比,这个口号的宗旨不变,让苏维埃成为单一的国家政权形式。但是,在手段上却变了,不再让临时政府和平转移政权,而要把它推翻。

---

① 《列宁选集》第3卷,人民出版社1995年版,第86—87页。
② 同上,第86页。

三、坚持反战，多管齐下瓦解旧军队

军队是国家政权的重要支柱，是统治阶级对内实行镇压对外进行侵略的工具。但军队也不是铁板一块，在社会转型时期，军队内部也会发生分化。尤其是在革命的中心地带，革命阶级能否争取军队革命化或使其保持中立是革命成功与否的重要因素。

第一次世界大战中，俄国军队达到 1500 万人，到临时政府上台时军队大约有 900 万人，在彼得格勒及周围地区的军队约达 320 万人。当时的情况，要建立一支能够同军队对抗的武装工人队伍是不可能的，因此，争取穿着军装的工人、农民转到革命方面就显得极其重要。列宁指出："在战争时期，军队在全国政治生活中具有特别重大的意义"，"历史使军事问题在目前变成了一个根本的政治问题"，军队的向背将直接决定革命的成败。①

在沙皇政府已被推翻，临时政府比较虚弱，战争仍在进行的具体形势下，争取旧军队也是可能的。当时俄国人民反战、反饥饿、反专制的斗争风起云涌，受其影响，广大士兵厌战反战情绪十分严重，对继续推行战争政策的临时政府日益不满，再加上入伍的新兵把人民群众的革命情绪带到军队中，这一切使军队原来的政治素质以及反动势力与进步力量的对比发生了很大的改变。基于上述情况，布尔什维克党加速了争取旧军队工作的步伐。

制定正确的政治纲领是争取旧军队的前提。为此，列宁和布尔什维克党在和平、土地以及军队民主化等问题上表明了自己不同于临时政府的立场。

战争使各阶层人民群众陷入巨大苦难之中，但对战争感受最深、并作出牺牲的还是千百万士兵，他们对早日结束战争，实现和平的愿望也是最强烈的。三月革命虽然推翻了旧制度，但上台的临时政府却继续沙皇的战争政策，决心将战争进行到底。而布尔什维克党在大战爆发后不久，就深刻地揭露了战争的帝国主义性质，提出了"变帝国主义战争为国内战争"的口号，号召交战国士兵停止厮杀，把枪口转向国内的统治阶级。1917 年 4 月，列宁又在《无产

---

① 《列宁全集》第 32 卷，人民出版社 1985 年版，第 273、259 页。

阶级在我国革命中的任务》一文中指出，只有"把国家政权转到无产阶级手中，才能保证停止战争"①，才能最终使士兵摆脱战争灾祸，享受持久和平。在党中央的领导下，大批干部和党员深入前线和后方各部队，运用秘密宣讲、战地小报等形式宣传党的方针政策，积极鼓励和组织交战双方的士兵在战壕举行联欢，甚至自动达成局部停火协定。

与和平问题一样，土地问题也是当时俄国政治生活中的焦点。而土地问题又与来自农村的士兵有着切身的利害关系。1917 年 3 月，临时政府颁布的《就土地问题致民众书》称"土地问题不能使用任何夺取的办法来解决，暴力和掠夺是经济关系中最恶劣而又最危险的手段"，表示要召开立宪会议解决土地问题，实质是临时政府想用立宪会议"安抚"农民，以阻止农民起来夺取地主土地。而列宁在"四月提纲"、《士兵和土地》等著作中指出："没收一切地主土地"，"国内一切土地收归国有，由当地雇农和农民代表苏维埃支配"。这一纲领极大地满足了农民对土地的要求，从而得到广大士兵的热烈拥护和支持。随后几个月，在这一土地纲领及其他因素的影响下，靠近彼得格勒和莫斯科的北方和西方战线的 170 多万士兵，以及 100 多个预备团转向了布尔什维克。

二月革命后俄国军队的民主化运动，是当时整个民主运动的重要组成部分。彼得格勒工兵代表苏维埃和临时政府通过颁布一系列命令，某种程度上对这一运动有所推动。但是，由于这两个政权的领导人在战争和民主这些最基本、最重要的问题上坚持资产阶级和小资产阶级的立场，把军队民主化作为政治资本和感情投资，又对其加以种种限制。例如彼得格勒工兵代表苏维埃虽然在一定程度上能够响应军队民主化的要求，并在 3 月 14 日（俄历 3 月 1 日）发布的"彼得格勒工兵代表苏维埃第 1 号命令"中同意成立士兵委员会，但旋即在 3 月 18 日和 21 日通过的 2 号命令和 3 号命令中明确士兵委员会没有选举部队军官的权力，并要求士兵在服兵役中严格履行军事义务。而 3 月 17 日临时政府军事部门发布的第 114 号命令对诸如士兵委员会这样重要的民主化成果却避而不谈，甚至没有提到彼得格勒工兵代表苏维埃的存在。与此相反，列宁和布尔什维克一开始就表明了对军队民主化的支持。3 月 23 日，布尔什维

---

① 《列宁选集》第 3 卷，人民出版社 1995 年版，第 47 页。

克党中央委员会俄罗斯局通过决议,明确提出,后方和前线的军队民主化从遵照工人和士兵代表苏维埃第 1 号命令选举连、营及其他指挥员和长官开始。列宁在 1917 年 4 月上旬指出:军官"不仅应当选举,而且军官和将领每一个行动都应受到专门选出的士兵代表的监督";士兵自动撤换长官"从各方面来说都有好处,都有必要。士兵只听从选举出来的当权者"①。布尔什维克党对军队民主化的明确支持,赢得了士兵群众的拥护。

布尔什维克党还抓住成立士兵委员会、选举指挥官等军队民主化过程中出现的契机,扩大党在军队中的影响。根据党在 1906 年召开的军事和战斗组织第一次代表会议的精神,军队中党组织的主要任务是,在大多数由贫苦农民和工人组成的士兵中间,宣传和鼓动革命社会主义的原则和思想,解释党的策略口号和纲领要求,把军队中的一切革命分子组织起来形成坚强的阵地以支持革命和革命提出的迫切要求。② 由于措施得力,军队中的党组织迅速扩大。十一月革命(即俄历十月革命)前,全国 71% 的军和 80% 的战线都建立了党的组织。在后方卫戍部队中,基辅军区还建立了以基辅为中心的各州联合组织。这为争取、改造旧军队奠定了坚实的组织基础。

争取改造旧军队也是一场严肃的思想斗争。使广大士兵冲资产阶级和小资产阶级等旧思想的影响决不是轻而易举的事,需要进行扎扎实实的宣传鼓动工作和细致的说服教育工作。列宁指出,"必须动员一切力量,向士兵灌输绝对必须进行推翻克伦斯基政府的殊死的、最后的斗争的思想"③。为此,布尔什维克党中央及军队中的各级党组织创办了许多适合士兵阅读的报刊,其中最重要的是《士兵真理报》,它在军内外广泛发行,还曾经作为军队中党的军事组织的中央机关报。类似《士兵真理报》的报纸在十一月革命前共出版 15 种,其中 11 种每次印数都在 14 万份以上。党的各级军事组织还发行了大量的革命书籍。这些报刊图书对宣传党的纲领路线、提高士兵的政治觉悟以及促进他们的思想转变等,发挥了极其重要的作用。

---

① 《列宁全集》第 29 卷,人民出版社 1985 年版,第 195 页。
② 《苏联共产党代表大会、代表会议和中央全会决议汇编》(第 1 分册),人民出版社 1964 年版,第 181—183 页。
③ 《列宁全集》第 32 卷,人民出版社 1985 年版,第 340 页。

四、抓住时机，拖延起义就等于死亡

1917年9月7日，临时政府前线最高司令科尔尼洛夫发动叛乱，企图消灭苏维埃，建立反革命军事独裁。对此，临时政府束手无策，不得不请求七月事变后被关押在监狱中的布尔什维克领袖托洛茨基等率领群众保卫彼得格勒。在布尔什维党的号召下，彼得格勒工人、革命士兵奋起同叛乱分子斗争。9月13日，叛乱正式宣告平息，科尔尼洛夫被逮捕。粉碎叛乱后，布尔什维克党的威望大增。在随后各地苏维埃的改选中，彼得格勒、莫斯科等许多城市苏维埃的领导权转到布尔什维克党手中。无产阶级政党发动武装起义的时机日渐成熟。

1917年9月25—27日，列宁向党中央和有关党组织接连写了《布尔什维克必须夺取政权》和《马克思主义和起义》两封信。这两封信深刻地分析了俄国当时所面临的国内外形势，从而得出了武装起义的条件业已成熟，应提上议事日程的结论。列宁指出，在科尔尼洛夫叛乱之后，全国人民的革命情绪空前高涨；布尔什维克已经在两个首都和其它许多城市的苏维埃中获得多数；反革命资产阶级以及小资产阶级民主派极厉害地动摇起来。"现在人民的大多数已经跟我们走了……而这正是革命能否具有全民性的关键所在。"①

在条件已经具备的条件下，革命者就应该抓住时机，准备起义；消极等待，无所作为，坐等机遇的丧失，就是对革命的背叛。10月12日，列宁在写给布尔什维克中央委员会的信中指出："危机成熟了。俄国革命的整个前途已处在决定关头。布尔什维克党的全部声誉正在受到考验。争取社会主义的国际工人革命的整个前途都在此一举。"②列宁主张必须制止在党的领导者当中存在的等待苏维埃代表大会的召开，反对立即夺取政权，反对立即起义的倾向和意见。列宁强调，现在不夺取政权，而要"等待"，就是十足的白痴或彻底背叛，就等于断送革命。在10月14日和21日的信中，列宁一再告诫：拖延起

---

① 《列宁选集》第3卷，人民出版社1995年版，第276页。
② 《列宁全集》第32卷，人民出版社1985年版，第275页。

义就是犯罪，等待就是对革命犯罪。

但是武装起义是受特殊规律支配的一种特殊的政治斗争形式，必须仔细考虑这些规律。列宁提醒全党，起义也正如战争一样，是一种艺术，对武装起义必须做好充分准备，要有严密的组织和周详的计划，绝不能视之如儿戏。在《局外人的意见》一文中，列宁把马克思的起义艺术归纳成五条原则，并使之应用于俄国。列宁提出，俄国武装起义一定要既从外部，又从内部，既从工人区，又从芬兰、雷瓦尔、喀琅施塔得等各方面，同时地、尽可能出其不意地、迅速地对彼得格勒进攻，要使用全部舰队来进攻，要集中大大超过士官生等反动军队的优势力量；要把起义的三支主要力量——海军、工人和陆军部队配合起来，一定要占领并不惜任何代价守住电话局、电报局、火车站、桥梁等要害地点；要挑选最坚决的分子组成一些小分队去占领一切最重要的据点，并参加各处一切重要的军事行动。①

1917年10月23日，党中央委员会召开了具有历史意义的会议。列宁在会上做了关于当前形势的报告，会议通过了列宁提出的关于武装起义的决议。决议强调指出：武装起义已不可避免，条件已完全成熟，党的全部工作必须服从于组织和实行武装起义这一任务。加米涅夫和季诺维也夫在会上反对起义。10月29日中央召开扩大会议，再次讨论了武装起义的问题。季诺维也夫和加米涅夫继续表示反对。他们认为，似乎布尔什维克力量太小，反革命力量太强，他们要求等待立宪会议。经过激烈的辩论，会议终于通过了加紧准备武装起义的决议，并决定组成革命军事总部。

由于加米涅夫等人不服从中央决议，并把起义计划泄露出去，临时政府马上采取措施，禁止一切集会和游行示威，并发出立即逮捕列宁的命令。

在形势万分危急的情况下，列宁果断指出，立即举行起义。11月6日晚，列宁从秘密住所发出《给中央委员的信》。信中强调："情况已经万分危急。非常清楚，现在拖延起义确实等于自取灭亡。""我力劝同志们相信，现在正是千钧一发的关头，目前提上日程的问题决不是会议或代表大会（即使是苏维埃代表大会）所能解决的，而只有各族人民，只有群众，只有武装起来的群众的斗争才能解决。""无论如何必须在今天晚上，今天夜里逮捕政府成员，

---

① 《列宁选集》第3卷，人民出版社1995年版，第329页。

解除士官生的武装（如果他们抵抗，就击败他们）。""不能等待了！！等待会丧失一切！！""历史不会饶恕那些延误时日的革命者，他们本来在今天可以获得胜利（而且一定能在今天胜利），却要拖到明天去，冒着丧失许多、丧失一切的危险。"① 当天深夜，列宁到斯莫尔尼宫直接领导起义。第二天（11月7日），临时政府被推翻，伟大的十月革命（俄历）胜利了。

（此文载于《聊城大学学报（社科版）》2010年第6期）

---

① 《列宁全集》第32卷，人民出版社1985年版，第430—431页。

列宁经济法制建设思想探析

张有军

摘　要：列宁对经济法制建设进行了积极的探索并提出了一系列理论观点。主要内容包括：经济法制是社会主义建设的基础，加强立法是经济法制建设的前提，严格执法守法是经济法制建设的关键，法制监督是经济法制建设的保障。

关键词：列宁；经济法制；立法；守法；监督

在苏维埃政权的建设中，列宁对经济法制建设极为重视，不仅阐明了一系列理论观点，而且进行了积极的实践。虽然我国已进入新的历史时期，各方面的条件与列宁时期已有很大不同，但列宁关于经济法制建设的基本思想对我们建立社会主义市场经济体制和法治国家仍然具有重要的指导意义。

一、经济法制是社会主义建设的基础

在无产阶级专政条件下，在经济领域如同在政治、文化、教育等其他领域一样，没有相应的法律制度，没有对这一制度的严格遵守，经济秩序就无法建立，国家政权就不能巩固。列宁指出："工人阶级夺取政权之后，像任何阶级一样，要通过改变同所有制的关系和实行新宪法来掌握和保持政权，巩固政权。"① 这是因为，同以往一切剥削阶级国家相比，社会主义国家乃是新型民主与新型专政的国家，它的目的在于大力发展生产力，推动本国综合国力提

---

① 《列宁全集》第30卷，人民出版社1985年版，第308页。

高，不断满足人民日益增长的物质文化需要。社会主义国家的这种性质和任务，决定了在创建无产阶级专政基本经济制度的过程中，必然遭到剥削阶级的拼死反抗。社会主义国家的经济法制正是维护基本经济制度、镇压剥削者反抗的最有效的武器之一。

1917年10月25—26日，全俄工兵代表苏维埃第二次代表大会通过的列宁草拟的《土地法令》宣布：立即无偿地废除地主土地所有制，把地主的田庄以及皇族、寺院和教会的土地连同所有耕畜、农具、农用建筑和一切附属物，一律交给乡土地委员会和县农民代表苏维埃支配。这就从法律上确立了新的土地制度。以《土地法令》为依据，1918年2月9日全俄中央执行委员会批准制定的《土地社会化基本法》的实施和土地改革的进行，使俄国的贫农、中农获得了1.5亿俄亩的土地和价值3亿卢布的农具，从而加强了苏维埃政权在农村的阵地，巩固了工农联盟，保证了社会主义革命的胜利。

俄国国家银行在1917年11月7日武装起义中被夺取后，银行人员的怠工迫使苏维埃政府加速实行私营银行国有化。正如列宁指出的，为了实行监督，我们曾经把银行家找来，同他们一起制定了他们也同意的办法，以便在实行充分的监督和报表制度的条件下领取贷款。而在银行职员当中就有不关心人民利益的人，这些人说："他们在欺骗你们，你们要赶紧制止他们直接危害你们的罪恶活动。"于是我们赶紧采取了措施。① 12月27日按照苏维埃政府的命令，工人和赤卫队占领了彼得格勒所有的银行和信贷机构。当天，在全俄中央执行委员会会议上通过了《关于实行银行国有化及有关必要措施的法令草案》，其内容主要包括：宣布一切股份企业为国家财产。各股份公司的董事和经理以及一切属于富有阶级（即全部财产在5000卢布以上或每月收入在500卢布以上者）的股东，都必须有条不紊地经营企业的业务，执行工人监督的法令，向国家银行交出一切股票，并且每周向当地工兵农代表苏维埃报告本人的活动情况。列宁指出，立即实行这个法令，不然反抗和暗中破坏就会毁坏我们。

十月革命后，苏维埃政权颁布的一系列国有化法令，特别是人民委员会1918年6月28日的国有化法令，对工厂、矿山、铁路等实行国有化，直接导致社会主义生产关系的建立，从法律上保证了社会主义经济成分的领导地位。

---

① 《列宁全集》第33卷，人民出版社1985年版，第174页。

与此同时，对于那些以各种手段破坏苏维埃俄国经济法制的行为，苏维埃政府通过制定有关法律给予严厉惩处，以维护苏维埃制度的巩固。如1918年3月26日人民委员会关于铁路管理的集中化、铁路警卫工作和提高铁路运输能力的法令中规定，不服从本法令者应立即逮捕；如发生对抗，应使用武装力量；过失人员应交付革命法庭。总之，苏维埃国家的经济法制，在组织社会主义国家的经济建设中起着重要作用。它全面地调整着社会主义国家的经济关系，促进社会主义经济基础的形成、巩固和发展，对于危害社会主义生产关系的各种破坏活动和不法行为，给予严厉打击。

二、加强立法是经济法制建设的前提

立法是法制建设的基础，加强法制建设，首先必须制定完备的法律法规。十月革命后，列宁非常关注苏维埃政权的法律制定工作，他认为对这项工作的任何拖延就等于灭亡。在列宁领导下，苏维埃政权在短短几年里就制定了一系列经济法律法规。如关于工人监督的法令、关于八小时工作制的法令，关于最高国民经济委员会的法令，关于银行国家化的法令，关于废除国债的法令，关于土地社会化的法令，关于铁路管理的集中化、铁路警卫工作和提高铁路运输能力的法令，关于消费合作社组织的法令，关于粮食税法，关于租让的立法，关于电气化的立法，等等。从这些经济法规中可以看出，许多法令出自列宁之手，有些则是根据列宁的意见，由专门人员和机构起草的。

列宁在领导苏维埃俄国建立经济法制的过程中，对立法的原则、指导思想作了很多深刻的阐述。

第一，一些经济政策要以法律形式固定下来，使其发生法律效力。重大的经济政策只有以法律形式固定下来，才具备更大的强制性和约束力，才能避免对这种政策的偏离。1922年10月27日，列宁针对某些外国报刊关于俄国要结束新经济政策的报道，指出，这种说法是完全没有根据的。事实恰恰相反，"政府的全部工作……是要把叫作新经济政策的东西以法律形式最牢固地固定下来，以排除任何偏离这种政策的可能性。"①

第二，经济法制应当保持统一性，并注意原则性和灵活性的结合。从立法角度看，所谓保持经济法制的统一性，即指最高国家权力机关制定的宪法以及有关经济的法律具有最高效力，其它领导部门及地方国家机关颁布的经济法规必须同宪法、法律中的有关经济方面的规定精神相一致。1922年5月20日列宁在《论"双重"领导和法制》一文中指出，"法制不能有卡卢加省的法制，喀山省的法制，而应是全俄统一的法制"，"而我们的全部生活中和我们的一切不文明现象中的主要弊端就是纵容古老的俄罗斯观点和半野蛮人的习惯，他们总希望保持同喀山省法制不同的卡卢加省法制。"② 因此，列宁提出，检察长有权利和义务做的只有一件事：注意使整个共和国对法制有真正一致的理解，不管任何地方差别，不受任何地方影响。另一方面，列宁又认为，在经济部门和行政管理机构方面，由于各地区、各行业的情况不同，可以也必须考虑到一些特殊性，不然，就会陷入官僚主义的集中制。在维护全国法制统一和尊严的前提下，地方可以适当制定一些法规，把这看作是进行合理工作的基础，以体现原则性与灵活性的有机结合。

第三，经济法制要根据形势的发展，及时加以修改和完善。列宁既不同意在经济条件不成熟时就匆忙制定一些不切实际的法律，也反对在经济条件已发生了新的变化时，还在坚持过时的法律、法规。他强调要结合经济建设和发展的需要，不断完善经济法制。1918年11月，列宁就指出："如果旧的规定不合用，那就应该改变，以适应变化了的形势的需要。"③ 如全俄电气化计划，在全俄中央执行委员会通过关于电气化的决议之后，这一计划具有法律性质。列宁在强调必须实际执行这一计划的同时，告诫必须着力把科学的电气化计划与日常的各个实际计划及具体实施结合起来，详细地研究各种计划的执行情况，从而"根据仔细研究过的实际经验来补充、发展、修改和实施这个计划"。④

---

① 《列宁全集》第43卷，人民出版社1987年版，第242页。
② 同上，第195页。
③ 《列宁全集》第35卷，人民出版社1985年版，第224页。
④ 《列宁全集》第40卷，人民出版社1986年版，第352页。

三、严格执法守法是经济法制建设的关键

列宁对苏维埃国家的经济法制建设，不是停留在制定法律上，他认为仅有法律制度而不坚持法制原则，不严格执法守法，有法也等于零。首先，强调执法和守法的重要性。1919年12月4日，列宁在农业公社和农业劳动组合第一次代表大会上的讲话中指出，关于社会主义土地规划的法令帮助农民的条款，各地的同志们要认真地执行，并且能想出各种办法，按照各地的具体经济条件来实施这项法令。该法令如果得不到认真地执行，"很可能完全变成儿戏而得到完全相反的结果"。① 经济法律法规从制定到实施，并不是一件轻而易举之事，其中存在着各种各样的阻力和斗争，只有经过认真的努力，严格执法守法，才能把法律变成现实。针对当时的严峻形势，列宁强调，"我们已经用法令规定的事情还远没有充分实现，而目前的主要任务，就是要集中全力，认真地切实实现那些已经成为法令（可是还没有成为事实）的改造原则。"②

其次，强调司法机关和执法人员要依法办事，共产党员没有超越国家法律之上的任何特权。列宁认为，法律能否认真执行，在很大程度上取决于司法机关和执法人员能否依法办事。我们的司法机关和执法人员不仅要认真对待法律的条文，而且要认真对待它的精神，不得有一丝一毫违背我们的法律。他曾多次提请有关方面对不尽职责、玩忽职守的人给予行政处分，情节严重者必须撤职，送交法庭。还认为，送交法庭公开审判比悄悄了结可恶的拖拉作风案件要好一千倍。交给群众审判，"不仅仅是为了严厉惩罚（也许只要警告就够了），而主要是为了公之于众，打破那种广为流行的认为失职人员可以不受处罚的观念"。③ 列宁还指出，对共产党员特别是党员干部应实行更严格的法纪，绝不允许利用特权逃避法律责任。当时法院在审理一些共产党员的违法案件时，经常受到各级党委的干预，出现包庇违法党员的错误行为。对此，列宁以中央名

---

① 《列宁全集》第37卷，人民出版社1986年版，第365页。
② 《列宁全集》第34卷，人民出版社1985年版，第164页。
③ 《列宁全集》第52卷，人民出版社1988年版，第126页。

义发出指示:"通告司法人民委员部(抄送各省党委),法庭对共产党员的惩处必须严于非党员。凡不执行此规定的人民审判员和司法人民委员部部务委员应予撤销职务。"①

四、法律监督是经济法制建设的保障

法律监督的目的在于维护经济法律的尊严,同各种破坏经济法制的现象做斗争,从而保证经济法律得以全面正确地贯彻执行。十月革命前,在《新工厂法》这本小册子中,列宁第一次论证了法律监督的必要性,并告诫工人不仅要学习和懂得法律,而且要积极参加监督法律的实行。他指出:"究竟用什么来保证法令的执行呢?第一,对法令的执行加以监督。第二,对不执行法令加以惩罚"。"工人自己的监督要比任何工厂警官的监督更有效些。没有这种监督,法律就不会执行。"② 苏维埃政权建立以后,列宁更加重视法律监督的重要性。1922年2月,列宁给司法人民委员库尔斯基写信指出:"特别重要的是要实地检查一下:实际上做了些什么?实际上得到了什么结果?人民法院和革命法庭的成绩如何?对此如何估计和检查?滥用新经济政策的案件审判了多少?有罪判决有多少,判了什么刑罚(指总的情况而不是个别情况)?如此等等。"③ 后来,他又指出:我们的法令太多了,"但对于法令的实际执行情况却没有加以检查"。④

列宁特别重视检察院这一专门国家法律监督机关的建设。他明确区分了检察机关和行政机关的区别:检察机关没有行政权,对任何行政问题都没有表决权,但它有法律监督权。检察长有权利和义务做的只有一件事,就是使整个国家对法制有真正一致的理解,不管任何地方差别,不受任何地方影响。同时,检察长的唯一权利和义务是把案件提交法院裁决。为了保证检察机关独立行使

---

① 《列宁全集》第43卷,人民出版社1987年版,第53页。
② 《列宁全集》第2卷,人民出版社1985年版,第360页。
③ 《列宁全集》第34卷,人民出版社1985年版,第443页。
④ 《列宁全集》第43卷,人民出版社1987年版,第14页。

法律监督职能，列宁坚决主张地方检察机关只受中央机关领导，并且有权利对地方政权的决定或决议是否合乎法制提出异议。

列宁还主张自上而下的监督需要和自下而上的工农监督相结合。列宁认为，只有对法律的实施进行广泛的群众监督，才能使社会主义的经济法律法规真正落到实处。为此，他要求各级国家机关，尤其是司法机关要认真对待群众的申诉、控告信件，调查属实后要对当事者严肃处理。为保证人民群众的法律监督作用，列宁反对干部利用职权对揭发、控告他们的群众进行打击报复，对打击报复者予以严厉的法律制裁。

（此文载于《辽宁行政学院学报》2010年第3期）

苏联的"增量腐败"及其当代警示

张祥云 秦正为[*]

摘　要：苏联的腐败是"增量腐败"。腐败是俄罗斯传统的顽症毒瘤，曾一度被严打重压所抑制，但最终迅速增量以致积重难返。苏联增量腐败的基本特征是：由个人向集团发展；由下层向上层发展；由经济向政治发展；由物质向制度发展。其悲剧结果在于：影响了经济建设；催化了政治独裁；助长了文化专制；败坏了社会风气；导致了亡党亡国。其当代警示是：反对腐败必须防微杜渐、高压重拳、狠抓党建、科学发展。

关键词：苏联；增量腐败；警示

按照辩证唯物主义的观点，任何事物的发展都有一个从量变到质变的增量过程。"增量民主"，是著名学者俞可平对中国渐进式民主改革"路径依赖"的新概括。与之形成鲜明对比的是，导致苏联解体重要原因之一的腐败问题，也是一个增量的过程，笔者将其称为"增量腐败"。对苏联的增量腐败进行历史考察和特征总结，不仅可以更清楚地认识苏联腐败和亡党亡国的现实轨迹，而且能够更好地为当代中国的反腐倡廉和中国特色社会主义的健康发展提供警示意义。

一、苏联增量腐败的历史考察

腐败是俄罗斯传统的顽症毒瘤。除了产生腐败的共因，东方国家腐败问题

---

[*] 秦正为（1973—　），男，山东阳谷人，聊城大学思政与马克思主义学院、廉政研究中心副教授、博士，主要研究方向为马克思主义理论与执政党建设。

较之西方更为严重，还在于其特殊原因。就俄罗斯而言，腐败的深层次原因隐藏在其独特的宗教性和民族性之中。与西方基督教的"原罪"和"救赎"不同，东正教注重道成肉身，很少涉及人性败坏和"赎罪"，从而使得贪污腐败被弱化为民众并不反感乃至可以接受的一般行为。在民族性上，俄罗斯人和东方其他民族基本一样具有"家国同构"的观念，盲从权威，认可特权，也就使得极具忍耐性的他们对贪污腐败习以为常。另外，俄罗斯历史上官僚的薪俸制度也为腐败大开方便之门。除了极力效仿西方的彼得大帝和叶卡捷琳娜二世当政时期稳定执行了固定薪俸制外，此前及以后，贿赂不仅是下层官员维持生计的手段，而且逐渐泛滥成为特权的工具和表现。腐败在俄罗斯无孔不入，不仅影响了经济社会的发展，也削弱了国际争霸的锐气和战斗力，使其成为帝国主义链条最为薄弱的环节。克里木战争和一战的失败，很大程度上根源于腐败，因为腐败使得上层指挥不力、效率不高，下层军官则克扣士兵衣食使他们挨饿或冻伤，完全丧失了战斗力。腐败的恶性循环和积重难返，不仅成为沙皇倒台的重要原因，甚至直接埋葬了其余孽高尔察克等叛乱集团的垂死挣扎。

　　腐败曾一度被严打重罚所抑制。共产主义是腐败的天敌，它的出现使民众旋即放弃沙皇选择苏维埃的同时，也对反腐败充满了希望。但是，十月革命后的俄国社会极其复杂，其中最大的问题就是在对原有官僚接收的同时也使腐败传统得以延续，而新生政权中居功自傲的腐败倾向也在逐渐滋长。新经济政策时期，腐败现象就已主要表现为浪费公款和赌博，贪污受贿和权钱交易，贪污和盗用公款，甚至在1921年发生了"贪污受贿大规模地蔓延"的现象。尽管如此，由于大多数党员干部坚定的共产主义信念和近乎"红色恐怖"的肃反威胁，贪污腐败一度得到抑制和控制。建国之初的俄共干部，大多意志坚定、吃苦耐劳，最为典型的就是主管粮食的人民委员瞿鲁巴竟然饿昏。列宁和斯大林高度重视反腐工作，不但以身作则，而且狠抓制度建设和惩治机制。1918年苏俄通过了第一个反受贿法令，把受贿或行贿等同于完全犯罪；1922年的苏联宪法则将贪污腐败列为"反革命"罪行。与此同时，苏联成立了中央监察委员会与工农检察院以及相应的地方机构，对腐化分子严惩不贷。法律的严酷性使得强制劳动和枪决成为那个时代贪污腐败官员的噩梦。1921—1926年是苏联反腐最好的时期，也是苏联发展最好的时期，不但迅速成为欧洲第一世界第二的强国，而且取得了世界反法西斯战争的胜利。

腐败最终迅速增量以致积重难返。由于腐败的根深蒂固，"影子经济"（"第二经济"）的萌生并发展，加之对腐败根源认识不足和法制惩治上的"双重标准"，导致苏联的腐败大幅回升并迅速增量。随着斯大林领导地位的确立和巩固，党政大员的特权开始得到有意识的扩大。除了设施齐全的免费"政府公寓"的档次不断提高，1932年起正式取消了党员工资最高限额，二战后开始发放相当于受益者正常工资50%-100%的高级干部"党内津贴袋"。赫鲁晓夫时代，中央权力首次下放，地方官员在私利的推动下其久被压抑的贪欲开始复苏，贪污腐败态势逐渐蔓延。地方对中央财政下拨资金和项目建设的争夺不择手段，行贿受贿日益泛滥，甚至赫鲁晓夫的经济改革及其政治生命也最终被葬送。勃列日涅夫上台后，为了巩固执政地位，一是悄然取消干部轮换制，二是大力提拔早年的同事朋友。干部终身制和裙带之风使官员失去了后顾之忧，可以恣意妄为，同时不受惩罚。同时，腐败之风由地方迅速向上层蔓延，权力与利益的捆绑使苏联迅速形成了庞大的官僚特权阶层和利益集团，规模空前发展，无以复加。此后苏联的腐败一发不可收拾，迅速膨胀，特别是在1980年代末和苏联解体时期随着全面控制的松动及向市场经济过渡的开始达到了最大规模。可以说，腐败是造成苏联解体的重要原因，而苏联的解体使腐败"合法化"和更加发展。

二、苏联增量腐败的基本特征

通过对苏联增量腐败的历史考察，我们会发现，苏联的增量腐败具有以下几个明显特征：

第一，增量腐败由个人向集团发展。增量腐败最明显的特征就是由个人腐败向集团腐败发展，这也是腐败发展的一般规律。苏联建国之初乃至新经济政策时期，腐败虽然存在并有所发展，但只是少数人的个别现象。1923年10月，俄共（布）中央委员会发出的《关于同浪费做斗争》的通告信，列举了"个别负责人的"浪费行为。[①] 腐败在二战期间及以后得到发展。档案资料显

---

① 《列宁时期令人惊异的腐败现象》，光明书摘，2005—10—21。

示，在1945—1953年间，因渎职罪、贪污受贿、侵吞财物、"精神生活堕落"、酗酒和流氓行为而失去党票的党员非常多。随着腐败的发展，个别人开始勾结成为集团。例如，据1963年10月20日苏联《消息报》和1964年第12期的《消息报星期副刊》报道，莫斯科精神病防治所的一个附属工厂的厂长及其一伙，通过贿赂，获得了58部针织机和大量原料，同52个工厂、手工业合作社和集体农庄搭上关系，并收买了社会保安机关工作人员、监察员、稽查员、巡视员等，几年中赚了300万卢布。特别是在勃列日涅夫时期，腐败集团恶性膨胀。据俄国学者最近估计，这一时期特权阶层大约有50—70万人，加上他们的家属，共有300万人之多，约占全国总人口的1.5%。① 一旦腐败滋长为一个圈子和大"酱缸"，任何人都难以摆脱。"在这种情况下，任何一个官员即使具有最好的个人品质和禀赋，也几乎都成为官僚主义者，而如果某一官员没有发生这种蜕变，那么这个帮派就会把他排挤和抛弃掉。"② 集团腐败一旦形成，社会崩溃也就为时不远了。

第二，增量腐败由下层向上层发展。从历史的发展看，由于列宁和斯大林个人的以身作则和坚决反腐倡廉，苏联的腐败开始只是下层的营私舞弊和敲诈勒索。后来逐渐腐败逐渐蔓延，由下层的"补偿型腐败"发展为中层干部利用更多职权的"审批型腐败"。在这种情况下，中下层官员开始勾结，并逐渐延伸寻求更大的保护伞，最终发展为上层的"集团型腐败"。特别是在苏共二十大后，尤其是勃列日涅夫时期，很多贪污受贿都涉及到了国家高层人士甚至勃列日涅夫的家族成员，而且涉案金额极其巨大，涉案人员极其众多。如内务部领导层腐败案，直接与任职内务部长17年的晓洛科夫及其副手勃列日涅夫的女婿丘尔巴诺夫相关，其中仅丘尔巴诺夫就收受贿赂654200卢布，约合105万美元，并且仅在调查晓洛科夫案件的过程中，内务部各机关被开除者就达10万人。但是，这些腐败并未受到彻底惩治，反而得到勃列日涅夫的庇护，连准备严厉惩贪的苏联国家安全委员会主席安德罗波夫也受到冷遇和排挤，查到勃列日涅夫女儿"钻石案"的一位官员竟被逼自杀。反腐战士居然被腐败

---

① 陆南泉等：《苏联剧变深层次原因研究》，中国社会科学出版社1999年版，第123页。

② 季正矩：《跨越腐败的陷阱》，中国经济出版社1999年版，第102页。

分子搞倒，从而也就难以处理"渔业案件"、"索契案件"等更多备受关注的大案要案。到戈尔巴乔夫执政时期，党内的贪污腐败现象达到了最高峰。国家政治经济全面失控，特权分子借机将国有资财纷纷据为私有，并向往走资本主义道路，使腐败现象成为苏联亡党亡国不容忽视的原因之一。

第三，增量腐败由经济向政治发展。增量腐败一般是从经济开始并且以经济犯罪为主要特征，以满足自身的物质需求为目的。1924年俄共的许多报告所谈到的腐败，大多是一些经济领导人的"曲线谋私"和经济问题。1950年代中期以后，由于中央的监控放松，"影子经济"开始萌生，同时一些干部价值观、人生观发生变化，党内腐败无论是在数量上还是在规模上都明显扩大，腐败的形式也更为多样。其中，最为严重的是政治腐败。为了攫取更大的经济利益，中下层官员疯狂地行贿以谋取更高的职位或投靠更大的保护伞。甚至勃列日涅夫的亲属和亲信，也都被安插在国家强力部门，这使得他们可以在最高权力的庇护下肆无忌惮地搜刮财富。庞大的特权阶层形成后，他们开始不思进取，思想僵化，无所事事，夸夸其谈，导致教条主义盛行，官僚主义泛滥，党政效率低下，意识形态淡化。由此可见，苏共的垮台，是经济失败必然导致政治失败的一个例证。

第四，增量腐败由物质向制度发展。腐败是私欲的怪胎和表现，因而与公有制水火难容，却能与私有制沆瀣一气。苏联的腐败来源，本来有封建主义和资本主义的残余，更有后天的官僚主义和资本主义的抬头和渗透。随着腐败的发展，各种利益团体不择手段维护自身利益，甚至将国家利益视若无物。勃列日涅夫时期，军费开支最高曾占到了国民收入的21%，居世界首位，其原因就在于势力强大的乌斯季诺夫军工集团的呼风唤雨。可见，利益集团已经严重绑架了社会主义苏联的国家利益。当这一现象达到巅峰的时候，社会主义的外壳已难以容下私利的进一步膨胀。为使既得利益合法化，制度变革成为他们义无反顾的选择。在戈尔巴乔夫"改革"后期，官僚特权阶层与亲西方的社会精英已经目标相同，而且配合默契，最终将苏联推向"亡党亡国"。1990年前后美国等在苏联进行民意测验的结果显示：主张搞资本主义的，在民众中只占5－20%，而在"精英集团"中却达76.7%。一位俄国专家的研究表明：莫斯科 1993 年兴起的私有企业大约有 2/3 都是由前国有企业的领导控制着。① 两方面的情况均表明，苏联的悲剧，正是官僚特权阶层与亲西方社会精英联合行动、集体背叛的结果。美国一个专门研究俄罗斯问题小组的负责人弗兰克·奇福德曾说：苏联共产党是惟一一个在自己的葬礼上致富的政党。我们说，苏联是物质腐败导致制度变革的典型案例。

三、苏联增量腐败的悲剧结果

苏联的增量腐败，经过量变最终达到质变，并造成了极其严重的悲剧后果。

第一，增量腐败影响了经济建设。增量腐败就像经济蛀虫，以自己的私利影响和左右着国家的经济建设。其表现，首先在于侵吞国家资产。1983 年，乌兹别克共产党第一书记、苏共中央政治局委员夏·拉·拉希多夫就因侵吞数十亿国家资金的棉花案件而自杀。其次，腐蚀经济干部。非法贸易和生产导致大量贿赂行为，如送贿给审计员、检查员、计划部门的物资分配人员、"第一经济"里的管理人员和工人、经济警察和普通警察、各种各样的党政官僚头头，从而造成了经济建设中的不正之风和乌烟瘴气。最后，左右国家经济政策。既得利益集团控制了经济决策权，也就控制了国家经济命脉，因为他们的决策大多都是从自身利益出发的。尽管苏联改革持续不断，经济建设也取得了一定的成就，但是包括腐败因素在内的各种弊端一直使苏联经济不景气，并且隐藏着难以摆脱的顽疾，以致最终崩溃。

第二，增量腐败催化了政治独裁。经济腐败与官僚主义密不可分，并且相互推动，经济腐败最终必定催化和导致政治独裁。列宁和斯大林早期，高层干部勤俭自律、鞠躬尽瘁，并不被非法分子所羡慕。后来随着特权的扩大，腐败开始与权力结盟。正如叶利钦在《我的自述》所描述的："你在职位的阶梯上爬得越高，归你享受的东西就越丰富……如果你爬到了党的权力金字塔的顶

---

① [美]大卫·科茨等：《来自上层的革命》，中国人民大学出版社 2002 年版，第 151、154 页。

尖，则可享有一切——你进入了共产主义……共产主义完全可以在一个单独的国家里为那些获取权位的少数人而实现。"① 高级官员不但可以享受各种特供、豪宅别墅、保姆护卫，而且其家属和子女也可以共享和继承。正因有如此好处，许多干部倾向于党政不分、以党代政、干部终身，乃至独裁专制。特权阶层长期执政，安于现状，政治独裁导致了政治僵化。

第三，增量腐败助长了文化专制。特权阶层为了维护既得利益，必然要掌控舆论和话语权，形成文化专制。他们一方面极力迎合领导口味，导致形式主义和教条主义流行。同时，他们从自身利益出发，造成实用主义和功利主义的泛滥。在此影响下，理论研究畸形发展，学风一片败坏。马克思主义成了教条，科学研究被贴上阶级标签。文化专制之下，人们满足于胜利繁荣，习惯于虚伪谄媚，谨慎于祸从口出。掌握了话语权和"愚民"工具，既得利益集团便可更加肆意宣扬自己行为的合法性。起初，他们高唱社会主义的赞歌，认为一切皆好，即使错误也无非是伟大胜利中的一个小挫折；资本主义是一片黑暗，看不到或故意隐瞒资本主义的自我调节能力。后来，则迅速急转，大肆宣扬资本主义的"优越"，恶毒攻击社会主义，为其利益"合法化"大造舆论。可以说，增量腐败助长的文化专制，在淡化意识形态和使苏联"资本主义化"上起了重要作用。

第四，增量腐败败坏了社会风气。腐败正如瘟疫，一旦失控，便会迅速腐蚀整个社会。苏联著名学者和政治活动家阿·阿尔巴托夫曾说：腐败在苏联不仅造成了国家物质上的损失，"道德上的损失就更为惨重：社会分化加剧；经常遇到磨难的大多数对那些不仅享受福利照顾而且享有种种特权、任意攫取不义之财而又逍遥法外的'上流人物的憎恨之情与日俱增，埋下了社会冲突的地雷，党、政府、整个领导的威信下降。"② 特权阶层的相对封闭和近亲繁殖使普通公民要想进入这个圈子是极端困难的，这不但使普通公民日益丧失主人翁责任感和自豪感，并促使一部分人走向非法攫取财富的道路。据统计，全苏在勃列日涅夫时代大约形成了 2400 个黑手党组织，并且这些黑手党大都有官

---

① [俄] 鲍·叶利钦：《我的自述》，东方出版社 1993 年版，第 129 页。
② [俄] 格·阿·阿尔巴托夫：《苏联政治内幕：知情者的见证》，新华出版社 1998 年版，第 309 页。

僚背景，苏联社会日益呈现犯罪政治化和政治犯罪化的局面。① 与此相应，人们的价值观和道德观下滑，赌博、吸毒、嫖娼、犯罪盛行，社会一派乌烟瘴气、破败不堪。

第五，增量腐败导致了亡党亡国。增量腐败一旦达到极限，便会发生质变。个人专断、任人唯亲、营私舞弊、养尊处优，不仅造成和激化了干群分离和社会矛盾，而且也销蚀了官僚特权阶层的革命意志和理想信念。连勃列日涅夫自己也不再相信社会主义的胜利、马列主义的原则或者共产主义的前途，甚至认为共产主义都是"哄哄老百姓的空话。"既然如此，社会主义只不过是腐败分子的遮羞布，当他们蜕变到一定程度便会毫不犹豫地地将其扯去。因此，苏共的垮台在很大程度上是苏联既得利益集团的"自我政变"和顺水推舟的把戏。面对这一局面，科茨说，作为一个在世界上存在时间最长、影响最大的社会主义苏共，党的干部队伍内竟有那么多的人主张实行资本主义，实在令人震惊。1989年前后，苏联国内曾经作过一个"苏联共产党究竟代表谁"的调查，结果令人十分吃惊：认为苏共代表劳动人民的只占7%，代表工人的只占4%，代表全体党员的只占11%，而认为代表官僚、干部、机关工作人员的竟达85%。② 由此，面对苏联的剧变，群众的冷漠也是自然的。

四、苏联增量腐败的当代警示

苏联的增量腐败，不是一朝一夕的事情，而是日积月累的结果；不是皮毛轻伤，而是心腹绝症。因而，其教训也是深刻的，值得当代人警钟长鸣。

第一，反对腐败必须防微杜渐。增量腐败的基本特征是从增量开始，因而防止和根除腐败最有效的方法就是防微杜渐。而要防微杜渐，首先要加强思想教育，提高警惕性。对此，毛泽东在建国前后就一再强调，在消灭了"拿枪的敌人"后决不可轻视"不拿枪的敌人"，要警惕"糖衣炮弹"和"和平演

---

① ［俄］尼古拉·津科维奇：《二十世纪最后的秘密》，中国书籍出版社2000年版，第536页。

② 金鑫：《中国问题报告》，中国社会科学出版社2001年版，第8页。

变",并将其提高到政权得失的高度。为此他告诫全党:"务必使同志们继续保持谦虚、谨慎、不骄、不躁的作风,务必使同志们继续保持艰苦奋斗的作风。"① "必须严重地注意干部被资产阶级腐蚀发生严重贪污行为这一事实,注意发现、揭露和惩处,并须当作一场大斗争来处理。"② 今天看来,这场大斗争仍很艰巨,这一告诫仍应警钟长鸣。其次,要完善制度,构筑坚固的反腐体系。其中最为关键的是高度民主。马克思和恩格斯曾经指出:"组织本身是完全民主的,它的各个委员会由选举产生并随时可以罢免,仅这一点就已堵塞了任何要求独裁的密谋狂的道路"③。没有了独裁和专制,腐败也就失去了生存的温床。最后,要以身作则,以儆效尤。领导干部特别是高层领导本身必须廉洁自律,同时要严格要求家属、亲友和身边工作人员,从而堵塞腐败的一切通道。防微杜渐,就是从小事抓起,从点滴抓起,这样才能从根本上防止腐败的增量。

第二,反对腐败必须高压重拳。腐败如瘟疫,不但根深蒂固,生命力极强,而且具有极强的腐蚀性和扩散性。对此,在严防死守的同时,必须严刑峻法,绝不姑息。列宁曾经严厉指出:"不枪毙这样的受贿者,而判以轻得令人发笑的刑罚,这对共产党员和革命者来说是可耻的行为"。④ 并认为"对共产党员应比对非共产党员三倍严厉地惩办"是"起码的常识"。⑤ 在对腐败分子的处理问题上,毛泽东历来主张要严厉。1937 年黄克功因逼婚杀人被枪毙,1952 年刘青山、张子善因腐败被处决。对此,毛泽东严肃指出,一切党员和革命分子都要以黄克功为前车之戒;对于刘青山、张子善,"正因为他两人的地位高,功劳大,影响大,所以才要下决心处决他们。只有处决他们,才能挽救二十个,二百个,二千个,二万个犯有各种不同程度错误的干部。"⑥ 改革开放后的几代领导人,也是主张严厉反对腐败的。邓小平多次讲:"现在刹住

---

① 《毛泽东选集》第 4 卷,人民出版社 1991 年版,第 1438—1439 页。
② 《毛泽东文集》第 6 卷,人民出版社 1999 年版,第 190—191 页。
③ 《马克思恩格斯选集》第 4 卷,人民出版社 1995 年版,第 200 页。
④ 《列宁全集》第 34 卷,人民出版社 1985 年版,第 263 页。
⑤ 《列宁文稿》第 4 卷,人民出版社 1978 年版,第 222 页。
⑥ 薄一波:《若干重大决策与事件的回顾(上卷)》,中共中央党校出版社 1991 年版,第 152 页。

这个风，一定要从快从严从重。……对有一些情节特别严重的犯罪分子，必须给以最严厉的法律制裁。"① "要多杀几个，这才能真正表现我们的决心。"②江泽民指出，我们在反腐败问题上的态度是：坚定不移，坚持不懈，绝不姑息，绝不手软。胡锦涛也多次指出：对腐败分子，发现一个就要坚决查处一个，绝不能姑息，绝不能手软。正因如此，近些年来，一大批高官纷纷落马，中国反腐正引起国内外的关注。

第三，反对腐败必须狠抓党建。在社会主义国家，共产党作为执政党在社会主义建设与发展中处于领导与核心地位，因而要想防止腐败，必须首先从党的建设抓起。其中最为重要的，又是党的纪律。列宁严厉指出："如果我们党没有极严格的真正铁的纪律，……那么布尔什维克别说把政权保持两年半，就是两个半月也保持不住。"③ 并说："必须把欺骗分子、官僚分子、不忠诚分子和不坚定的共产党员以及虽然'改头换面'但心里依然故我的孟什维克从党内清除出去。"④ 列宁极力反对官僚主义，认为如果说有什么东西会把我们毁掉的话，那就是共产党员成了官僚主义者。针对严重的官僚主义和腐败问题，邓小平也振聋发聩地指出："这个党该抓了，不抓不行了。"⑤ 1992年初在南方谈话中，他再次强调："中国要出问题，还是出在共产党内部。"⑥ 面对苏联悲剧的前车之鉴，江泽民提出，治国必先治党，治党务必从严。胡锦涛在党的十七大上指出："优良的党风是凝聚党心民心的巨大力量。要坚持……以优良的党风促政风带民风。中国共产党的性质和宗旨，决定了党同各种消极腐败现象是水火不相容的。坚决惩治和有效预防腐败，关系人心向背和党的生死存亡，是党必须始终抓好的重大政治任务。"⑦ 并多次强调，要将其作为一项重要工作放到更加突出的地位，常抓不懈，从而有力地推进党的建设的伟大工程。

---

① 《邓小平文选》第2卷，人民出版社1994年版，第403页。
② 《邓小平文选》第3卷，人民出版社1993年版，第153页。
③ 《列宁选集》第4卷，人民出版社1995年版，第134—135页。
④ 同上，第562页。
⑤ 《邓小平文选》第3卷，人民出版社1993年版，第314页。
⑥ 同上，第380页。
⑦ 《中国共产党第十七次全国代表大会文件汇编》，人民出版社2007年版，第52—53页。

第四，反对腐败必须科学发展。反对腐败，切忌就事论事，必须全盘统筹、科学发展。科学反腐，一靠民主，二靠法制，这是最为基本的武器。1940年，毛泽东在回答黄炎培提出的共产党如何跳出由于腐败而导致的"历史周期率"时就曾说："我们已经找到新路，我们能跳出这周期率。这条新路就是民主。只有让人民来监督政府，政府才不敢松懈。只有人人起来负责，才不会人亡政息。"① 事实证明，腐败是官僚主义的伴生品，而民主是他们的天敌和克星。民主建设，离不开法制。邓小平指出："为了保障人民民主，必须加强法制。"② "对干部和共产党员来说，廉政建设要作为大事来抓。还是要靠法制，搞法制靠得住些。"③ 加强民主、法制建设的同时，还必须根据新形势制定配套措施，实现反腐工作的以人为本、全面协调可持续发展。针对新时期"一些腐败现象仍然比较突出"，"反腐败形势仍然严峻"，"反腐败任务仍然繁重"的局面，中国在继续"标本兼治、惩治并举"，加大治本力度的同时，反腐战略逐渐由被动防御、权力防腐、事后监督为主转向主动进攻、制度防腐、事前监督为主，从而逐渐建立健全起与社会主义市场经济体制相适应的教育、制度、监督并重的全面协调的惩治和预防腐败体系。2010年1月12日，胡锦涛总书记在第十七届中央纪委第五次全体会议上发表重要讲话时，着重阐述了加强反腐倡廉制度建设的重要性、紧迫性和基本要求，强调要逐步建成内容科学、程序严密、配套完备、有效管用的反腐倡廉制度体系。这说明，中国反腐在取得重大成绩的同时，也正逐渐走向更加科学的轨道。

（此文载于《社会科学研究》2010年第6期）

---

① 黄炎培：《八十年来》，文史资料出版社1982年版，第149页。
② 《邓小平文选》第2卷，人民出版社1994年版，第146页。
③ 《邓小平文选》第3卷，人民出版社1993年版，第379页。

论苏联勃列日涅夫时期对第三世界扩张的后果

张英姣　孙启军*

摘　要：在勃列日涅夫时期，苏联将第三世界当作与美国争霸的砝码，加紧扩张、渗透和争夺。过度扩张不仅给第三世界国家带来深重灾难和消极影响，而且也使得苏联背上了沉重的包袱，恶化了苏联的国际环境，毁坏了社会主义的形象和苏联的声誉，并最终拖垮了苏联。

关键词：勃列日涅夫；第三世界；美苏争霸；后果

基金项目：本文系山东省社科基金重点课题项目《独联体国家"颜色革命"研究》（07JDB103）阶段性成果。

勃列日涅夫时期（1964—1982），随着苏联实力的增强以及"进攻性"全球战略的推行，苏联加大了对第三世界的扩张、渗透和争夺。苏联在第三世界的主要目标是尽量扩大自己在这些地区的势力和影响，同时削弱美国的势力和影响，以实现对西欧和北美地区的迂回包抄，为苏联的全球霸权战略服务。在中东，苏联介入阿以冲突，支持阿拉伯国家，反对以色列，排挤美国；在亚洲，苏联借重印度，扶植越南，直至入侵阿富汗；在非洲，介入安格拉内战，扶植亲苏政权；在拉丁美洲，发展与古巴的特殊关系，将古巴绑在苏联的战车上。苏联咄咄逼人的攻势，加之美国全球战略收缩性调整，使得苏联一度取得对美国的优势地位。勃列日涅夫声称"地球上没有哪个角落的情况不以某种

---

* 张英姣（1978—　），女，山东威海人，聊城大学世界共运研究所讲师，北京师范大学博士研究生，主要研究方向为国际政治与国际关系。孙启军（1977—　），男，山东淄博人，聊城大学世界共运研究所讲师讲师，中央民族大学博士研究生，主要研究方向为国际政治。

方式加以考虑"。① 苏联海军司令戈尔什科夫夸口说"在世界海洋地图上难以找到苏联舰只航行不到的地区"。② 1979 年苏联入侵阿富汗，这是勃列日涅夫时期苏联对第三世界扩张的顶点，阿富汗成为苏联的"滑铁卢"，此后，苏联深陷阿富汗战争，对第三世界的扩张势头渐缓。苏联对第三世界的大肆扩张既"害人"又"害己"，造成了恶劣的影响和极为严重的后果。一、扩张对第三世界的影响

勃列日涅夫时期，适逢民族解放运动高涨阶段，第三世界国家纷纷解放独立，而独立后的第三世界国家往往成为美苏争夺的目标，美苏均向它们施加影响，以图把它们拉入各自的阵营。70 年代，苏联创造出一种理论，即所谓的新独立民族国家走以"社会主义为方向"的"非资本主义"的发展道路。勃列日涅夫宣称"今天在亚洲和非洲，已经有不少国家走上了非资本主义发展道路，即采取以社会主义社会为前景的建设方针"。③ 被苏联确定为"以社会主义为方向"的国家包括叙利亚、伊拉克、阿尔及利亚、也门、刚果、埃塞俄比亚、几内亚比绍、莫桑比克等。这些宣布"以社会主义为方向"的国家，均被纳入"社会主义大家庭"，社会经济发展几乎完全照搬苏联的模式。实际上这种理论和判断并不符合第三世界多数国家的实际情况，而是出于抢占美国势力和影响薄弱的地带，扩展自己的势力范围，实施称霸世界战略的需要。④ 苏联不顾发展中国家的国情，片面输出革命，对第三世界国家的发展是弊大于利。

意识形态成为苏联对第三世界进行扩张的工具，其真正目的是以此为借口，排挤美国的势力，以扩大在第三世界的政治影响，获取经济利益，建立军事基地等。为达到这些目的，苏联采取多种扩张手段，干涉第三世界国家的事务，包括经济援助和军事援助，尤其侧重军事援助；打代理人战争；支持地区霸权主义国家；甚至不惜采用武力，侵略第三世界国家。苏联的扩张行为不仅损及自身，毁坏社会主义的形象，更是给第三世界国家带来恶劣影响和严重

---

① 勃列日涅夫在 1976 年 2 月苏共二十五大的总结报告。
② 《苏联外交六十五年纪事 勃列日涅夫时期 1964——1982》，世界知识出版社，1987 年版，第 251 页。
③ 勃列日涅夫在 1971 年 3 月苏共二十四大的总结报告。
④ 陈之骅：《勃列日涅夫时期的苏联》，中国社会科学出版社，1998 年版，第 342 页。

后果。

    第三世界国家获得独立时间不长，国内动荡，百废待兴。苏联给予第三世界国家的援助，对这些国家的发展起到了一定的帮助作用，不宜全部否定，但是，苏联援助的真正目的是为了获取经济利益，增加第三世界国家对它的依赖，将其牢牢捆绑在自己的阵营，不可能顾及第三世界国家的长远发展。以苏联对中东的扩张为例，主要方法是向埃及、叙利亚、伊拉克等中东国家提供武器装备、军事设施，派遣军事顾问等，其目的一是扩大自己在这一地区的影响，二是使这些国家从军事上依赖苏联，进而变成在国家——政治上长期牢固地依赖苏联。为达到这样的目的，必须要在这些地区继续进行战争或者临战状态。……发动新的以色列——阿拉伯战争对苏联未必有利，而这个地区的持久和平它也不感兴趣。消灭以色列国对它未必有利（因为那时苏联就没有理由在这里存在下去了）。以色列和阿拉伯之间"不战不和"的局面更符合苏联政治战略的利益"。① 从埃及总统萨达特的回忆录中可以看出，苏联曾经拒绝向埃及提供战场上急需的武器。萨达特说，苏联给他们的武器是二战时的陈旧货。另外，苏联提供武器的行动缓慢，还有意拖延武器的供应。萨达特谴责苏联是根据它作为超级大国的利益，制定和推行对第三世界的政策。②

    打代理人战争也是苏联惯用的扩张手段，而古巴成为苏联在第三世界的代理人。苏联通过古巴向尼加拉瓜桑地诺政权、格林纳达新宝石运动以及萨尔瓦多和危地马拉的游击队等提供援助。从 1975 年开始，古巴派遣大批部队参加安哥拉战争，卷入非洲之角的边界冲突。到 70 年代末，古巴在非洲的军队达到 3.4 万人，为苏联在第三世界的战略服务。③ 此外，苏联还直接插手某些第三世界国家内部事务，1978 年 6 月，苏联直接策划了南也门的军事政变，支持亲苏的伊斯梅尔上台。苏联的干涉无疑加重了这些国家混乱的国内局势。

    苏联还支持一些地区霸权主义国家，从中为己获利。在南亚，苏联支持印度肢解巴基斯坦，1971 年 3 月东巴独立，苏联和印度立即表示支持。同年 8

---

① ［苏］阿·阿夫托尔哈诺夫著：《勃列日涅夫的力量和弱点》，杨春华、张道庆译，新华出版社 1981 年版，第 143 页。
② 牛军：《冷战时期的美苏关系》，北京大学出版社，2006 年版，第 164—165 页。
③ 同上，第 168 页。

月,苏联与印度签订了具有军事同盟性质的《和平友好合作条约》,随后支持印度向巴基斯坦发动战争,并出动舰队到孟加拉湾为印度保驾护航。苏联还在联合国三次动用否决权,反对通过印巴立即停火和印度撤军的决议。在东南亚,苏联大力支持越南的地区扩张主义,1978 年 11 月,两国签订了带有军事同盟性质的《友好合作条约》。越南在苏联的支持下于 1978 年 12 月发动了侵略柬埔寨的战争,并且迅速承认了越南扶植的韩桑林政权,后又支持越南排华反华。苏联对这些地区霸权主义国家的支持,加剧了地区紧张局势。

而对于地处中亚的阿富汗,苏联不仅长期介入其内部事务,更利用其国内发生政变陷入困乱之机,直接出兵进行侵略。阿富汗战争进行了 10 年之久,不仅给苏联带来了自毁性的厄运,更给阿富汗人民造成了深重的灾难。阿富汗遭到了极大的破坏,大约 100 多万人死于战火,600 万人被迫逃离家园,沦为难民。① 苏军撤离后,阿富汗长期陷入政局混乱、军阀混战的局面。多年的战乱严重破坏了阿富汗的经济,交通、通讯系统、轻重工业、教育和农业基础设施遭到的破坏最为严重,生产生活物资短缺,至今仍是落后的农牧业国家,沦为最不发达国家。

客观地说,勃列日涅夫时期苏联对第三世界的政策,并非毫无正面作用。苏联给予第三世界国家的经济和军事援助,道义上的支持,对其实现独立,发展经济,巩固主权也起到了一定的积极作用,并且苏联在第三世界的存在,也抵制和平衡了美国的霸权主义政策。但是,不可否认,苏联对第三世界国家的渗透和扩张,苏美对第三世界的争夺,是造成某些第三世界国家和地区至今仍然动荡不安的根源之一。中东、南亚、阿富汗等,至今仍处在全球不安定的动荡带上,而那些曾经沦为苏美争夺的对象和战场的第三世界国家,至今仍有很多处于不发达或欠发达的状态,甚至有一些已沦为"失败的国家"。此外,还制造和恶化了某些第三世界国家之间的矛盾。美苏的扩张和争夺给这些第三世界国家留下了永远的伤口。

---

① http://baike.baidu.com/view/82757.htm 苏阿战争,百度百科。

二、扩张对苏联自身发展的影响

从苏联自身来看，对第三世界的长期、大肆扩张，既损伤了苏联的硬实力，也损坏了社会主义老大哥的形象，降低了苏联的国际影响，损害了其软实力，为苏联的日后衰落直至解体埋下了伏笔。

勃列日涅夫上台后，继续加强对第三世界国家的经济和军事援助，尤其侧重军事援助，其深度和广度都超过了以往。1955—1967 年，苏联平均每年向第三世界国家交付 3 亿多美元的武器装备（经济援助约为 2 亿美元），1968—1971 年，武器装备交付额上升到平均每年 7 亿美元。1972 年以后，更有大幅度的提高。1977 年总额达 35 亿多美元。1978 年总额达 38 亿美元。1972 年以来，苏联军事援助的交付额，相当于经济援助交付额的 5 倍。1977 年苏联通过军火交易，大约从第三世界获得 15 亿美元的硬通货。① 20 世纪 70—80 年代，得到苏联军事援助的国家不断增多，1966—1975 年为 29 个，1980—1984 年为 36 个。②

勃列日涅夫时期，对第三世界的经济援助总额共计 127.62 亿美元，军事援助总额共计 447.85 亿美元。③ 而这一时期在许多第三世界国家出现了军人掌权的热潮，也为苏联进行军事扩张提供了非常有利的条件。④ 按照西方的统计，从 1966 年到 1975 年，苏联向发展中国家提供了总额为 92 亿美元的武器装备，而从 1978 年至 1982 年，为 354 亿美元。在 1966—1975 年间，接受苏联军事装备的有 29 个国家，1980—1984 年间为 36 个国家。⑤

---

① [美]罗伯特·唐纳森著：《苏联在第三世界的得失》，任泉、刘芝田译，世界知识出版社 1985 年版，第 282—286 页。
② 《苏联冷战时期的对外政策：1945—1985》，莫斯科，国际关系出版社 1995 年版，第 408 页。
③ 顾关福：《战后美苏关系的演变》，时事出版社 1990 年版，第 34 页。
④ 陈之骅：《勃列日涅夫时期的苏联》，中国社会科学出版社 1998 年版，第 292—293 页。
⑤ 牛军：《冷战时期的美苏关系》，北京大学出版社 2006 年版，第 104 页。

可以说，为了支援第三世界国家，苏联付出了沉重的代价。仅古巴消耗的石油，几乎全部以比石油输出国组织平均价格低40%的价格从苏联进口，而1978—1979年苏联每年为越南的花费近300万美元。阿富汗战争长达10年，苏联耗资200多亿美元，死伤官兵5万多人。① 还支持阿拉伯、非洲等国家，使苏联负担沉重，力不从心。

对第三世界国家的经济援助、军事援助以及过度的扩张不仅消耗了苏联的国力，而且还加剧了国民经济的军事化，导致经济结构畸形，损害了苏联的经济。到1978年，苏联的军费开支已占世界首位。苏联实际军费开支占其国民收入的比重，在1965—1980年期间高达19%—23%，在70年代苏联扩军备战的高峰期里，苏联大约把每年国民收入的20%—25%用于军事目的。② 军事工业一直是苏联经济的重中之重，这一时期，重点仍然发展钢铁、机械、金属等传统的重工业部门，而对微电子、新材料、生物工程技术等现代高科技反应不敏感，没有抓住科技革命这个机遇。民用工业既不受重视也不发达，一些起码的日常用品都感缺乏。③ 经济结构的进一步畸形发展，加上大量的军费投入，严重损害了苏联的经济，经济增长速度不断减缓。从60年代末到70年代末，工业总产值平均增长速度由8.5%降到5.9%，农业总产值从4.3%降到1.1%，社会劳动生产率平均增长从6.8%降到3.2%，1982年，苏联的工业总产值的增长速度进一步降到2.8%，经济发展陷入停滞状态。④ 经济水平的下降严重影响了人民生活水平的提高，经济的停滞导致了商品的短缺和匮乏，苏联经济到了崩溃的边缘、内政问题成堆。勃列日涅夫自己也承认，如果不是不得不花费大量的开支在国防上、在巩固华沙条约体系上，苏联人民会生活的更好一些，仅为这些目的正式开支就占苏联年预算的23%，还不包括非正式拨款和对发展中国家的援助。⑤

---

① 李兴：《转型时代俄罗斯与美欧关系研究》，北京师范大学出版社2007年版，第19页。
② 同上，第20页。
③ 同上。
④ 郭春生：《勃列日涅夫18年》，人民出版社2009年版，第286—287页。
⑤ 《离开真理哪里也不去：关于1968年捷克斯洛伐克事件的新材料》，[俄]《肯塔弗尔》1993年第4期，第89页。

作为社会主义国家的老大哥与楷模，苏联对第三世界的扩张，损坏了社会主义的形象，降低了自身的国际形象，恶化了国际环境。特别是1976年支持古巴出兵安哥拉，1978年支持越南侵入柬埔寨，1979年直接出兵阿富汗，这三场直接或间接由苏联进行的战争，遭到西方和许多第三世界国家的反对，恶化了苏联的国际环境。尤其是入侵阿富汗，把自己的意志强加于人，打的是国际主义旗号，行的是霸权主义行径，甚至输出革命，很不得人心，使苏联在国际上一度陷入孤立。为抗议苏军入侵阿富汗，中国、美国、联邦德国等国家联合抵制了1980年的莫斯科奥运会。在苏联国内，不断听到反对入侵的声音。在阿富汗，侵阿苏军士气涣散，士兵中甚至出现了吸毒现象。而阿富汗人民风起云涌的反抗运动，更使侵阿苏军陷入了难以自拔的泥潭。阿富汗战争成为苏联的滑铁卢，是导致苏联解体的直接原因之一。

勃列日涅夫时期，苏联作为超级大国的地位是以恶性膨胀发展的军事力量作为支撑的，是建立在粗放耗费经济资源和低效率的经济发展、牺牲提高人民生活水平的基础上的，因而这种地位是表面的、虚弱的、不可能长久的。苏联的综合国力特别是经济实力，支撑不起其霸权主义的野心。在勃列日涅夫逝世后不到十年，苏联这个令人生畏一时的超级大国就土崩瓦解了。勃列日涅夫时期苏联的全球扩张政策，尤其在第三世界的大肆扩张，虽不是导致这一结果的全部原因，但的确使得苏联元气大伤，国内外环境对其日渐不利，最终走向衰落直至解体的命运。正如著名的美国学者保罗·肯尼迪在《大国的兴衰》中所言："如果一个国家把它很大一部分资源不是用于创造财富，而是用于军事目的，那么，从长远来看，这很可能会导致该国国力的削弱。同样，如果一个国家在战略上过分扩张（如侵占大片领土和进行代价高昂的战争），它就要冒一种风险：对外扩张得到的潜在好处，很可能被它付出的巨大代价抵消掉。"①

---

① ［美］保罗·肯尼迪著：《大国的兴衰 1500—2000 年的经济变迁与军事冲突》，陈景彪等译，国际文化出版公司 2006 年版，第 36 页。

三、扩张对苏联在国际格局中地位的影响

从美苏争霸来看,苏联对第三世界的扩张,破坏了 70 年代美苏缓和的局面,加深了美国对苏联的仇视。美国自 80 年代初发起了对苏联的新一轮遏制,与苏联展开新一轮的军备竞赛,苏美攻守易位,苏联日渐处于下风。

勃列日涅夫上台后,对国内外政策进行了调整和改革,苏联的军事经济力量迅速发展,大有赶上和超过美国之势。

在军事方面,60 年代后半期到 70 年代前半期,是苏联核武器发展最快的时期。60 年代初,苏联有了第一代洲际导弹,60 年代下半期便有了第二代洲际导弹,70 年代下半期又有了第三代洲际导弹。苏联导弹数量增加很快,并且超过了美国。在质量方面,苏联在欧洲的 SS—20 导弹可以发射到西欧各国,在亚洲的 SS—20 可以打到美国本土。苏联在核武器的数量和爆炸力方面占有优势,而美国则在质量和技术方面领先,因此,苏美核力量大体上处于均势。在常规力量方面,由于苏联的军事思想是以核武器和战略部队作为威胁力量,常规部队是实战力量,因此,苏联注重发展常规力量,其数量大大超过美国。70 年代苏联在军费开支及其增长速度方面也超过美国。①

在经济方面,由于苏联在国内实行新经济体制改革,苏联的经济增长速度快于美国。"1950—1975 年,苏联的平均增长率为 8.1%,美国的平均增长率为 3.2%。1970—1980 年,苏联国民收入从占美国的 65% 上升到 67%,工业产值从 75% 强上升到 80% 强,农业产值占约 85%"。② 美苏之间的差距大大缩小了。而这一时期美国却陷入内外交困的局面:越南战争久拖不决,引发国内危机;国际经济地位下降,美元危机、经济危机、金融危机交织并发;国内反战运动、黑人运动、青年运动、妇女运动风起云涌。尤其是越南战争,不仅使

---

① 李兴:《转型时代俄罗斯与美欧关系研究》,北京师范大学出版社 2007 年版,第 6—7 页。

② 《苏联国民经济统计年鉴》,1980 年,第 59—60 页;1982 年,第 56—57 页;1985 年,第 581 页。

美国死伤数十万人，而且耗资 3500 多亿。据称，1965 年每天的花费达 200 万美元，1966 年每天达 700 万美元，1967—1968 年越战高潮期间，日支出达 1 亿美元。① 1971 年春天，平均每分钟投掷 1 吨炸弹，越南成了无底洞，成为美国巨大的包袱。

美苏两极对比发生了有利于苏联的变化。鉴于此，美国自 70 年代初实行战略收缩政策，对外战略由攻势转为守势，并且，积极谋求改善与苏联的关系，美苏关系开始缓和。国内外形势对苏联极为有利，苏联原本可以借此良机致力于国内的改革与建设，增强自身实力。但勃列日涅夫却将此视作向美国进攻和进行全球扩张的机会，实行进攻性的对外政策。苏联长期实行的高度集中的计划经济体制和准军事经济，确实一度提高了苏联的实力，但毕竟后劲不足，再加上长期的扩张损耗了国力，70 年代中期以后，苏联的经济机制就已经运转不灵，经济发展开始走下坡路，在经济、军事上已失去了明显的速度优势。据美国估计，考虑到苏联"潜在的"通货膨胀因素，1960—1975 年苏联和美国的国民生产总值平均增长速度分别为 4.6% 和 3.4%；而 1975—1985 年，则分别为 2.1% 和 2.9%。② 而此时美国已经从越南脱身，20 世纪 70 年代下半期出现了经济的回升和高涨。仅从 1977 年 1 月到 1980 年 3 月，工业生产就增长了 15.4%。但是苏联领导集团没有认识到这种形势的变化，依然宣传着"资本主义的总危机"，"资本主义的不稳定性"，"民族解放运动以社会主义为发展方向的趋势在加强"，继续发动对第三世界的攻势，更于 1979 年 12 月派兵入侵阿富汗，将对外扩张推向顶点。而美国随着实力的增强和对苏优势的恢复，面对苏联咄咄逼人的攻势，也日渐抛弃"缓和"的姿态，对苏更加强硬起来。在安哥拉事件发生时，福特就公开宣布放弃使用"缓和"一词，而代之以"以实力求和平"的说法。③ 华盛顿成立了"现实危险委员会"，进行反苏反缓和的宣传与活动。1976 年 2 月，美国国务卿基辛格谴责"安哥拉是一种美国无法接受的行为模式"，这种模式"将对和平与稳定产生最严重的

---

① J. 布延吉：《令人难忘的悲剧》，纽约，1977 年版，第 94 页。
② 陈之骅：《勃列日涅夫时期的苏联》，中国社会科学出版社 1998 年版，第 346 页。
③ 《苏联冷战时期的对外政策：1945—1985》，莫斯科，国际关系出版社 1995 年版，第 341 页。

后果"。卡特上台后,提出美苏关系是"合作与竞争"的关系,在限制战略核武器方面出现了许多障碍。在人权、犹太移民、持不同政见者等问题上对苏联施加压力。1979年1月,170名前高级军官在致卡特的一封公开信中,就"苏联对美国日益严重的挑战"提出警告,并呼吁总统恢复全球战略平衡。6月,白宫新闻发言人宣布,卡特正式决定研制MX大型陆基分导多弹头洲际弹道导弹。阿富汗事件后,苏美重开冷战,此时,苏联经济已经明显放慢,美国变被动为主动,里根上台后,大搞军备竞赛,重新遏制苏联。美国支持阿富汗穆斯林抵抗运动,给予军事援助和人员培训,美国中央情报局和特工参与其事,并在阿富汗穆斯林部落中进行反苏工作。美国在国内成立了"美国援助阿富汗难民联合会"、"阿富汗民族解放阵线"、"阿富汗解放组织团结委员会",以配合阿境内的反苏反政府斗争。① 1980年,美国还对苏联宽口径石油管道和石油开采设备进行禁运。美苏贸易1980年比1979年少20亿美元,里根认为美苏之间的斗争"是正确与错误,正义与邪恶之间的较量",称苏联为"邪恶的帝国",号召要激起"美国人的爱国主义热情",对共产主义进行"十字军东征"②,宣称要"把马列主义扔进历史的垃圾堆"。

勃列日涅夫时期苏联实行以核武器为威慑武器、常规武器为实战武器的战略,核武器与常规武器并重。里根针锋相对,他既重视继续发展进攻性战略核武器,更强调要建立战略防御体系,攻防兼备;不仅要在核武器方面谋求优势,而且也要加速发展常规武器。他改变了尼克松政府奉行的"一个半战争的战略",主张打任何形式的战争。他认为美国要保持足够的军事力量,以便能够灵活地对付来自苏联各方面的进攻。20世纪80年代上半期,美国经济年均增长率为2.2%,走出了70年代以来一直苦恼的滞涨局面。里根下决心"重振国威","重整军备"。美国的军费开支急剧上升,1981年为1575.12亿美元,1982年为2137.5亿美元。里根的基本方针就是用一场新的军备竞赛来拖垮苏联。1980年,里根竞选总统时提出了"高边疆"战略,他上台后组织力量进行专门研究,1982年3月正式公布。"高边疆"战略的内容包括军事和

---

① 俄罗斯总统档案,全宗3,目录82,卷宗177,第84—86页。
② [美]马克·佳瑞松,阿波特·吉里松:《共同的缓和:苏美关系50年》,波士顿,1985年版,第102—103页。

经济两个部分,军事上即所谓"星球大战"计划,该计划于1983年3月正式公布,经济上美国打算建立太空军事基地。里根此举的目的就是要把美国的经济和科技推向一个新的制高点。① 美国对苏联采取了进攻的态势,谋求对苏联的政治经济军事的全面优势,团结盟国,在第三世界展开争夺。苏联也不甘示弱,僵硬对抗。但此时的苏联愈益被动,在国际上空前孤立,陷入困境,高强度的军备竞赛已是苏联不可承受之重,苏联日益不支,走向衰亡。

结束语

综上所述,勃列日涅夫时期苏联凭借增强了的实力,趁美国战略收缩之机,对第三世界进行了大肆的扩张、渗透和争夺,其势力和影响遍布中东、亚洲、非洲乃至拉美的广大地区。但是过度的扩张不仅给第三世界国家带来深重的灾难和消极影响,而且也使得苏联背上了沉重的包袱,恶化了苏联的国际环境,毁坏了社会主义的形象和苏联的声誉;长期的扩张折损了苏联的实力,使得苏联在美苏战略比拼与争霸中,渐处劣势,并且激化了美苏矛盾,面对美国发动的新一轮冷战攻势,苏联招架不住,最终被拖垮。

(发表在《当代世界与社会主义》2010年第3期。)

---

① 李兴:《转型时代俄罗斯与美欧关系研究》,北京师范大学出版社2007年版,第16—17页。

金诺克时期英国工党的工会政策评析

李华锋*

摘　要：金诺克出任工党领袖后，基于工党此前工会政策的得失和英国社会的现实，对传统的工会政策做出重大的调整。新的工会政策主要表现为不再无条件地支持工会的罢工行动和赔偿要求、不再提出长期受到工会欢迎的国有化主张、在组织上努力削弱附属工会的党内权力、重新定位工会及工党与工会的关系。从对二者关系影响和工党自身影响两个方面看，这一政策调整总体上看是适宜的，选对了方向，促进了工党的复兴，但调整力度还有所欠缺，还有许多任务需要完成，对此必须全面辩证地认识。

关键词：金诺克时期；英国工党；英国工会；党团关系

基金项目：本文系作者主持的山东省社科规划重点项目"英国工党与工会关系研究"（08BKSZ01）和山东省教育厅社科规划项目"英国工党执政史研究"（S07YG04）的阶段性成果。

从1983年出任工党领袖到1992年辞去领袖职务，金诺克执掌英国工党九年之久。受命于危难之际的金诺克上台伊始就致力于调整内外政策主张，以重建和复兴工党。基于工党与工会的特殊关系，工会政策系工党政策调整的重要环节。本文试就这一问题做些粗浅的探讨。

---

* 李华锋（1976—　），男，河南鄢陵人，山东大学政治学与公共管理学院博士后，聊城大学思政与马克思主义学院副教授、副院长，法学博士，主要研究方向为国际政治与国外社会主义。

一、金诺克时期英国工党调整工会政策的背景

英国工会系英国工党的缔造者，二者之间长期存在工会是工党的集体党员、共同代表劳工利益等独特的党团关系。但这一关系在金诺克时期开始产生巨变，工党坚定地做出与工会渐行渐远的选择。金诺克做出这一重大的政策调整，是与当时英国的政治和社会形势分不开的。

第一，工党与工会保持密切关系严重影响到工党的发展。由于英国工党与工会最初都是社会中下层民众利益的代表，并且存在组织和经济上的制度化联系，使得双方长期保持工会在竞选中支持工党，工党在政策上照顾工会等密切关系。在这种总体相互配合和支持中，工党迅速取代自由党，成长为英国两大政党之一，取得辉煌的执政业绩。工会也得以获得稳固的法律地位，成为英国社会生活中不可或缺的重要组织。但进入二十世纪下半叶，随着英国阶级结构、产业结构、就业结构的调整和工会公众形象的不佳，工党开始策略性地尝试拉开与工会的距离。如威尔逊时期提出规范工会行为的白皮书、卡拉汉时期长期实施限制工资的政策。不过在遭受连续挫折后，1979年接任工党领袖的富特又使工党的工会政策急剧左转，提出包括扩大公有制、推动工业民主、适度通货膨胀、增加公共开支等受到工会界普遍欢迎的经济纲领。这些迎合工会的主张虽然密切了二者关系，但结果更为糟糕。1981年3月，对工党左翼领导十分不满的前内阁大臣罗伊·詹金斯等人宣布退出工党，成立英国社会民主党，到当年年底就有十多名议员追随而去。在1983年大选中，工党仅获得27.6%的支持率，与社会民主党25.4%的支持率相差无几，不仅未能夺回政权，而且首次出现泡沫化之虞。①

第二，保守党打压工会的政策获得成功。在富特选择迎合工会之时，执政的保守党开始对工会实施高压政策。保守党首相撒切尔夫人认为，英国经济之所以长期停滞不前，与工会拥有未加限制的无限权力，桀骜不驯，片面追求集团利益有着直接的关系，变革工会是进行其他所有改革的先决条件。在这一认

---

① ［英］佩里·安德森：《西方左派图绘》，江苏人民出版社2002年版，第151页。

知下，保守党政府多管齐下，对工会进行猛烈的打压。一是采用立法方式，通过1980年和1982年的两部《就业法》，提高排外性雇佣制企业的设立门槛，压缩工会的权力。二是强硬对待工会的罢工行动，除非迫不得已决不妥协，努力迫使工会罢工失败。三是通过推行私有化运动和"民众资本主义"等经济与社会政策使工人失业率激增，使工人与企业利益休戚相关，降低工会组织和动员会员的能力。保守党政府的这些政策既推动了英国经济的复苏，也在一定程度上"顺应了英国社会对工会权力过分膨胀的厌恶情绪"①，使得自己在1983年大选中不仅再次赢得大选，而且扩大了议席优势，增强了执政根基。在此情势下，保守党政府又在1984年通过新的《工会法》，在1988年和1990年修订《就业法》，从工会罢工合法性、范围、对象、声援行动、领导人产生、政治基金设立等方面对工会权力继续进行限制、削弱和剥夺，决定性地改变了工会及工会会员的法律地位。

第三，英国工会进入八十年代后明显式微。二战结束后，随着保守党二十年代制定的反工会立法的废除，工会在国家经济与社会生活中应有地位的完全确立和英国工业化的进一步发展，工会力量一直呈现增加趋势，到七十年代后期达到发展的顶峰。进入八十年代，在保守党对工会极力打压，货币主义经济政策带来失业人数增加和后工业化来临造成的工作流动性大，中产阶级增多，传统产业工人下降，女性成为重要劳动者等综合作用下，工会会员数迅速下滑，工人的入会率明显降低。如1980年职工大会总会员人数和工人的入会率分别为1217万和53%，，到金诺克出任工党领袖后的1984年已经分别下滑到1008万和47%，到1989年进一步下降到865万和38%。② 受工会力量衰退的影响，工会的行为能力也大为减弱。如七十年代工会的罢工次数、罢工参加人数和因罢工损失的工作日分别是2601次、161.5万人和1287万工作日，都达到战后的最高水平。到八十年代就分别降低到1129次、104万人和721.3万工作日。③ 即使罢工或进行劳资谈判，其地位也由强势转为弱势，由增加工资和

---

① 王振华：《撒切尔主义：80年代的英国内外政策》，中国社会科学出版社1992年版，第133页。
② 张世鹏：《当代西欧工人阶级》，北京大学出版社2001年版，第162页。
③ 陈晓律：《当代英国》，贵州人民出版社2001年版，第323页。

福利待遇，改善劳动条件等较高层次的要求转为保障就业，缩短工时和对失业人员进行技能培训等较低层次的要求。

二、金诺克时期英国工党的新工会政策

富特时期工党密切工会的教训、保守党政府打压工会的结果和八十后工会的衰落使在危难中上台的金诺克认识到，工党支持者的思想明显远离工党的传统立场，人们对公有制、工会权力以及社会福利的支持在明显下降；与工会紧密联系在一起，不仅不再是工党取得大选胜利的重要砝码，反而成为一个重要的负面因素；工党必须去掉工会党的帽子，在政策选择等问题上从有利上台的全民角度，而非工会角度加以考虑。于是，在金诺克时期，以拉开与工会的距离，削弱工会对工党的控制为特点，英国工党的工会政策出现重大的变化。其具体表现在以下四个方面。

首先，在罢工问题上不支持工会的罢工活动和赔偿要求。在历史上，不仅英国政界和社会界把工党和工会称为劳工运动的两翼，认为工党是工会在议会中的政治代表，就连工党和工会本身也是这样认为。长期以来工党在野时总是坚决地与工会保持一致，以争取劳工利益的名义寻求上台执政机会，上台后也常常把劳工阶级的利益放在首位。即使在政策选择上有时要求工会做出一定的让步和牺牲，也只是权宜之计，其最终目的仍是希望在工会的帮助下，能够使自己渡过执政难关，更好地扩大劳动者的利益。因此，在历史上，面对工会的罢工行动，无论工党内心是否认可，但在公开场合总是支持工会、理解工会。但进入金诺克时期，工党的这一态度发生重大变化，成为工党与工会关系转变的重要标尺。这突出表现在工党对矿工工会领导的煤矿工人大罢工事件的态度和立场上。

1984年，出于对撒切尔政府关闭煤矿又不对矿工进行安置和补偿的不满，左翼的矿工工会领袖斯卡吉尔决定举行大罢工来对抗。他指出："向这一政府政策的反击将无可避免地发生在议院之外，而不是在议院之内。院外行动将是

唯一向工人阶级和劳工运动开放的行动。"① 对此，金诺克虽然同情矿工的遭遇，对撒切尔政府的强硬政策也表示不满，但其并不主张采用罢工的方式，而是主张通过谈判来加以解决。因为一方面保守党政府准备充分，罢工很可能以失败告终，另一方面罢工及其寻求的声援行动更会恶化工会在民众心目中的形象。罢工开始后，金诺克在公共场合一直对罢工不加评价。这不仅遭到保守党的谴责，也遭到矿工工会的批评，在随后召开的工党年会上金诺克与斯卡吉尔就此产生激烈的交锋。当金诺克对罢工中出现的暴力行为进行批评后，斯卡吉尔进行了严厉的批驳，并要求年会通过公开支持罢工，今后工党若上台赔偿矿工工会在罢工期间因被政府罚款而受到的全部经济损失的提案，因为"工党仅仅是工会运动手臂的延伸，可以说是工会运动在议会中的'虚站着的一条腿'"。② 对此金诺克尖锐地批评了矿工工会领导罢工的策略，明确了工党应有的态度。他指出，这次罢工没有得到群众投票的赞同，没有经过慎重的准备，没有人对可能性和后果认真思考；工党应当是统一的、有组织的工人运动的一个自主的部分，是工人运动的政治一翼，它为了整个运动的利益，必须面对个别工会的当前利益和日常政策的要求而保持自己相对的独立性；不管年会在这一问题上做出什么决议，他将来领导的政府决不会同意赔偿。③

其次，在经济发展上不再提出长期受到工会欢迎的国有化主张。在国有化企业中，工会的权力得到极大地提高，会员的权益具有充分的保障。因此，国有化主张长期以来受到工会的欢迎，或多或少地是工党大选纲领的组成部分。但几十年来国有化企业的实际发展状况和工党在大选中宣扬国有化的实际效果，尤其是1983年大选工党把国有化提升到极致的惨败和保守党政府私有化革命后持股人数激增的现实使金诺克认识到，无论从执政角度看，还是竞选角度看，工党都不能再坚持企业国有化主张。不过由于国有化追求的公有制不仅是工党党章的鲜明特点，是工党系社会主义政党的标志，而且是许多工会章程内容的重要组成部分，若想完全抛弃国有化并非易事，会遭到一些工会的反

---

① ［英］雨果·杨格：《铁女人撒切尔夫人传》，西北大学出版社1990年版，第352页。
② 殷叙彝：《当代西欧社会党人物传》，黑龙江人民出版社1989年版，第140页。
③ 同上，第141页。

对，于是金诺克巧妙地提出代替国有化的"社会所有制"战略。

1986年7月，工党发表名为《社会所有制——90年代的设想》的文件，该文件首次详细地从实行步骤、方式和领域等方面阐述了"社会所有制"构想，并为随后举行的工党年会通过。与此相应，在翌年的大选宣言《英国与工党一起赢》中，工党摒弃了上次大选提出的进一步扩大公有制、把私有化企业重新国有化等主张，而是提出利用多种手段实施"社会所有制"战略。大选失败后，金诺克认识到，在新的时代背景下，工党此前提出的"社会所有制"仍不够彻底，带有变相国有化的痕迹，必须进一步改进。1988年3月，工党发表名为《民主社会主义的目标和价值》的纲领性文件。该文件对社会所有制的内涵在原来基础上做了新的解读，称："我们现在不会，将来也不会实施单一形式的公有制。我们为之奋斗的明确目标是经济中的大部分是社会所有制。社会所有制主要不是看形式，而是取决于每个人掌握自身生活的权利以及在影响其生活的决策中是否有发言权、是否能公正地分享由于参与社会事业应得的好处。"[①] 5月，工党全国执委会通过的一系列政策修正案对党章中的公有制条款做出新解释，指出公有制并不等于国家所有制，不再把国有化作为社会主义的目标，而是实现社会主义的可选择手段之一；提出在私有制和必要的公有制外，英国应大力发展多种形式的"社会所有制"；要求在党内即刻开展对国有化和私有化孰是孰非的讨论，深化对"社会所有制"的认识等。9月，在当年的工党年会上，金诺克明确表示放弃国有化政策，实行混合经济。这一表态受到党内的普遍认可，在随后的表决中以压倒多数否决了矿工工会领导人提出的把撒切尔夫人实行私有化的企业"重新国有化"的提案。[②] 至此金诺克对所有制政策的调整已经完成。其对所有制问题的新认识不仅表明工党在意识形态上发生了具有历史意义的变化，也表明工党无论是对工会的重视程度，还是对工会的政策都有了重大的转变。

再次，在组织改革上努力削弱附属工会的党内权力。若想真正拉开工党与

---

① 胡淑慧：《金诺克与工党重建（1983—1992）》（华东师范大学2004届博士学位论文），第67页。

② 冉隆勃：《当代英国：政治、外交、社会文化面面观》，中国社会科学出版社1990年版，第85页。

工会的距离，增强工党的独立性，必须从组织上减少附属工会对工党的控制，降低工党对工会的依赖性。对此金诺克主要通过增加个人党员、削弱执委会和年会作用、扩大收入来源、在投票事务中推行一人一票制、变革年会各方投票比重等方式实现的。

在发展个人党员上，金诺克提出发展百万党员，以使工党由工会的党变为群众性政党的宏大计划。其基本途径是使工党总部像选区工党和工会为代表的附属团体那样有权直接吸收党员，基本程序是工党总部通过计算机记录申请者的申请，提供给其临时党员身份，如果相关的选区工党在8周内没有提出异议，申请者就获得正式的党员身份。在这一努力下，到1990年，工党的个人党员人数恢复到31.1万。[①] 虽然这一数据与金诺克的设想相差甚远，但其意图是非常明显的。

在削弱全国执委会和年会作用上，金诺克的主要措施有：以提高决策质量为由，在争取控制全国执委会的同时，使权力逐步由富特时期的全国执委会手中转移到影子内阁和全国执委会组成的联合委员会，再过渡到影子内阁手中；对工党总部进行改革，设立领袖办公室、政策反省小组、竞选策略委员会、全国政策论坛等机构，加强党领袖的决策权，其中政策反省小组和全国政策论坛在削弱工会权力方面非常突出。政策反省小组是在1987年大选失败后设立的，随后它提交了《展望未来》、《机会英国》等一批对工党此后政策选择有重大影响的文件。全国政策论坛是在1990年设立的，为工党1992年大选竞选纲领的确立，实现工党的进一步复苏做出了重要的贡献。

在扩大收入来源上，工党努力从个人党员和其他渠道筹集资金。一方面是提高个人党员的党费，1989年把其提高到每年10英镑；另一方面，针对社会力量提出"商业计划"，通过举办筹资午餐会等活动，争取社会上的个人捐赠增加收入。在这些努力和工会会员减少，缴纳政治基金减少的共同作用下，来自工会的收入在金诺克时期明显减少。1983年金诺克担任领袖时党中央总收入的96%来自工会，到1986年已经减少到75%，到金诺克辞去领袖职务的

---

① Henry Pelling, A Short History of the Labor Party, London: Macmillan Press Ltd, 1996. P. 199.

1992年则进一步减少到不足2/3。①

在推行一人一票制上，金诺克在上台之初主要是用它在议员候选人投票中对付党内极端左翼的支持者——选区积极分子。在基本解决极端左翼后，金诺克开始用一人一票制来解决工会的集体投票制。在1989年的工党年会上，虽然废除集体投票制的提议遭到否决，但金诺克仍表示要把一人一票制推行到全党。1990年2月，已经为金诺克控制的执委会投票赞成把一人一票制制度化，并使其于1991年在一些领域付诸实施，为后来布莱尔时期一人一票制普遍化实施迈出坚实的一步。

在变革工党年会投票比重上，金诺克使工会所占份额大幅减少。在金诺克确立领袖权威，得以控制全国执委会后，在其努力下，全国执委会于1990年向年会提出把工会在年会上的投票比重由87%降低到70%，如果个人党员达到30万，进一步降低到50%的建议。在工会自身会员大幅减少的情况下，在满足工会提出的1992年大选后开始实施的要求后，该建议在当年年会顺利地获得通过，取得直接削弱工会党内权力的第一个重大成果。②

最后，在对工会及工党与工会关系的定位上，明确工会是为部分人谋求利益的压力集团，二者关系是伙伴关系。长期以来，工党尽管在一些问题上与工会存在龃龉，但对工会的定位是不变和颇高的。工党一直认为工会是广大劳动工人利益的保护者，是劳工运动在产业组织中的代表，是推动社会变革的重要积极力量。同时把资方看作是影响社会变革的主要因素，是工党进行渐进主义改造的主要对象，因为他们是社会上层和有钱阶层的典型代表，获得的是既得利益。但历经1987年大选的再次失利，在政策反思中工党开始改变对工会和资方的原有认知。工党认为选民选择一个政党的首要标准是看其治理经济和社会的能力，为此工党若想赢得选民的广泛支持，必须形成对资方和工会的新认识。资方在一定程度上也是推动社会发展、经济繁荣的力量，是工党成功领导政府不可或缺的合作伙伴，而不仅仅是变革的对象；工会作为劳工利益的保护

---

① 张迎红：《英国工党组织体系的现代化》，载于《当代世界社会主义问题》2002年第3期。
② Brian Brivati, The Labor Party: A Centenary History, London: Macmillan Press Ltd, 2000. P. 135.

者，是为部分人谋取利益的代表，并非在社会和经济生活中就起积极的作用，实际上是社会中众多压力集团的一种；工党政府的正确定位既不应是传统地与工会一道通过改造资方来改造社会，也不应是与资方一起制约工会，而是努力创造一个公平公正的环境，协调包括劳资关系在内的众多利益共同体之间的关系，规范其行为，为实现个人的权利和自由，社会的发展和进步创造条件。

对工会有了这样一种新认识后，工党对与工会的关系也有了新的定位——伙伴关系，即对工会的合理要求要一如既往地维护，对其不合理的要求和错误的做法要给予明确的拒绝与批评。于是在金诺克领袖地位稳固后的八十年代末期，工党在实践中开始多了许多看似对工会不友好的举动。金诺克多次明确表示即使工党上台，也只是采取措施保护雇佣工人，而不会废除撒切尔政府制定的规范和限制工会权力的法律。在1989年工党年会通过的《面对挑战，进行变革》文件中，工党委婉地批评了工会动辄罢工的行为，指出经济的成功有赖于良好的工业伙伴关系，认为职工培训的费用除了雇主应该支付外，政府、工会和个人也要付一部分，并强调个人和集体权利，提出"社会伙伴"概念。1990年工党年会通过的《展望未来》文件进一步强调劳资之间伙伴关系的重要性，指出工党赞成罢工之前应该根据法律规定进行表决，只有与罢工工会相关的企业工会才能进行声援性的罢工示威活动，只有在其他雇主反对进行合法罢工活动并直接支持该企业主的情况下才能设置第二纠察线。1991年年会通过的《机会英国》文件则突出个人权利的重要性，认为个人权利和集体权利是互补的关系，个人的权利理应得到发展和保护，而不能被剥夺，个人有权反对任何形式的强权，包括公司、政府和工会，第一次将工会与强权联系在一起，表达了对工会一些不负责任行为的不满。①

三、对金诺克时期英国工党新工会政策的评价

对于金诺克时期英国工党的新工会政策，笔者认为主要应当从对二者关系

---

① 刘成：《理想与现实：英国工党与私有制》，江苏人民出版社2003年版，第216—217页。

影响和对工党自身影响两个方面来评价。从对二者关系的影响看，金诺克时期工党的工会政策调整是适宜和比较成功的。因为这既没有引起工党与工会的激烈争论，使双方关系总体继续保持和谐状态，也得以在工会的帮助下，削弱了党内的极端左翼力量，清除了"战斗倾向派"，加强了党的团结，抵御了保守党政府对工党的打压，甚至可以说是"工会帮助金诺克挽救了工党"。[①] 其中最典型的例证是在撒切尔政府打压下，工会在政治基金问题上给予工党的绝对支持。

八十年代中期，撒切尔政府通过立法手段为工会向工党提供政治基金设置障碍，与其说是限制工会，不如说是打压在财政上严重依赖工会的工党，想趁工党软弱之际给其以致命性一击，使保守党得以一党独大，成为天然的执政党。在这种形势面前，附属工会给予工党完全的支持，使保守党政府打压工党的目标最终破灭。附属工会成立了一个名为"工会联络委员会"的机构，划拨专门的资金，在全国范围内开展宣传活动，强调这一法律的实施结果关系到工会能否保持在议会中的发言权，能否通过议会手段维护工会会员的切身权益。通过这些宣传，广大的英国工会会员的政治意识和觉悟得以提高，工党的威信有所恢复。47个为工党提供政治基金的工会，全部顺利地以大多数票通过继续保留政治基金的决议，参加投票的人数也突破了以往所有的记录。15个原来没有设置政治基金的工会也投票决定设置政治基金。[②]

工党削弱工会党内权力，实施新的看似对工会不利的政策反而使工党与工会关系愈加和谐主要有三个方面的原因。一是金诺克采取了恰当的策略。如在整个进程中统筹考虑，在控制党内局势前小心翼翼，在控制党内局势后层层推进，继续让工会参与各种新成立的组织机构，在打击极端左翼中扩大工会权力等。二是与工会、工会会员的发展状况和思想变化有关。在工会会员大量减少，各工会之间团结协作程度明显降低，撒切尔政府政策受到社会普遍欢迎，工会会员许多都成为持股者和有房者的现实面前，工会会员的思想倾向发生显

---

① Brian Brivati, The Labor Party: A Centenary History, London: Macmillan Press Ltd, 2000. P. 231.

② 周克明：《当代世界工人和工会运动》，辽宁大学出版社1990年版，第282—283页。

著的变化，逐步改变了对国有化和私有化、市场经济与计划经济等的传统看法。与此相适应，除了矿工工会等少数工会外，大部分工会在争取自身权益，阻止进一步下滑的同时，都放弃了以前的激进主义，也是带有理想主义色彩的追求，转而采取了务实的态度，领导权又普遍回到温和的中右翼人士手中。三是工党的工会政策虽然与保守党的工会政策有趋同之处，但还是有很大的区别，相比之下，工党更加考虑工会的利益。如在处理劳资关系上，"保守党在处理劳资争端中是站在雇主一边打击工会，政府要从中脱离出来，工党则希望工会与雇主保持一种平衡，便于政府更好地发挥作用。"①

从对工党自身影响看，工党调整工会政策的方向是正确的，但力度还有所欠缺。随着工党政策主张的温和化和中性化，工党和工会传统友好合作关系的维持，工党与早已为温和派领导的工会联合组织——英国职工大会的关系也实现改善。1985年8月，职工大会和工党共同发表了初步的纲领性文件——《新伙伴，新英国》，希望英国工人运动能在团结的基础上重振旗鼓。1986年8月，在职工大会年会上，工会和工党针对即将到来的大选达成共识：工会宣布其代表在即将到来的工党年会上决不提出任何与工党领导人不同的意见，支持工党上台执政；工党则宣布如果工党在大选中获胜，前两年将先解决100万失业工人的就业问题。②

在这种背景下，工党迎来1987年大选。虽然再次失利，但止住此前两次大选支持率连续下滑的趋势，支持率由1983年的28%提高到31%，议席数由209个增至229个，③呈现出复苏的势头。在1987年后的工党政策反省过程中，职工大会领导人对金诺克愿意在将来工党上台后取消保守党政府工会立法中明显不合理的部分，但现在不做出没有余地承诺的态度表示理解，并接受工党对其不要总是关注罢工事宜，而应扩展视野，重视劳工职业培训、就业机会等建议。1990年，经过工党与职工大会的协商，运转18年的"工党—工会联络委员会"宣布解散。在工会理解和工党纲领进一步温和中，工党逐步恢复

---

① 刘成：《理想与现实：英国工党与私有制》，江苏人民出版社2003年版，第167页。
② 熊子云：《当代国际工人运动史》，团结出版社1989年版，第125页。
③ Henry Pelling, A Short History of the Labor Party, London: Macmillan Press Ltd, 1996. P. 200.

到重新能与保守党抗衡的程度,在 1992 年的大选中支持率和议席数继续回升,达到 35.2% 和 271 个。① 工党与工会关系保持和谐,并实现支持率的持续增长充分说明工党调整工会的方向是正确的,工党是在走上复兴和发展壮大之路。

在对工党的工会政策总体肯定的同时,也要看到其不足。在英国经济进入停滞状态、政治强人撒切尔夫人早已辞去保守党领袖和首相职务的 1992 年,工党还是在大选中铩羽而归,二战后前所未有地遭遇大选四连败。总结这次大选失败的原因,除了金诺克个人形象和传统的左翼身份、保守党控制主要媒体、工党政策基本上是向保守党政策靠拢,没有鲜明的独特特征等原因外,工党与工会的关系也是一个重要的,被英国学者称为第三大的原因。一方面,工党传统的国有化政策和工会政党形象给选民留下太深的印象,工党新的的经济和社会政策主张不够鲜明,使其仍对工党充满疑虑;另一方面,工党内工会仍有很大的权力,工党被认为"仍然在工会的口袋里"。② 这说明金诺克时期工党对工会政策的调整力度还有待进一步加大,还有相当多的任务需要完成,其进程还远远没有结束,对此必须给予全面辩证地认识。

(此文载于《社会主义研究》2010 年第 3 期)

---

① Henry Pelling, A Short History of the Labor Party, London: Macmillan Press Ltd, 1996. P. 200.
② Brian Brivati, The Labor Party: A Centenary History, London: Macmillan Press Ltd, 2000. P. 233.

英国工党性质的三维解读

李华锋

摘　要：根据英国工党百年发展进程中基本力量、政策取向和意识形态的变与不变，能够全面动态地认识工党的性质。从阶段划分讲，工党原来是一个信奉民主社会主义，而非马克思主义的工人政党；革新后的工党是一个信奉社会民主主义，而非马克思主义的中左翼政党。从动态审视看，在英国政党政治谱系中，工党在由左向右移动，由左翼力量转变为中左力量；在世界社会主义政党谱系中，工党属于右翼力量，并且进一步向右移动。

关键词：英国工党；基本力量；政策取向；意识形态；性质

基金项目：本文系作者主持的山东省社科规划重点项目"英国工党与工会关系研究"（08BKSZ01）和山东省教育厅社科规划项目"英国工党执政史研究"（S07YG04）的阶段性成果。

政党的性质是政党的身份特征，是一类政党区别于其他类型政党的重要标志。随着主客观条件的变化，政党的性质也会发生迁移。英国工党系二战后英国两大主流政党之一，在百年发展进程中，其性质既有继承性，也有变异性。本文拟从基本力量、政策取向和意识形态三个维度对工党的性质给予动态的解读。

一、基本力量的变与不变

按照马克思主义观点，政党是一定阶级、阶层或集团的积极分子组成的政治组织。因此，党员队伍的构成是一个政党的阶级基础，是反映政党性质的重要参数。

在工党诞生之初,传统的产业工人占有绝对的优势。在总共37.6万集体党员中,附属工会人数达到35.3万人,占94%。① 而当时附属工会全部是产业工会,即会员由传统的体力劳动者组成。社会民主联盟、独立工党和费边社等社会主义团体和政党的人数则非常有限。即使在这少量的队伍之中,人数最多的独立工党也是由产业工人组成,只有对工党思想层面起重大影响的社会民主联盟和费边社是由非产业工人的小资产阶级等人士组成,因此,工党在成立之时的党员队伍可以说是纯粹的工人阶级。在此后的一段时间里,随着社会民主联盟的退出和矿工工会等工会的加入,工党党员队伍的这一特点表现得更为明显。

第一次世界大战结束以后,随着工党发表旗帜鲜明的党章、开始吸收个体党员、保守党制定反工会立法和自由党没落,原来隶属于自由党的一部分知识分子、工人阶级和其他社会阶级、阶层的人士纷纷加入工党队伍中来,使党员队伍的构成开始发生微妙的变化,传统产业工人比重逐渐下滑。不过由于英国处于工业化发展阶段,第二产业持续发展,传统工人阶级占工党党员绝对主体的局面并没有改变。特别是二战之初,由于战争使个人加入党组织的渠道受阻,以产业工人为主的附属工会会员占党员总数的比重甚至出现暂时的回升。如在1935年附属工会人数约占工党总人数80%,到1942年又上升到90%。②

第二次世界大战以后,传统产业工人在工党党员队伍中的比重急剧下跌。如在1985年,工党附属工会中,传统产业工人工会人数仅占工党党员总数的29%。③ 工党队伍中传统工人的萎缩是由两个关联的原因决定的。一是科技革命的影响。随着战后新科技革命的兴起和资本主义世界黄金十年的发展,英国进入后工业化时代,劳动密集型和资本密集型企业逐步为知识密集型和技术密集型企业取代,第二产业比重迅速下滑,第三产业迅速发展。产业结构的调整

---

① Henry Pelling, A Short History of the Labor Party, London: Macmillan Press Ltd, 1996. P. 197.

② Henry Pelling, A Short History of the Labor Party, London: Macmillan Press Ltd, 1996. P. 198.

③ Patrick Seyd, Labor's Grass Roots: The Politics of Party Membership, Oxford: Clarendon Press, 1992. P. 35.

和升级使传统的就业结构也发生显著的变化。传统产业工人急剧萎缩,从事各种职业的非体力劳动者迅速增多,出现经济地位比较优越、人员规模庞大的中产阶级。这些中产阶级虽然在生产关系上接近传统产业工人,以薪金为主要经济来源,但不直接面对生产,比传统产业工人的收入要好很多。二是工党地位的变化。随着工党完全崛起为主流政党,为了实现长期执政,吸引更多选民的支持,工党更加注意在劳工之外阶级和阶层吸收党员,使许多中产阶级人士通过纯粹的白领工会、由蓝领工会演变成的混合性工会或个人渠道加入到党的队伍中来。

冷战结束后,随着经济全球化的发展和知识经济时代的来临,工党党员中传统工人阶级人数进一步减少,中产阶级人数开始占居多数。这主要在于一方面工党的个体党员主要来源于没有参加工会的专业技术人员、各类管理人员等中产阶级。另一方面为了自身的生存与发展,工党党员来源的主渠道——附属工会的基本构成已经由产业工人工会为主转向非产业工人工会和混合型工会为主。如附属工会中实力较强的店员、供销工人和其他工人工会,传统上是一个劳工工会,但经过多次合并,到1991年采用新名称时,其会员已经不仅包括来自工厂、商店等传统产业工人,而且包括行政人员和其他非产业工人,成为一个典型的混合型工会;其他附属工会像音乐工会、通讯工人工会等则是典型的非产业工人工会;而典型的产业工人工会——矿工工会,到二十一世纪初,则由二战前的巨无霸工会,衰退为一个仅有3000余人,力量与影响都非常微弱,对工党来说几乎是微不足道的小工会。①

如果说党员队伍一般是指普通党员的话,领导力量就是指党的精英分子。作为党员队伍中的特殊群体,领导力量与党员队伍的变化一样,随着英国政治经济状况的变化,其构成在二十世纪也发生根本性的转变,出身和职业身份由以工人家庭和工人为主转变为以中产阶级家庭和各类白领从业者为主。稍有不同的是,普通民众总体上是被动的变化者,而政治精英由于对社会变化认识比较深刻,常常是主动的求变者,因此工党领导力量的变化比普通党员的变化来得更早、更为明显。工党领袖、内阁成员和决策机构成员是工党的高层政治精英,他们的出身和早期职业身份的变化是工党领导力量身份变化的生动写照。

---

① http://www.labour.org.uk/tulo

在工党领袖方面，早期的工党主要领袖如哈迪、麦克唐纳、韩德逊等人都是出身于工人家庭，在成长为政治人物之前职业身份也都是工人。而到二十世纪三十年代后的主要领袖艾德礼、盖茨克尔、威尔逊、卡拉汉和布莱尔则分别出身于中产阶级家庭、殖民官员家庭、知识分子家庭、军官家庭和中产阶级家庭，早期的职业身份分别是律师、大学教师、大学教师、文职官员和律师。只有金诺克是出身于传统的工人家庭，但其职业身份也非工人，而是中学教师。① 在内阁成员方面，1945年艾德礼政府的内阁成员有一半来自工人阶级，到1964年威尔逊第一次组阁时，工人出身的阁员已经下降到26%，再到1969年10月威尔逊改组内阁后，内阁成员中已经没有一个是工人阶级出身的了。② 在党的决策机构成员方面，1900年，劳工代表委员会常设委员会12名成员中，出身于工人阶级的代表占有9名之多。到工党在政坛初步崛起的二十年代，全国执委会23人中，来自劳工界代表的比重就出现下滑，减少到15名。③ 再到冷战后新工党时期，虽然全国政策论坛中仍有来自工会界的代表，但其人数已经不到总人数的1/6，并且出身于工人阶级的代表所剩无几。④

显然，历经百年的发展，工党在总体党员队伍方面，不变的是传统工人阶级仍是其重要组成部分，他们仍把工党作为其首要的政治归属，变化的是传统工人阶级的比重大为下滑，中产阶级成为工党党员的另一主体；在领导力量方面，工党则已经完全由工人阶级转变为中产阶级。

二、政策取向的变与不变

如果把基本力量归结为工党是"依靠谁"问题，那么政策取向可以归结

---

① 关于英国工党主要领导人的个人情况可参阅以下两部著作：殷叙彝：《当代西欧社会党人物传》，黑龙江人民出版社1989年版；刘建飞：《英国新首相：托尼·布莱尔传》，北方文艺出版社1997年版。

② 王凤鸣：《论英国工党的性质、地位和作用》，载于《当代世界社会主义问题》2000年第1期。

③ Brian Brivati, The Labor Party: A Centenary History, London: Macmillan Press Ltd, 2000. P. 40.

④ http://www.unionstogether.org.uk/thelink/policy.html.

为工党"为了谁"问题。按照马克思主义观点，党的性质既要看党的构成，更要看党的政策。因此，党的政策主要为哪些团体、阶级或阶层服务，是反映党的性质的另一重要指标。

作为主流的竞选型政党，工党与许多西方大党一样，其政治功能主要有阶级功能和整合功能两方面。即使是随着时间的推移，为了争取更多的支持，常常否认阶级功能，仅强调其整合功能，如布莱尔称工党不是任何人、任何阶级的党，而是整个国民的党，① 但其基本的政策取向还是清晰可循的。横向比较保守党与工党的基本政策，不难看出历经百年时空的转移，工党的政策取向是稳定的，具有明显的连贯性。从社会阶级和阶层的角度看，这种稳定的政策取向就是尽可能地维护工会所代表的中下层民众的利益。其具体表现在工会政策、经济政策和社会政策等与中下层民众关系密切的方面。

在工会政策上，总是保守党制定对工会不利的立法，而工党上台后加以废除或修改。如二十世纪二十年代保守党政府制定反工会立法，使工会的发展遭受重创，而到1945年工党以绝对优势上台执政后，很快通过赋予工会很大权力的新工会法，使工会成为国家经济与社会生活中的重要组织。到八十年代，撒切尔夫人上台后，保守党再次接连通过就业法和工会法的修改，对工会进行严厉的打压。而在九十年代工党上台后，虽然布莱尔一再强调工党要从自身，而非工会的角度考虑问题，不允许工会支配工党，但还是对原来敌视工会的立法做了修改，使工会应有的权利得以维护，地位得以提高。

在经济政策上，从二战结束后工党成长为两大主流政党起，虽然两党在相当时期内有共识政治的形成，但政策差异还是非常明显的。如在国有化问题上，国有化是工党政府做出的重大经济改革举措，保守党上台后总是减少国有化的范围，而随后工党上台则或多或少地扩大国有化的范围。在政府对经济运行的管理上，工党总是强化政府对经济的控制，把凯恩斯主义视为圭臬，保守党向来推崇减少对经济控制的自由主义，主张让市场发挥更大的效应，接受共识政治是被动的，是一种形势逼迫之下的无奈之举。于是，在七十年代凯恩斯主义经济政策失灵之后，虽然工党政府认识到这一问题，但在彻底摒弃凯恩斯

---

① Brian Brivati, The Labor Party: A Centenary History, London: Macmillan Press Ltd, 2000. P. 236.

主义问题上始终放不开手脚,而保守党政府上台后,即刻摒弃凯尔斯主义,实施新自由主义经济政策,掀起私有化革命。

在社会政策上,工党是福利制度的缔造者,1948年艾德礼政府宣布英国建成福利国家,此后工党一直强调福利制度的重要性,总是在条件允许的情况下,尽可能地增加福利开支。即使布莱尔时期对福利制度做出重大的改革,提出以"救济与培训"并重,面向全体民众的新福利政策,其出发点也不是纯粹的减少福利开支,而是在一些领域转变扶持方式,减少福利制度的消极作用,使其变得更有成效,更有价值,对福利制度总体上是肯定的。而保守党上台后总是或多或少地减少福利开支的范围和数量,认为福利制度是造成经济停滞或发展缓慢的重要根源,是典型的杀富济贫。于是,在国家危难之际,保守党政府总是首先想到的是削减福利开支,而工党政府总是把削减福利开支作为一种权宜之计,并总是与增加各种赋税联系在一起。

工党这些政策取向的稳定性,换一种思维方式也可以感受到。那就是很难想象保守党若在1945年上台会像工党那样进行大规模的国有化改造和迅速建立较为完备的福利制度①,也很难想象工党若在八十年代执政会像保守党那样极力实施打压工会和大规模私有化的政策。

在肯定工党政策取向稳定的同时,透过工党自身发展的脉络,从工会政策、经济政策与社会政策三个方面也可以看出二战后工党政策取向的变化。

在工会政策上,总体的趋势是专门关照工会的少,对工会要求的多。1945年工党二战后首次上台执政时,十分重视维护和提高工会在国家政治经济生活中的地位,其各种政策带有鲜明的工会考量,面对工会的要求尽可能地予以满足。到六十年代后,在威尔逊和卡拉汉执政时期,工党政府的工会政策就开始充满限制和规范工会的色彩,更多地不是为工会服务,而是争取或要求工会理解和配合工党。到冷战后新工党时期,布莱尔明确表示工党与工会之间是社会合作伙伴关系,工党政府只会给工会公平的机会,而不会有特权或偏袒。② 布莱尔政府上台后,对原保守党政府的工会政策并没有进行大幅度的修改和转

---

① 刘建飞:《英国政党制度和主要政党研究》,中国审计出版社1995年版,第33页。
② [英]托尼·布莱尔:《新英国:我对一个年轻国家的展望》,世界知识出版社1998年版,第163页。

向，只是针对特别不公部分做了一些调整。

在经济政策上，对传统工人阶级喜爱的国有化的态度由极力推进，到兴趣降低，直至最终摒弃。这一点在工党的大选宣言中表现非常突出。如1945年工党为大选发表的政策声明提出对煤炭、电力等燃料和动力工业，铁路、公路、航空和运河等运输业以及钢铁等行业进行国有化改造，变私有制为公有制，认为对经济和价格进行适当的控制是必要的。① 上台后工党政府也是这样做的。到1964年大选时，工党大选宣言中的国有化内容已经大为压缩，只是提到将钢铁业和供水业国有化，并且强调公有制要为国家的计划服务。② 到1997年的新工党大选宣言中，已经没有任何国有化和公有制的内容。

在社会政策上，从鲜明的有利劳工的传统福利政策转为面向大众的新福利政策。工党建立的传统福利政策主要是为老、弱、病、残、孕、幼等以劳工家庭为主的社会弱势群体直接提供各种津贴和物质救济。新福利政策减少了传统福利救济的范围，将救济对象集中在老人、无劳动能力者等少数群体，同时把无偿教育与培训作为一种促进就业、提高就业者收入的普遍福利形式。其基本原则是为无工作能力者提供保障，为有工作能力者提供机会。显然，工党新的福利政策的对象已经由劳工转向社会大众。

由以上列举的政策变化可以看出，这种变化的总的特点就是右转。其政策取向已经由典型的左翼力量——传统产业工人转向以中产阶级和工人阶级为主的中左力量。

三、意识形态的变与不变

意识形态是政党传播影响的重要工具，也是执政党实现社会控制和社会整合的一个基本手段。无论是党的理论、路线、纲领，还是党的方针、政策、目

---

① 世界知识出版社：《各国社会党重要文件汇编》（第一册），世界知识出版社1959年版，第319—320页。

② Iain Dale, Labour Party General Election Manifestos (1900 – 1997), London : Routledge, 1998 P105 – 119.

标，都是在一定意识形态指导下确立的。① 作为一个民主社会主义或称社会民主主义的政党，英国工党的主流意识形态就是由各种思想融合在一起的民主社会主义思想。在百年的发展进程中，工党的民主社会主义思想既有继承，又有发展，换言之，既有不变的内核，也有发展的新质。

工党的民主社会主义思想从其成立时就已经出现，如费边社主张通过渐进地改良过渡到社会主义。也正是这一思想与工会的工联主义不寻求变革社会制度，只要求雇主给予公正合理的经济待遇有着共同点，而使费边社与工会都融入到工党中去。不过由于在一战结束以前，工党自身独立性不强，更像是一个选举联盟，没有自己的党章，使其民主社会主义思想表现并不突出和系统。1918年以后，随着工党有了自己的党章，成长为一个大党，开始为上台执政和更好执政不断发表政策声明，其民主社会主义思想逐步系统表现出来。五十年代后，随着英国政治经济形势的变化和同属社会党国际的其他民主社会主义政党的纲领发生变化，工党的民主社会主义思想也开始出现转变，并对工党的政策主张产生直接的影响。到九十年代，在苏东国家现实社会主义失败，西方以里根主义和撒切尔主义为代表的新保守主义得势，和工党长期在野等现实背景和思想背景共同影响下，工党领袖布莱尔提出了引领民主社会主义革新旗帜的"第三条道路"，完成工党民主社会主义思想的全面和重大转变。

工党民主社会主义思想中不变的地方有四个方面。在对科学社会主义的态度上，新旧民主社会主义思想都认为科学社会主义是集权和专制的象征，是对人性的悖论和奴役，最终将为历史遗弃，也与英国的传统文化和思想不合，并不适合于英国。在对资本主义国家和社会的态度上，新旧民主社会主义思想都强调阶级差别虽然在资本主义国家存在，但阶级差别不会永恒存在，经过社会的能力，阶级将会消失，英国早在五十年代就进入无阶级社会；都认为传统的资本主义社会存在诸多的弊端和危害，通过在英国实践民主社会主义，可以逐步消除这些弊端和危害，强调对资本主义进行社会改良的可行性。在对基本价值观的认识上，新民主社会主义思想继续坚持传统民主社会主义思想中的民主、自由、公正、相互责任和国际主义基本价值观，认为这些基本价值观是工党民主社会主义的身份特征，即本质特征。正是这些基本价值观使民主社会主

---

① 王长江：《现代政党执政规律研究》，上海人民出版社2002年版，第295页。

义与自由主义、现实社会主义区分开来。在指导思想上，新旧民主社会主义思想在思想内涵上都奉行思想来源的多样性，都主张思想的多元化，反对将某一思想定位为指导思想；在思想的实践形式上，新旧民主社会主义思想都认可和接受改良主义思想，反对暴力思想，认为通过和平渐进的改良方式完全可以实现英国所有的国内追求目标。

工党新旧民主社会主义思想的变化除了字面上的把民主社会主义改为社会民主主义，即由强调其是与科学社会主义对立的一种社会主义思想转为强调其是一种具有社会性的民主主义思想外，也主要表现在四个方面。在对社会主义的基本认识上，旧民主社会主义思想认为社会主义是具有制度特征与伦理特征的二元社会主义，新民主社会主义思想则认为社会主义是一种价值，仅有伦理特征。在对待资本主义制度和实现社会主义制度问题上，由于旧民主社会主义思想认为社会主义是一种制度，是一种比资本主义更加文明、进步的制度，所以主张推翻资本主义制度，建立社会主义制度，其方式就是利用现有的资本主义议会，通过选举成功后的执政而和平地、渐进地实现社会主义；而新民主社会主义思想由于认为社会主义不是一种制度，仅是一种价值，所以由传统的渐进改良主义变为彻底的新改良主义，已经没有变革社会制度的成分。在英国社会主义的经济特征上，旧民主社会主义思想认为公有制是最鲜明的特征，其实现手段是国有化；而新民主社会主义思想认为公有制仅是一种手段，有利于实现社会主义价值和经济发展时可以采用，但不应该刻意追求。在对社会主义基本价值观的认识上，新民主社会主义思想在坚持原有基本价值观的同时，又基于时代的变化增加了新的内容，提出个人价值平等、机会均等、责任和社会意识是核心价值观念，认为对于一个最大限度发挥所有人的个人自由和潜力的公正社会来说，它们是必不可少的。①

工党意识形态的这些变化通常体现在工党的纲领、政策主张和领导人的著作中。1918年工党党纲提出的"工党党员不论是处于反对派的地位，或是在一定时机被选去组织政府，决不支持私有制的复兴"，希望资本主义制度

---

① ［英］托尼·布莱尔：《第三条道路：新世纪的新政治》，载于陈林《第三条道路：世纪之交的西方政治变革》，当代世界出版社2000年版，第7页。

"受到致命的打击",主张"建立一种新的社会制度",① 艾德礼在三十年代提出的"社会主义的目标在于赋予个人以更多的自由",② 威尔逊在六十年代指出"英国的社会主义本质是民主的和渐进的"③ 和布莱尔在九十年代提出的"第三条道路"是"永恒的修正主义"④ 等观点都是工党民主社会主义思想的生动表现。只不过随着形势的变迁有的得以继承,有的逐渐舍弃而已。

四、结论

通过分析英国工党在百年发展中呈现出来的这些变与不变,使我们认识到对其性质的定位必须给予动态的把握,才会做出全面客观的评价。

由于历史上革命导师列宁曾经对工党做过直接明确的评判,常常使后来者在对工党的认识上陷入误区。因此,在对工党性质做出定位前,有必要全面审视列宁的观点。1920年8月,列宁指出:"确定一个党是不是真正工人的政党,不仅要看它是不是由工人组成的,而且要看它是由什么人领导以及它的行动和政治策略的内容如何。只有根据后者,才能确定这个党是不是真正无产阶级的政党。从这个唯一正确的观点来看,工党完全是一个资产阶级的政党。虽然它是由工人组成的,但是领导它的是反对分子,是完全按照资产阶级的意图行事的最糟糕的反动分子。"⑤

对列宁的这一经典论述,笔者认为应当这样看待:首先肯定列宁的论述对我们认识工党有启发意义,如本文正是从不局限于基本力量的三个维度来观照工党性质的;其次要认识到列宁的论述有着当时社会民主党(工党)和共产

---

① 世界知识出版社:《各国社会党重要文件汇编》(第一册),世界知识出版社1959年版,第309页。
② [英] C. R. 艾德礼:《工党的展望》,商务印书馆1961年版,第75页。
③ [英] 哈罗德·威尔逊:《英国社会主义的有关问题》,商务印书馆1966年版,第5页。
④ [英] 托尼·布莱尔:《第三条道路:新世纪的新政治》,载于陈林《第三条道路:世纪之交的西方政治变革》,当代世界出版社2000年版,第10页。
⑤《列宁全集》第39卷),人民出版社1986年版,第246—247页。

党正处于从组织体系到思想内核都激烈对抗和争论的特殊环境，列宁对工党的评价更多的是政治实践的需要；再次要按照马克思主义思想路线的精髓，解放思想、实事求是的观点分析工党，即运用马克思主义的方法论，而不是拘泥于马克思、列宁这些革命导师的原话。

确立了这一基本认识后，根据工党百年发展中基本力量、政策取向和意识形态的变与不变，我们可以这样说：从阶段划分讲，工党原来是一个信奉民主社会主义，而非马克思主义的工人政党，革新后的工党是一个信奉社会民主主义，而非马克思主义的中左翼政党；从动态把握看，在英国政党政治谱系中，工党在由左向右移动，由左翼力量转变为中左力量；在世界社会主义政党谱系中，工党属于右翼力量，并且进一步向右移动。

(此文载于《理论导刊》2010年第7期)

论毛泽东反腐防变思想及其启示意义

魏宪朝*

摘　要：毛泽东反腐防变思想的内容十分丰富。无论是在战争年代还是在和平建设时期，毛泽东都经常性地把惩治和预防党内腐败作为一项重要的任务来抓，并提出了一系列的预防和处理办法。毛泽东关于警钟长鸣，建立健全拒腐防变的思想政治教育机制；群众监督，建立健全拒腐防变的民主监督机制；惩防并重，把党内教育与党外监督结合起来，铸就防变反腐的"盾牌""利剑"等等理念目标，对于现时期反腐防变仍具有重要的启示意义。

关键词：毛泽东思想；反腐防变；意义

毛泽东反腐防变思想的内容十分丰富，时间跨度很长，最早可以追溯到大革命时期。可以说，无论是在战争年代还是在和平建设时期，毛泽东都经常性地把惩治和预防党内腐败作为一项重要的任务来抓，并提出了一系列的预防和处理办法。《三大纪律六项注意》、《古田会议决议》等都闪烁着毛泽东早期廉政建设思想的光辉。建国前后，毛泽东更加清醒地认识到夺取政权后如何加强党的建设、预防腐败的滋生，并在理论与实践上进行了努力探索、积累了宝贵的经验。目前，虽然时过境迁，腐败的程度、深度与广度都不能与毛泽东时代同日而语，但警钟长鸣，建立健全拒腐防变的思想政治教育机制；群众监督，建立健全拒腐防变的民主监督机制；惩防并重，把党内教育与党外监督结合起来，铸就防变反腐的"盾牌""利剑"等等思想理念还没有变。毛泽东关于反腐防变的思想对于新时期建立健全反腐防变机制仍具有重要的启示意义。

---

*　魏宪朝（1961—　），男，山东莘县人，聊城大学思政与马克思主义学院副书记、常务副院长、教授、博士，主要研究方向为马克思主义中国化与当代中国基层民主。

一、"掌握思想教育，是团结全党进行伟大政治斗争的中心环节"，毛泽东提出要以全心全意为人民服务的宗旨和无产阶级的世界观、共产主义的思想道德来克服各种剥削阶级腐朽思想的侵蚀和糖衣炮弹的进攻。其启示意义是：警钟长鸣，建立健全拒腐防变的思想政治教育机制，筑起政治思想上的"钢铁长城"。

毛泽东反腐防变思想的萌芽是从其廉政思想开始的。毛泽东关于廉政思想的内容十分丰富，下面仅列举如下：

其一，关于"经济公开"、"厉行节约"、"廉洁奉公"的思想。早在1928年11月，毛泽东就在《井冈山的斗争》一文中提出了"官兵待遇平等"、"经济公开"的思想。同年12月，毛泽东再次就红军的廉政建设强调：红军人员的物质分配，应该做到大体上的平均，例如官兵薪饷平等，因为这是现时斗争环境所需要的。他认为"经济公开"是防止贪污腐化的有效办法。这一思想，对于防止一些人混到革命队伍中追求高官厚禄、贪图享受等，都具有革命性的意义。抗战以来，毛泽东告诫全国各地必须十分爱惜人力物力，决不可顾一时，滥用浪费。1948年4月8日，毛泽东亲笔为中共中央起草电报手稿——《再克洛阳后给洛阳前线指挥部的电报》的第八点指出："一切作长期打算。严禁破坏任何公私生产资料和浪费生活资料，禁止大吃大喝，注意节约。"①新中国成立后，毛泽东提出"增加生产，厉行节约"。1957年2月，他又把"厉行节约，反对浪费"作为"一个勤俭建国的方针"提了出来。毛泽东勤俭节约的思想，对防止奢侈浪费，保证我党战胜各时期的经济困难，推动经济工作的顺利开展，起了极其巨大的作用。1938年，毛泽东所写的《中国共产党在民族战争中的地位》一文中指出："共产党员无论何时何地都不应以个人利益放在第二位，而应以个人利益服从于民族的和人民群众的利益。因此，自私自利，消极怠工，贪污腐化，风头主义等等，是最可鄙的；而大公无私，积极努力，克己奉公，埋头苦干的精神，才是可尊敬的。"②毛泽东十分关注的建国纲领——《共同纲领》规定："中华人民共和国的一切国家机关必须厉行廉洁的、朴素的、为人民服务的革命工作作风，严惩贪污、禁止浪费，反对脱离

---

① 《毛泽东选集》第4卷，人民出版社1990年版，第1324页。
② 《毛泽东选集》第2卷，人民出版社1990年版，第522页。

人民群众的官僚主义作风。"可以说，这是毛泽东廉政思想的集中体现。

其二，关于"坚持原则"、"密切联系群众"、"反对独断专行"的思想。毛泽东始终要求全党要坚持原则，反对和克服党内的恶劣倾向。1937年9月，毛泽东在《反对自由主义》一文中指出："一个共产党员，应该是襟怀坦白，忠实，积极，以革命利益为第一生命，以个人利益服从革命利益；无论何时何地，坚持正确的原则，同一切不正确的思想和行为作不疲倦的斗争，用以巩固党的集体生活，巩固党和群众的联系；关心党和群众比关心个人为重，关心他人比关心自己为重。这样才算得一个共产党员。"① 1953年3月，毛泽东在中国共产党全国代表会议上的开幕词中指出，符合党的原则的，要积极支持；对不符合党的原则的，要划清界限，立即挡回去。他认为，只要人人坚持原则，党和政府就会永远清正廉洁，不会出现消极腐化现象，即使出现了，也容易纠正。他说，人民群众是历史的创造者和推动者，只有通过密切联系群众来取得革命战争的胜利，才能抑制消极腐败现象的发生。他认为官僚主义脱离群众，对革命的危害极大。1950年6月6日，毛泽东在党的七届三中全会上的书面报告中强调指出："克服官僚主义和命令主义，改善党和人民的关系。"并且在全党开展了"反对官僚主义、命令主义和违法乱纪"的新"三反"运动，并告诫："中央和各级党委必须坚持集体的原则，继续反对个人独裁和分散主义两种倾向。"② 从而有效地遏止了部分人专断独行、专横跋扈的行为，保持了建国后很长一个时期内党和政府的清正廉洁。

其三，关于"艰苦奋斗"、"加强学习"、"不图名利"的思想。毛泽东在其革命斗争的各个时期总是强调要艰苦奋斗，加强学习，不图名利。1949年3月，中共中央在西柏坡召开了七届二中全会，毛泽东在会上高瞻远瞩地向全党提出了"两个务必"的著名论断。会议根据毛泽东"要约法几章"的提议，作出了"禁止给党的领导者祝寿，禁止用党的领导者的名字做地名、街名和企业的名字，保持艰苦奋斗作风，制止歌功颂德现象"等项规定，并将这些规定作为制度明确写入会议通过的决议中。1953年初，毛泽东又作了"不作寿"、"不送礼"、"少敬酒"、"少拍掌"、"不以人名作地名"、"不要把中国同志和马、恩、列、斯平

---

① 《毛泽东选集》第2卷，人民出版社1990年版，第349页。
② 《毛泽东选集》第5卷，人民出版社1978年版，第144页。

列"等等几条规定。毛泽东的这些规定,从而保证了党的干部,尤其是党的高级干部的清正廉洁。关于加强学习,1957年10月9日,毛泽东同志在中国共产党第八届中央委员会扩大的第三次会议上的讲话中强调指出:"我们要振作精神,下苦功学习。下苦功,三个字,一个叫下,一个叫苦,一个叫功。一定要振作精神,下苦功。我们现在许多同志不下苦功,有些同志把工作以外的剩余精力主要放在打纸牌、打麻将、跳舞这些方面,我看不好。应当把工作以外的剩余精力主要放在学习上,养成学习的习惯。"毛泽东认为,加强学习就可以防止玩物丧志,乐极生悲,以致走向腐化情况的发生。他说:"因为革命胜利了,有一部分同志,革命意志有些衰退,革命热情有些不足,全心全意为人民服务的精神少了,过去跟敌人打仗时的那种拼命精神少了,而闹地位、闹名誉,讲究吃、讲究穿、比薪水高低、争夺名利,这些东西多起来了。"①

总之,为确保党和政府的清政廉洁,毛泽东一生提出并采取了许多行之有效的反腐防变的方法与措施,至今仍有重要的启示意义。

早在抗日战争初期,毛泽东就对中国共产党执政后如何跳出"其兴也勃焉","其亡也忽焉"这一历史周期率,进行了深入的探讨。毛泽东认为:"掌握思想教育,是团结全党进行伟大政治斗争的中心环节,如果这个任务不解决,党的一切任务是不能完成的。"②毛泽东主张将党内教育和党外监督结合起来,采取不断整风的方法,深入开展党内积极的思想斗争。在党的七届二中全会上,毛泽东曾预言:"资产阶级一定要腐蚀人,用糖衣炮弹打人","可能有这样一些共产党人,他们是不曾被拿枪的敌人征服过的,他们在这些敌人面前不愧英雄的称号;但是经不起人们用糖衣裹着的炮弹的进攻,他们在糖弹面前要打败仗。"③毛泽东告诫全党:"夺取全国胜利,这只是万里长征走完了第一步","中国的革命是伟大的,但革命以后的路程更长,工作更伟大,更艰苦。这一点现在就必须向党内讲明白,务必使同志们继续地保持谦虚、谨慎、不骄、不躁的作风。"④为加强党风廉政建设,新中国成立后毛泽东通过整风

---

① 《毛泽东选集》第5卷,人民出版社1978年版,第419页。
② 《毛泽东选集》第3卷,人民出版社1990年版,第1095页。
③ 《毛泽东选集》第4卷,人民出版社1990年版,第1438页。
④ 同上,第1438—1439页。

方式试图从思想源头上解决党政机关中的腐败问题，并取得了一定的成效。1951年5月1日，中共中央下发了《关于在全党全军开展整风运动的指示》，《指示》要求各级党组织要结合中心工作开展批评与自我批评，以克服党内尤其是领导干部中存在的居功自傲、贪图享受、官僚作风、命令主义以及少数人贪污腐化、违法乱纪行为。从而使全体党员干部普遍提高了作为一个执政党党员的思想认识，纯洁了党的干部队伍，也使一些经不起执政考验的腐败分子和严重违纪的党员干部受到了严肃的处理。

毛泽东认为，缺乏对党员作正确的路线教育是不正确思想存在和发展的重要原因，纠正错误思想的主要方法是从教育上提高党内的政治水平。1942年2月，毛泽东在《整顿党的作风》一文中说，对于犯错误的同志，要采取"惩前毖后"、"治病救人"的方针，并认为全党必须加强马克思列宁主义的思想教育。1945年4月，毛泽东又在《论联合政府》这篇著作中，把批评与自我批评概括为我党和其他政党相区别的显著标志之一，他说："正是抵抗各种政治灰尘和政治微生物侵蚀我们同志的思想和我们党的肌体的唯一有效的方法。"新中国成立后，毛泽东提出了"政治工作是一切经济工作的生命线"这一著名论断，他认为只有真正解决了党政干部的世界观问题，才能确保廉洁和拒腐防变。1957年2月，毛泽东在《正确处理人民内部矛盾的问题》一文中号召全党同志继续拿起批评和自我批评的武器，正确处理人民内部矛盾。实践证明，批评和自我批评是实施干部队伍思想政治教育、防止和抵制各种非无产阶级思想腐蚀、保证党员干部廉政纯洁的有力武器。

综上所述：警钟长鸣，建立健全拒腐防变的思想政治教育机制，筑起政治思想上的"钢铁长城"，才是我们今天重温毛泽东反腐防变思想的意义所在。

二、"中国是中国人民的"，"只有让人民来监督政权，政府才不敢松懈，只有人民起来负责，才不会人亡政息"，毛泽东认为腐败问题关系到党和国家的命运，关系到政权的颜色，他提出要通过民主和人民监督来反腐防变、跳出历史周期率。其启示意义是：群众监督，建立健全拒腐防变的民主监督机制，筑起监督制度上的"万里防线"。

毛泽东反腐防变思想的重要理论基础是人民主体论。其基本观点是：人民是历史的主体，是历史的创造者。毛泽东从人民主体思想出发，提出了"中国是中国人民的。"①

毛泽东在其一生中曾经多次讲到过人民这一概念。他说："人民，只有人民，才是创造世界历史的动力。"② 那么，什么是人民？毛泽东认为："人民这个概念在不同的国家和各个国家的不同历史时期、有着不同的内容，……在建设社会主义的时期，一切赞成、拥护和参加社会主义建设事业的阶级、阶层和社会集团、都属于人民的范围"。③ 毛泽东认为群众具有伟大的创造力，他说："群众是真正的英雄，而我们自己则往往是幼稚可笑的，不了解这一点，就不能得到最起码的知识。"④ 在人民主体这一思想的基础上，毛泽东提出了通过民主反腐防变。1947年1月，著名民主人士黄炎培访问延安时，曾就中国共产党夺取政权后会不会重蹈明末李自成和清末洪秀全的历史覆辙的问题，请教毛泽东。毛泽东胸有成竹地答到："我们已经找到了新路，我们能跳出这周期率，这条新路就是民主。只有让人民来监督政权，政府才不敢松懈，只有人民起来负责，才不会人亡政息"，⑤ 共产党能够跳出那由盛而衰的历史周期率。中华人民共和国成立后，面对党内的腐败现象，毛泽东明确提出："有些人如果活得不耐烦了，搞官僚主义……那就一定要被打倒"，"谁犯了官僚主义作风，……群众就有理由把它革掉。我说革掉好，应当革掉。"⑥ 1951年，毛泽东亲自领导和发动了全国范围内的、大规模的群众性的"反贪污、反浪费、反官僚主义"的三反运动，并号召人民群众包括民主党派、社会各界人士积极参与和检举揭发贪污、浪费和官僚主义行为。1953年，中共中央还专门做出了在报纸和刊物上展开批评和自我批评的决定，让群众通过新闻报刊对政府的工作进行监督。之后，又开展了1957年整风、1970年"一打三反"等等群众性的反腐防变运动。

另外，毛泽东把群众监督与党内监督结合起来，试图从制度上筑起反腐防变的"万里长城"。1941年11月6日，毛泽东在陕甘宁边区参议会的演说中

---

① 《毛泽东选集》第3卷，人民出版社1990年版，第1102页。
② 《毛泽东选集》第3卷，人民出版社1990年版，第1031页。
③ 《毛泽东文集》第7卷，人民出版社1999年版，第205页。
④ 《毛泽东选集》第3卷，人民出版社1990年版，第790页。
⑤ 黄炎培：《八十年来》，文史资料出版社1982年版，第148—149页。
⑥ 《毛泽东选集》第5卷，人民出版社1978年版，第324—326页。

指出："共产党是为民族、为人民谋利益的政党，它本身决无私利可图。它应该接受人民的监督，而决不应该违背人民的意志。"① 1948年毛泽东宣布："群众不但有权对他们放手批评，而且有权在必要时将他们撤职或建议撤职，或建议开除党籍，直至将其中最坏的分子送交人民法庭审处。"他认为："没有群众的监督，就不可能对反动分子实行有效的专政，也不可能对他们进行有效的改造。"② 毛泽东指出："无论任何人，犯了错误都要检讨，都要受党的监督，受各级党委的领导，这是完成党的任务的主要条件。""我们不怕说出自己的毛病，我们一定要改正自己的毛病，我们要加强党内教育来清除这些毛病。我们还要经过和党外人士进行民主合作来清除这些毛病，这样的内外夹攻，才能把我们的毛病治好，才能把国事真正办好起来。"1957年2月，毛泽东同志在《关于正确处理人民内部矛盾的问题》的重要讲话中总结其原因时说，"这是因为一个党同一个人一样，耳边很需要听到不同的声音。大家知道，主要监督共产党的是劳动人民和党员群众，但有了民主党派，对我们更为有益。"实际上，早在1949年4月，毛泽东就在《对晋绥日报编辑人员的谈话》中就已经指出过："我们共产党人从来认为隐瞒自己的观点是可耻的。我们党所办的报纸，我们党所进行的一切宣传工作，都应当是生动的、鲜明的、尖锐的，毫不吞吞吐吐。"③ 他还强调："要充分利用通讯社和报纸，密切地相互联系起来，以便掌握运动的动态，随时互通情报，交流经验，及时纠正错误，发扬成绩。"④

目前，虽然时过境迁，腐败的程度、深度与广度都不能与毛泽东时代同日而语，但人民群众的主体地位没有变，毛泽东关于反腐防变的思想对于新时期建立健全反腐惩防机制仍具有重要的启示意义。

三、"注意发现、揭露和惩处"，"典型的贪污犯，必须动员群众进行公审，依法治罪"，毛泽东在坚持思想政治教育、加强民主监督以防腐的同时，认为：要彻底清除党内可能存在的腐败分子，枪毙一大批最严重的贪污犯，才

---

① 《毛泽东著作专题摘编》，第1877页。转引中国反腐倡廉网。
② 《毛泽东著作选读》下册，人民出版社1986年版，第824页。
③ 《毛泽东选集》第4卷，人民出版社1990年版，第1322页。
④ 同上，第1333页。

能解决问题。其启示意义是：惩防并重，把党内教育与党外监督结合起来，铸就防变反腐的"盾牌"与"利剑"。

建国初期，为了在思想上、组织上保证党和国家机关干部的纯洁性和战斗力，中共中央审时度势开展了反贪污、反浪费、反官僚主义和反对行贿、反对偷税漏税、反对盗骗国家财产、反对偷工减料、反对盗窃国家经济情报的"三反"、"五反"等专项反腐斗争。1951年10月，针对东北地区在开展增产节约运动中揭露出来的干部严重贪污事实，毛泽东要求："凡有贪污现象者皆须彻底肃清"。① 11月30日，毛泽东在他起草的一个党内指示中指出："华北天津地委前书记刘青山及现书记张子善均是大贪污犯，已经华北局发现，并着手处理，我们认为华北局的方针是正确的。这件事给中央、中央局、分局、省市区党委提出了警告，必须严重地注意干部被资产阶级腐蚀发生严重贪污行为这一事实，注意发现、揭露和惩处，并须当作一场大斗争来处理"。② "一切贪污行为必须揭发，按其情节轻重，给以程度不等的处理，从警告、调职、撤职、开除党籍、判处各种徒刑、直至枪决。典型的贪污犯，必须动员群众进行公审，依法治罪"。③

为了彻底清除中共党内可能存在的腐败分子，毛泽东要求："把反贪污、反浪费、反官僚主义的斗争看作如同镇压反革命的斗争一样的重要，一样的发动广大群众包括民主党派及社会各界人士去进行，一样的大张旗鼓去进行，一样的首长负责，亲自动手，号召坦白和检举，轻者批评教育，重者撤职惩办，判处徒刑（劳动改造），直至枪毙一大批最严重的贪污犯，才能解决问题"。④ 针对处理原天津地委两任书记刘青山、张子善一案之时，曾有领导人以二人革命有功为名替其说情，毛泽东则说："正因为他们俩的地位高，功劳大，影响大，所以才要下决心处决他们。只有处决他们，才可能挽救20个，200个，2000个，20000个犯有各种不同程度错误的干部"。⑤ 也正是因为，建国初毛

---

① 《建国以来毛泽东文稿》第3册，中央文献出版社1989年版，第4页。
② 同上，第528页。
③ 同上，第531页。
④ 同上，第549页。
⑤ 薄一波：《若干重大决策与事件的回顾》（上），中共中央党校出版社1991年版，第152页。

泽东和中共中央反腐态度的坚决、广泛的揭露和相应的惩处，使广大党员、干部受到了深刻的思想教育，从而使新中国成立后很长一个时期内党和国家机关内部的贪污、浪费、官僚主义等现象得到了一定的遏制，为中国共产党廉洁执政奠定了坚实的基础。

建国初期，在全党高度重视干部思想教育的前提下，新中国进行了一系列反腐倡廉的制度建设。建国后，为了有效地制止贪污腐化行为，毛泽东提议在党内设立纪律检查委员会，在政府内设立行政监察机构，并先后公布了《中华人民共和国惩治贪污条例》、《惩戒违法失职公务员暂行条例》等一系列法规，从而使反腐败斗争经常化、制度化和法规化。

实践证明：对于具有消极腐败现象的党员干部一定要严肃处理，决不能留情。在毛泽东的革命生涯中，曾亲自批示处死过七个贪官，除震动全国的刘青山、张子善外，还有1932年5月我党反腐历史上枪决的第一个贪官——谢步升，1933年12月被处以极刑的唐达仁，1934年2月被执行死刑的当时红军中较高级别的左祥云，身上带有战争伤疤90多处的肖玉璧，还有被称为毛泽东"挥泪斩马谡"的黄克功等。

实践证明：培养党员干部反腐防变的政治素质，是执政党首要且任重道远的一项重要工作。毛泽东时常告诫全党：外国资产阶级的一切腐败制度和思想作风，我们要坚决抵制和批判。为了保证我们党和国家不变颜色，我们不仅要有正确的路线和策略，而且要培养和造就千百万无产阶级革命事业的接班人。如果共产党人不廉洁，腐化蜕变，那么整个社会主义制度和社会主义事业就会付之东流，被彻底葬送。

目前，随着改革开放的不断深入，无论是时代主题还是社会风气都与毛泽东时代有着巨大的差异，但惩防并重，铸就反腐防变的"盾牌"、"利剑"等等思想理念还没有变。反腐防变也应在借鉴建国初期经验的基础上，进一步更新和完善。当然，在借鉴毛泽东反腐防变思想的基础上，我们更应该立足当前，着眼长远，注重制度、体系、机制等在反腐防变中的重要作用。

（此文载于《廉政理论研究与探索》，山东友谊出版社2010年版。）

论邓小平对中国社会主义的形态定位

赵常伟*

摘　要：邓小平的新社会主义观使得中国社会主义有了全新定位。这种定位主要表现在共同富裕、中国特色、初级阶段、对内改革、对外开放、市场经济和四个坚持等几大方面。这种定位使得中国社会主义实现了历史飞跃。

关键词：邓小平；中国社会主义；形态；定位

根据马克思、恩格斯的天才设想和列宁、斯大林、毛泽东等的跟进实践，计划经济、公有制度、按劳分配等成为传统社会主义的基本形态。然而，这种曾在初期创造巨大成就的社会主义终因种种不足而在与现代资本主义的竞存过程中渐现颓势，于是，探索新型社会主义的种种努力随之高涨。但是，从南斯拉夫到苏联的各类尝试均未实现实质性突破，甚至还发生了苏东剧变的世纪震荡。"20 世纪 70 年代末，以解放思想为先导，以工作重点转移为契机，源于但又高于传统社会主义的社会主义新形态才终因邓小平的锐意创新而勃兴。"① 围绕"什么是社会主义、怎样建设社会主义"，邓小平提出了一系列关乎中国社会主义前程命运的形态定位思想，使得中国社会主义一改过去华而不实的空泛，转而直奔求真务实的康庄大道。邓小平的中国社会主义形态观将马克思主义中国化推进到崭新阶段，引领中国社会主义于现代资本主义的围追堵截和世界社会主义的停滞不前的夹缝中勃然振兴，为中国社会主义的强势升级和健步

---

* 赵常伟（1965—　），男，山东阳谷人，《聊城大学学报》编辑部主任、编审，聊城大学世界共运所教授、硕士导师，法学博士，主要研究方向为中国特色社会主义。

① 赵常伟：《论邓小平的"中国社会主义"观》，载于《鲁东大学学报（哲社版）》2009 年第 4 期。

发展指明了前进方向，对于我们当前正在全力推进的中国特色社会主义建设具有深远的指导意义。本文试对邓小平对中国社会主义的形态定位进行探索，权作抛砖引玉。

一、共同富裕：中国社会主义的内涵定位

社会主义的宗旨是借助社会主义的好制度实现富民强国。但由于多种主观和客观因素，社会主义实践者在追求理想的实践中有意无意地注重了政治建设而忽视了经济发展。以苏联模式为榜样的中国社会主义也在经过前期快速发展后陷入颓势，贫穷成为我们挥之不去的魔咒和最大的现实。长期貌似革命的贫困生活导致国民对那种主张普遍贫穷的假社会主义麻木不仁，新中国成立初期那种建设社会主义的无限豪情在贫穷的周而复始中被蚕食鲸吞，富民强国的目标伴随国民经济的停滞不前而变得渐行渐远。邓小平指出，我们选择并坚持社会主义，是因为社会主义总要比资本主义优越。但是，"社会主义如果老是穷的，它就站不住。"① 所以，对于中国来说，社会主义不能建立在贫困的基础上，"贫穷不是社会主义，社会主义要消灭贫穷。"② 根据马克思主义最注重发展生产力的根本理念，我们坚持社会主义的发展方向，就要肯定社会主义的根本任务是发展生产力，逐步摆脱贫穷，使国家富强起来，使人民生活得到改善。中国社会主义就是"解放生产力，发展生产力，消灭剥削，消除两极分化，最终达到共同富裕。"③ 邓小平"消灭贫穷、富民强国"的思想，厘正了人们建设社会主义的思想误区和实践歧途，中国社会主义从此"拨乱反正"，强势振兴。

---

① 《邓小平建设有中国特色社会主义论述专题摘编》（新编本），中央文献出版社1995年版，第67页。
② 同上，第57页。
③ 同上，第62页。

二、中国特色：中国社会主义的路径定位

苏联社会主义曾创造了举世辉煌，但其先天缺陷也令苏联和照搬苏联模式的跟进社会主义国家屡遭挫折。中国社会主义也因苏联榜样的"唯一性"甚至"垄断性"而饱尝苦头，未能实现思想路线的实事求是和发展理念的与时俱进。邓小平指出，学习先进，才有可能赶超先进。但学习要活学善用、结合实际。学习苏联好的东西对我们用处很大，借鉴苏联错误的东西也有很大的益处。我们要善于接受苏联的经验教训，这样就可以少受损失。历史反复证明："无论是革命还是建设，都要注意学习和借鉴外国经验。但是，照抄照搬别国经验、别国模式，从来不能得到成功。"① 毕竟，每个国家的基础不同，历史不同，所处的环境不同，左邻右舍不同，还有其他许多不同。我们"中国有自己的特点，所以我们只能按中国的实际办事，别人的经验可以借鉴，但不能照搬。""中国只能搞中国的社会主义。"② 因此，"把马克思主义的普遍真理同我国的具体实际结合起来，走自己的道路，建设有中国特色的社会主义，这就是我们总结长期历史经验得出的基本结论。"③ 邓小平"独立自主、崇尚特色"的思想，破解了人们建设社会主义的认识瓶颈和路径禁区，中国社会主义从此"迷途知返"，健步前进。

三、初级阶段：中国社会主义的现实定位

与万物流变规律一致，社会主义必将通过其发生、发展、完善的不同阶段而成就自己的历史。这个看似简单的道理曾长期困扰社会主义实践者，急躁冒

---

① 《邓小平建设有中国特色社会主义论述专题摘编》（新编本），中央文献出版社1995年版，第45页。
② 同上，第49页。
③ 同上，第45页。

进的言行一再发生,每每造成社会主义建设的挫折。邓小平分析说:总结建国三十年的经验,第一,不要离开现实和超越阶段采取一些"左"的办法,这样是搞不成社会主义的。第二,"不管你搞什么,一定要有利于发展生产力。发展生产力要讲究经济效果。"① 根据我们的发展进度,中国社会主义目前还处在初级阶段,是初级阶段的社会主义。社会主义本身是共产主义的初级阶段,而我们中国又处在社会主义的初级阶段,就是不发达的阶段。一切都要从这个实际出发,根据这个实际来制定计划。建国以来,我们曾多次遭受挫折的重要原因就是"思想脱离了实际、计划超越了阶段"、行为背离了规律。从一九五七年下半年开始,我们就犯了"左"的错误。总的来说,就是对外封闭,对内以阶级斗争为纲,忽视发展生产力,制定的政策超越了社会主义的初级阶段。这种"急躁冒进的错误"和其它"偏差",使得我们没有取得本来应该取得的更大成就。所以,我们要解放思想,实事求是,时刻牢记"我们搞社会主义才几十年,还处在初级阶段"② 的基本国情,以"中国社会主义初级阶段的理论"为指导,坚定地贯彻党的十一届三中全会以来的路线、方针和政策,努力建设初级阶段的社会主义。邓小平"求真务实、埋头苦干"的思想,纠正了人们建设社会主义的急躁情绪和冒进行为,中国社会主义从此脚踏实地,稳步发展。

四、对内改革:中国社会主义的动力定位

在改革创新中实现与时俱进,这是马列主义创始人设计未来社会主义社会的基本理念。但由于种种原因,中国等社会主义国家并未对此问题有足够深刻的认知,因而没能有效地解决社会主义的发展动力问题和建设效益问题。邓小平指出,我们的经济管理工作,机构臃肿,层次重叠,手续繁杂,效率极低。政治的空谈往往淹没一切。如果现在再不实行改革,我们的现代化事业和社会

---

① 《邓小平建设有中国特色社会主义论述专题摘编》(新编本),中央文献出版社1995年版,第64页。

② 同上,第66页。

主义事业就会被葬送。经验表明,"社会主义基本制度确立以后,还要从根本上改变束缚生产力发展的经济体制,建立起充满生机和活力的社会主义经济体制,促进生产力的发展,这是改革,所以改革也是解放生产力。"① 我们的改革,是一场根本改变我国经济和技术落后面貌,进一步巩固无产阶级专政的伟大革命。改革的意义,是为下一个十年和下世纪的前五十年奠定良好的持续发展的基础。没有改革就没有今后的持续发展。经验表明,"要发展生产力,经济体制改革是必由之路。"② 只有深化改革,而且是综合性的改革,才能保证本世纪内达到小康水平,而且在下个世纪更好地前进。邓小平"不进则退、对内搞活"的思想,破除了人们建设社会主义的动力困惑和效益障碍,中国社会主义从此乘风破浪,扬帆远航。

五、对外开放：中国社会主义的形象定位

马列主义认为,"开放性是社会进步和文明发展的重要标志",[1] 开放互动是社会主义立足现世并深度发展的必然条件。然而,冷战的骤起和加剧,红色中国来不及实践马列主义的开放思想就无奈卷入两阵对峙的漩涡,甚至陷入闭关自守的泥潭,在开放互动中借力崛起的大好时机与我们擦肩而过。邓小平分析说：中国在西方国家产业革命以后变得落后了,一个重要原因就是闭关自守。建国以后,人家封锁我们,在某种程度上我们也还是闭关自守,这给我们带来了一些困难。三十几年的经验教训告诉我们,关起门来搞建设是不行的,发展不起来。为了实现我们的战略目标,中国必须对外实行开放政策。因为,20世纪70年代以来,全球化浪潮强势推进,现在的世界是开放的世界。现在任何国家要发达起来,闭关自守都不可能。在这大浪淘沙的新时代,"关起门来搞建设是不能成功的,中国的发展离不开世界。"③ 历史早已证明,建

---

① 《邓小平建设有中国特色社会主义论述专题摘编》（新编本）,中央文献出版社1995年版,第161页。

② 同上,第157页。

③ 同上,第237页。

设一个国家,不要把自己置于封闭状态和孤立地位。在那种状态下,经济不可能发展,人民生活不可能改善,国家力量也不可能增强。因此,"中国要谋求发展,摆脱贫困和落后,就必须开放。"① 邓小平"海纳百川、积极开放"的思想,解除了人们建设社会主义的思想顾虑和资源壁垒,中国社会主义从此越洋跨海,高歌猛进。

六、市场经济:中国社会主义的战略定位

计划经济与社会主义捆绑关联,这是马列主义经典作家和斯大林模式推崇备至的思想。但这种在社会主义建设前期效益非凡的国家发展战略随着时间的推移而日益受到挑战,它在社会主义建设中的发展效益也日渐低下。长期实行计划经济的中国也备受其僵化思维和低下效益的困扰,使得中国搞社会主义走了相当曲折的道路。邓小平分析说:"社会主义同资本主义比较,它的优越性就在于能做到全国一盘棋,集中力量,保证重点。缺点在于市场经济运用得不好,经济搞得不活。"② 而"计划和市场的关系问题"对中国社会主义建设影响重大,解决得好,对经济的发展就很有利,解决不好,就会糟。各国实践证明,"社会主义和市场经济之间不存在根本矛盾。问题是用什么方法才能更有力地发展社会生产力。"③ 我们过去一直搞计划经济,但多年的实践证明,在某种意义上说,只搞计划经济会束缚生产力的发展。把计划经济和市场经济结合起来,就更能解放生产力,加速经济发展。作为社会化大生产条件下的两种资源配置方式,市场和计划各有千秋,并非天生属于或只能用于社会主义和资本主义。"计划和市场都是方法嘛。只要对发展生产力有好处,就可以利用。它为社会主义服务,就是社会主义的;为资本主义服务,就是资本主义的。"④ 所以,在中国,"社会主义也可以搞市场经济。……这是社会主义利用这种方

---

① 《邓小平建设有中国特色社会主义论述专题摘编》(新编本),中央文献出版社1995年版,第244页。
② 同上,第187页。
③ 同上,第188页。
④ 同上,第188页。

法来发展社会生产力。把这当作方法,不会影响整个社会主义,不会重新回到资本主义。"① 计划和市场都是发展生产力的方法。邓小平"破除迷信、注重实效"的思想,克服了人们建设社会主义的思维定式和创新困惑,中国社会主义从此如虎添翼,傲然奋进。

七、四个坚持:中国社会主义的保障定位

依照科学社会主义基本原理构建的传统社会主义在经历了辉煌与考验后,在全球化浪潮的汹涌澎湃中渐显颓势,改革开放便成为社会主义各国强身自救的共同选择。世界各国富民强国的经验教训,尤其是苏东"自我毁灭"式的改革开放及其极端后果,为邓小平科学设立中国社会主义的安全机制提供了绝好借鉴和深度警示。② 他指出,同心同德地实现四个现代化,是今后一个相当长的时期内全国人民压倒一切的中心任务,是决定祖国命运的千秋大业。而"我们要在中国实现四个现代化,必须在思想政治上坚持四项基本原则。这是实现四个现代化的根本前提。"③ 因为,第一,只有社会主义才能救中国,这是中国人民从五四运动到现在六十年来的切身体验中得出的不可动摇的历史结论。第二,无产阶级专政对于人民来说就是社会主义民主,是工人、农民、知识分子和其他劳动者所共同享受的民主,是历史上最广泛的民主。没有无产阶级专政,我们就不可能保卫从而也不可能建设社会主义。第三,没有共产党的领导就不可能有社会主义革命,不可能有无产阶级专政,不可能有社会主义建设。没有中国共产党,就没有社会主义的新中国。第四,马列主义、毛泽东思想的基本原理是"我们行动的指南"。毛泽东思想过去是中国革命的旗帜,今后将永远是中国社会主义事业和反霸权主义事业的旗帜。中国社会主义事业是

---

① 《邓小平建设有中国特色社会主义论述专题摘编》(新编本),中央文献出版社1995年版,第186页。

② 赵常伟:《论邓小平改革开放思域中的社会主义新理念》,载于《当代世界与社会主义》2009年第2期。

③ 《邓小平建设有中国特色社会主义论述专题摘编》(新编本),中央文献出版社1995年版,第287页。

一项浩瀚、复杂、持久的系统工程，必须在开放、灵活、有序的良性环境下才能实现最佳的发展。在这个收益与风险并存的恢弘过程中，"如果动摇了这四项基本原则中的任何一项，那就动摇了整个社会主义事业，整个现代化建设事业。"① "如果不坚持这四项基本原则，纠正极左就会变成'纠正'马列主义，'纠正'社会主义。"② 所以，"四个坚持"是中国社会主义直面世界风云变幻而稳健发展的制胜法宝，是中国社会主义傲视世界列强之林而江山永固的定海神针。邓小平"坚持原则、努力作为"的思想，诠释了人们建设社会主义的保障机制和安全警戒，中国社会主义从此步步为营，节节高升。

（此文载于《邢台学院学报》2010年2期）

---

① 《邓小平建设有中国特色社会主义论述专题摘编》（新编本），中央文献出版社1995年版，第296页。

② 同上，第301页。

论邓小平对科学社会主义内涵的升华

赵常伟

摘 要：马克思、恩格斯创立了科学社会主义，列宁、斯大林、毛泽东相继解读并实践了科学社会主义，邓小平在总结前人经验教训的基础上实现了对科学社会主义的升华。邓小平的科学社会主义观集中体现在解决"什么是社会主义，如何建设社会主义"两大根本问题上，对科学社会主义内涵的升华则主要表现在消灭贫穷、消灭剥削、消除极化、共同富裕、富民强国等方面。邓小平对科学社会主义内涵的升华引领着中国社会主义于世界社会主义的衰微中实现了历史飞跃。

关键词：邓小平；科学社会主义；内涵；升华

经过苏东社会主义的轮回式实践和中越等社会主义的可续性历练，科学社会主义终于以"特色社会主义"的形态和风采引领当代社会主义各国人民阔步前进。回首科学社会主义实践的近百年历程，尤其是中国科学社会主义实践的半世纪岁月，科学社会主义在苏东的"昙花一现"和在中国的"傲视群雄"都给人留下荡气回肠的强烈震撼。从陈独秀首次提及"中国社会主义"和瞿秋白首次论及"科学社会主义"，到毛泽东及其党中央奋力探索"中国社会主义"，再到邓小平及其党中央全面开创"中国特色社会主义"，① 再到江泽民、

---

① 在中共党史上，1922年5月23日，陈独秀在《马克思的两大精神》中首次提及"中国社会主义"概念。1923年9月23日，瞿秋白在《自民权主义至社会主义》中首次论及"科学社会主义"概念。1940年1月9日，毛泽东在《新民主主义论》中正式启用"中国社会主义"概念；1945年6月17日，在《在中国革命死难烈士追悼大会上的演说》中首次论及"科学社会主义"概念。1979年3月30日，邓小平在《坚持四项基本原则》中首次论及"中国社会主义"和"科学社会主义"两概念；1982年9月1日，在《中国共产

胡锦涛及其党中央继续深化"中国特色社会主义"乃至"和谐社会主义",中国共产党人完成了从"科学社会主义"到"中国社会主义"再到"中国特色社会主义"的伟大嬗变,成功将科社社会主义植根于中国,并通过"中国特色"将科学社会主义在中国发扬光大,实现了科学社会主义在中国的历史传承与天才升华。中国社会主义乃至中国特色社会主义成为历代中国共产党人孜孜以求的思想体系、历史运动和社会制度。而在科学社会主义中国化的恢弘历程中,毛泽东及其党中央曾参照马克思、恩格斯的经典设想和列宁、斯大林的先发实践,领导人民对科学社会主义进行了波澜壮阔的跟进探索,成就了以计划经济、公有制度、按劳分配等为表征的中国社会主义的"原生形态",取得了以"两弹一星"为标志的中国社会主义的巨大成就。遗憾的是,中国社会主义终因种种不足而在与现代资本主义的竞存过程中渐现颓势,未能幸免传统社会主义的整体颓势。直到20世纪70年代末,邓小平及其党中央,以解放思想为先导,以工作重点转移为契机,以改革开放为突破,以初级阶段理论为依托,以中国特色为标示,以四个坚持为保障,领导人民对中国社会主义进行了大刀阔斧的二度探索,成就了以市场经济、初级阶段、改革开放为特色的中国社会主义的"次生形态",取得了以"国强民富"为表征的中国特色社会主义的伟大成就。毫无疑问,马克思、恩格斯创立的科学社会主义经典理论为世界无产阶级的彻底解放指明了方向,列宁、斯大林、毛泽东等对科学社会主义的伟大实践为世界无产阶级的美好理想开辟了希望。然而,现实社会主义建设的坎坷发展表明,以资本主义高度发展为基点的科学社会主义理论和以经济文化落后为基础的科学社会主义实践并非完美无缺或全然对应,其中显然存在种种认知的缺憾、解读的遗漏、实践的脱轨、创新的不足等等问题,于是才造成20世纪以来以科学社会主义为旗帜实现富民强国的各国频频发生理想与现实脱节的各种失误,甚至出现了人类最好的社会制度却无法取得全球最高的发展效益的奇怪现象,社会主义在资本主义的竞争中屡陷困境。正是基于对科学社会主义之经典理论与现实实践脱节的深入思索,邓小平对中外社会主义的成

(续前注)党第十二次全国代表大会开幕词》中首次论及"有中国特色的社会主义"概念。此后,邓小平先后多次论及这些概念,为开创中国特色社会主义事业,推进科学社会主义在中国的完美升华,做出了不朽的历史贡献。

败得失进行了深度总结,在推进科学社会主义再中国化的历史新时期,紧紧围绕"什么是社会主义、怎样建设社会主义"的根本性问题,提出了一系列创新科学社会主义的新思想,使得新时期中国社会主义一跃摆脱传统社会主义的墨守成规而实现了科学社会主义在中国的厚积薄发。邓小平对科学社会主义的升华闪烁着马克思主义的无限光辉,引领着新时期中国社会主义于现代资本主义的围追堵截和世界社会主义的萎靡不振的夹缝中勃然振兴,实现了中国社会主义对科学社会主义的完美升华和对传统社会主义的华丽超越。本文试就邓小平对科学社会主义内涵的升华进行探析,权作抛砖引玉。

一、马克思、恩格斯的"原创性定义"

什么是社会主义?这是一个富有挑战性的问题。马克思、恩格斯以来的无数革命导师和革命家都曾为求解这个问题而付出了艰辛的努力。恩格斯曾指出:"社会主义自从成为科学以来,就要求把它当做科学来看待,就是说,要求人们去研究它。"① 而"为了使社会主义变为科学,就必须首先把它置于现实的基础之上。"② 限于种种原因,直到邓小平开创中国特色社会主义之前,几乎所有的科学社会主义理论家和实践者均严格恪守了马克思、恩格斯的"原始"解答而对此问题采取了超越"现实"的"革命性"阐释。马克思、恩格斯指出:"社会主义就是宣布不间断革命,就是实现无产阶级的阶级专政,把这个专政作为必经的过渡阶段,以求达到根本消灭阶级差别,消灭产生一切这种差别的生产关系,消灭一切和这些关系相适应的社会关系,改变一切由这些社会关系产生出来的观念。"③ 这是两位革命导师在合理批判空想社会主义并深入剖析资本主义的基础上对社会主义所做的"原始定义"。就该定义产生的时代背景来看,当时无产阶级的首要任务是尽快用马克思主义理论武装头脑,认清资本主义的发展趋势,明晰自己肩负的历史任务,通过组织反对资产

---

① 《马克思恩格斯全集》第 18 卷,人民出版社 1965 年版,第 567 页。
② 《马克思恩格斯全集》第 19 卷,人民出版社 2006 年版,第 218 页。
③ 《马克思恩格斯全集》第 7 卷,人民出版社 1965 年版,第 104 页。

阶级的阶级斗争取得革命政权，而不是直接建立社会主义制度或建设社会主义事业。在无产阶级取得并巩固革命政权之前，以阶级专政为主要手段而采取不断的革命性措施，以便消除人民政权被破坏甚至被颠覆的危险，为科学社会主义的全面推进夯实政治经济基础，是完全有必要的。毕竟，"革命是历史的火车头"，①"一般的革命——推翻现政权和破坏旧关系——是政治行为。而社会主义不通过革命是不可能实现的。社会主义需要这种政治行为，因为它需要消灭和破坏旧的东西。"② 红色苏联、中国等建国初期所遭遇的内外困境真切证实了这种革命性举措的必要性和两位革命导师预见的科学性。所以，两位革命导师基于当时时代特征和现实需要而对社会主义的界定或设想是切合实际的，因而是正确的。当然，这种"正确"又有一定条件的"限定"：当人民处于建立和巩固社会主义制度的阶段，社会主义内涵的"革命性"显而易见；当人民进入发展和完善社会主义制度的阶段，社会主义内涵的"建设性"不言而喻。违背了历史规律，任何将社会主义内涵进行教条式理解或僵化地认识的做法，都将造成对社会主义真谛的误解和对社会主义本质的背离。而这种基本常识恰恰被20世纪以来苏中等国科学社会主义实践兴衰成败的历史所证明。也许是基于对未来社会的天才预测和未来人们的超然预判，两位导师在界定了社会主义内涵的同时还明确提出了"好坏"社会主义论，指出："社会主义有两种：一种是'好的'社会主义，一种是'坏的'社会主义。坏的社会主义就是'劳动反对资本'。它是平均地权、消灭家庭关系、进行有组织的掠夺等罪恶的根源。好的社会主义就是'劳动和资本的融洽'。它会消灭愚昧，根除贫困，组织信贷，增加财产，改革税制，一言以蔽之，就是产生'酷似人们所想象的人间天堂那样的制度。'必须利用好的社会主义来消灭坏的社会主义。"③ 显然，按照他们的设想，未来科学社会主义实践者至少肩负两大任务：一是不断革命，努力建成社会主义；二是不断发展，努力建设"好的社会主义"。他们这种以透析资本主义为支撑而并未经社会主义实践检验的充满"革命"色彩的社会主义"原始定义"

---

① 《马克思恩格斯全集》第7卷，人民出版社1965年版，第99页。
② 《马克思恩格斯全集》第1卷，人民出版社1995年版，第488—489页。
③ 《马克思恩格斯全集》第7卷，人民出版社1965年版，第330页。

对后世社会主义产生了决定性影响。列宁、斯大林、毛泽东等纷纷以此为基础具体解读并激情实践了科学社会主义。

二、列宁、斯大林、毛泽东的"实践性解读"

如果说马克思、恩格斯通过创立科学社会主义理论为人类指明了到达理想的方向的话，那么，列宁、斯大林、毛泽东就是通过开辟科学社会主义实践领导苏中人民进行了实现理想的伟大试验。这个试验的绩效，既取决于马克思、恩格斯对科学社会主义的天才预设，更取决于列宁、斯大林、毛泽东对科学社会主义的后天解读和现实实践。基于马克思、恩格斯的"原始定义"和科学社会主义的火热实践，三位革命导师分别对科学社会主义的内涵进行了艰辛探索。列宁指出："我们要争取新的、更好的社会制度：在这个新的、更好的社会里不应该有穷有富，大家都应该做工。共同劳动的成果不应该归一小撮富人享受，应该归全体劳动者享受。机器和其他技术改进应该用来减轻大家的劳动，不应该用来使少数人发财，让千百万人民受穷。这个新的、美好的社会就叫社会主义社会。关于这个社会的学说就叫社会主义。"①"社会主义的目的（和实质是）：把土地、工厂等等即全部生产资料变为全社会的财产，取消资本主义生产，代之以按照总的计划进行有利于全体社会成员的生产。""社会主义就是要使全部生产资料完全社会化。"②"社会主义就是消灭阶级。"③ 所谓"建成社会主义就是建成集中的经济，由中央统一领导的经济"。④ 斯大林指出："社会主义就是由无产阶级专政的社会向无国家的社会的过渡。"⑤ "在苏联建成社会主义就是在斗争进程中用本身的力量战胜我们苏联的资产阶级。"⑥ 毛泽东指出："为什么要搞公私合营，要搞社会主义？就是为了便于把

---

① 《列宁全集》第7卷，人民出版社1986年版，第112页。
② 《列宁全集》第4卷，人民出版社1984年版，第229页。
③ 《列宁全集》第41卷，人民出版社1986年版，第121页。
④ 《列宁全集》第35卷，人民出版社1985年版，第414页。
⑤ 《斯大林选集》（上卷），人民出版社1979年版，第356页。
⑥ 同上，第510页。

国家发展起来，社会主义比私有制度更有利于发展国家的经济、文化，使国家独立。"① 这是列宁、斯大林、毛泽东三位革命导师和科学社会主义实践的先驱者对社会主义的基本解读。毫无疑问，他们的不懈努力，使得科学社会主义首次由理想变为现实，使得苏中等国跨越"卡夫丁峡谷"而直接开始了轰轰烈烈而卓有成效的社会主义试验。他们不仅忠实地继承并实践了马克思、恩格斯设想的科学社会主义理想，更直接决定并规划了各国科学社会主义实践的现实形态。他们在开创科学社会主义实践的恢弘历史上无疑取得了巨大成功，但他们的社会主义思想和做法并非都符合苏中等国在社会主义制度确立后的实际需求，其中的偏差之一就表现在对社会主义内涵的"革命性"解读上。虽然各国在社会主义制度确立后仍然需要继续"革命"，但此时的"革命"显然已非彼时的"革命"。在彼时，革命就是一部分人用枪杆、刺刀、大炮，即用非常权威的手段强迫另一部分人接受自己的意志。或者说，"革命就是无产阶级破坏'管理机构'和整个国家机构，用武装工人组成的新机构来代替它。"② 在此时，"社会主义革命的目的是为了解放生产力。"③ 或者说，"我们革命的目的就是解放生产力，发展生产力。离开了生产力的发展、国家的富强、人民生活的改善，革命就是空的。"④ 如果说彼时的"革命"注重政权的建立与巩固，那么此时的"革命"则凸显国家的建设与发展。前后两者相关而不相同，相邻而不相混。将后者用于前者，或将前者用于后者，甚至将社会主义高级阶段的措施用于社会主义初级阶段，或者将共产主义社会的方案用于社会主义社会，都将造成科学社会主义理论与实践的错位和损失。在开创科学社会主义的伟大实践中，列宁、斯大林、毛泽东都曾对社会主义建设的复杂性、艰巨性、长期性、现实性等有过比较清醒的认识，并提出要在无产阶级夺取政权的任务完成后实施工作重点的转移，大力推进社会主义的经济建设和文化建设，努力在科学社会主义的"框架"内逐步达成科学社会主义理想。但由于多种因素的影响，他们的很多正确思想和英明措施，或者没有来得及，或者没有好机

---

① 《毛泽东文集》第7卷，人民出版社1999年版，第177页。
② 《列宁选集》第3卷，人民出版社1995年版，第215页。
③ 《毛泽东文集》第7卷，人民出版社1999年版，第1页。
④ 《邓小平文选》第2卷，人民出版社1994年版，第231页。

会，或者没有好办法进行大规模推广或实施，就发生"左转"或误入歧途，使得苏中等国纷纷进行了火热的社会主义"超级建设"，即在经济文化落后的基础上直接进行了马克思、恩格斯设想的资本主义高度发展基础上的社会主义建设，没有真正实践"可以不通过资本主义制度的卡夫丁峡谷，而吸取资本主义制度所取得的一切肯定成果"①。其结果就是，在理论上违背了马克思主义实事求是的基本理念，在实践上造成了社会主义建设的急躁冒进的重大失误。由此可见，科学社会主义实践者在具体实现社会主义理想的过程中，不仅要正确理解科学社会主义内涵的精髓，更要准确把握科学社会主义内涵成立的现实条件，并要根据后天瞬息万变的具体情势不断达成认知和实践科学社会主义内涵的与时俱进。否则，任何对科学社会主义内涵认知的曲解都会造成危及科学社会主义理论创新和实践深化的连锁反应，就会重犯恩格斯曾经严厉批评的错误："在许多地方把马克思的个别论点绝对化了，而马克思提出这些论点时，只是把它们看作相对的，只有在一定条件下和一定的范围内才是正确的。"② 或者说，"把马克思认为只在一定条件下起作用的一些原理解释成绝对的原理"。③ 所以，对于科学社会主义内涵的探索，必须遵循马克思主义的基本原则："我们的理论是发展的理论，而不是必须背得烂熟并机械地加以重复的教条。"④ "无论如何应当声明，我所在的党没有提出任何一劳永逸的现成方案。我们对未来非资本主义社会区别于现代社会的特征的看法，是从历史事实和发展过程中得出的确切结论；脱离这些事实和过程，就没有任何理论价值和实际价值。"⑤ 由于20世纪国际政治、经济、文化等变奏的多种机缘，再度探索科学社会主义内涵的重任历史地落在了邓小平等新一代社会主义实践者的肩上。他们将背负科学社会主义原创理论的真谛和现实实践的得失，重新踏上新的长征。

---

① 《马克思恩格斯全集》第19卷，人民出版社2006，第451页。
② 《马克思恩格斯全集》第39卷，人民出版社1982年版，第79—80页。
③ 《马克思恩格斯全集》第4卷，人民出版社1995年版，第659页。
④ 《马克思恩格斯全集》第36卷，人民出版社1975年版，第584页。
⑤ 同上，第419—420页。

三、邓小平的"创新性升华"

20世纪70年代末,科学社会主义在苏联已经实践了约60年,在中国等其他社会主义国家也实践了约30年。几十年的社会主义建设,既实际验证了马克思、恩格斯科学社会主义理论的正确性,也实地检验了列宁、斯大林、毛泽东之科学社会主义理念的科学性和实践的成效性。历史表明,苏中等国的科学社会主义实践既有催人奋进的辉煌,也有令人伤感的灰暗。而造成社会主义建设兴衰成败的影响因子之一就是社会主义实践者对科学社会主义内涵的解读是否正确,进而导致对科学社会主义实践的推进是否科学。当三位革命导师相继仙逝,科学社会主义实践也到了逆水行舟的非常阶段,一代伟人邓小平被历史推向前台并引中国社会主义于停滞徘徊中焕然起航。此时,他面临的首要问题就是"什么是社会主义"。为解决此问题并进而解决"如何建设社会主义"的问题,他在总结和借鉴前辈们科学社会主义实践经验教训的基础上,紧密结合新时期中国的实际情况,进行了卓有成效的深度探索。他指出:"社会主义是一个很好的名词,但是如果搞不好,不能正确理解,不能采取正确的政策,那就体现不出社会主义的本质。"① 毫无疑问,作为通向美好理想的制度选择,确定走社会主义道路的方向是可以的,但首先要了解什么叫社会主义。作为科学社会主义的开拓者,"社会主义究竟是个什么样子?苏联搞了很多年,也并没有完全搞清楚。"② 作为苏联社会主义的跟进者,我们搞社会主义才几十年,还处在初级阶段。"社会主义是什么,马克思主义是什么,过去我们并没有完全搞清楚。"③ 在"没有完全搞清楚"的情况下"搞社会主义",其结果就是:勇气可嘉,错误难免。一九四九年,中国人确实站起来了。但从一九四九年建国到现在三十八年,这中间我们又确实有不少失误。这些失误使我们错失了很多发展良机,我们在一个长时间里忽视了发展社会主义社会的生产力。从一九

---

① 《邓小平文选》第3卷,人民出版社1993年版,第313页。
② 同上,第139页。
③ 同上,第137页。

五七年起，我们生产力的发展非常缓慢。社会主义的优越性没有得到最佳发挥，社会主义中国甚至在贫穷的周而复始中徘徊不前。当然，同旧中国相比，还是进步了。如果按照社会主义的标准来要求，这是很不够的。事实表明，因为对社会主义内涵的认识模糊，导致中国社会主义建设屡屡发生偏转，未能根本脱离苏联模式的窠臼，也没能改变"贫穷的社会主义"的现状。在社会主义建设方面，我们的经验有正面的，也有反面的，正反两方面的经验都有。其中，"最根本的一条经验教训，就是要弄清楚什么叫社会主义和共产主义，怎样搞社会主义。"① 只有首先解决这类根本性问题，我们才能突破认知的瓶颈，建设福泽天下的社会主义。马克思主义的基本原则就是发展生产力。马克思主义的最高目的就是要实现共产主义，而共产主义是建立在生产力高度发展基础上的。社会主义是共产主义的第一阶段，是一个很长的历史阶段。社会主义的首要任务是发展生产力，逐步提高人民的物质和文化生活水平。据此判断，经济长期处于停滞状态总不能叫社会主义。人民生活长期停止在很低的水平总不能叫社会主义。"贫穷不是社会主义，更不是共产主义。"② 新中国成立后，我们曾因种种理由而长期注重政治建设而忽视经济发展，导致国民经济经过前期发展后便日渐停滞不前，贫穷成为挥之不去的"魔咒"。历史表明，"我们坚持社会主义道路，根本目标是实现共同富裕，然而平均发展是不可能的。过去搞平均主义，吃'大锅饭'，实际上是共同落后，共同贫穷，我们就是吃了这个亏。"③ "从一九五八年到一九七八年这二十年的经验告诉我们：贫穷不是社会主义，社会主义要消灭贫穷。不发展生产力，不提高人民的生活水平，不能说是符合社会主义要求的。"④ 所以，我们搞社会主义，"不要光喊社会主义的空洞口号，社会主义不能建立在贫困的基础上"⑤。正如斯大林所说："社会主义不是要大家贫困，而是要消灭贫困，为社会全体成员建立富裕的和文明的生活。"⑥ "如果以为社会主义能够在贫困的基础上，在缩减个人需要和把人们的

---

① 《邓小平文选》第3卷，人民出版社1993年版，第223页。
② 同上，第64页。
③ 同上，第155页。
④ 同上，第116页。
⑤ 同上，第213页。
⑥ 《斯大林选集》（下卷），人民出版社1979年版，第337页。

生活水平降低到穷人生活水平的基础上建成,那就愚蠢了。何况穷人自己也不愿意再做穷人,而是力求往高处走,过富裕生活的。谁需要这种所谓的社会主义呢?这并不是什么社会主义,而是对社会主义的讽刺。"① "社会主义只有在社会生产力蓬勃发展的基础上,在产品和商品十分丰富的基础上,在劳动者生活富裕的基础上,在文化水平上急速提高的基础上才能建成。"② 由此,邓小平的基本结论是,"我们不要资本主义,但是我们也不要贫穷的社会主义,我们要发达的、生产力发展的、使国家富强的社会主义。我们相信社会主义比资本主义的制度优越。它的优越性应该表现在比资本主义有更好的条件发展社会生产力。"③ 他强调,一个公有制占主体,一个共同富裕,这是我们所必须坚持的社会主义的根本原则。"社会主义的本质,是解放生产力,发展生产力,消灭剥削,消除两极分化,最终达到共同富裕。"④ 所以,在新时期中国,搞社会主义一定要遵循马克思主义的辩证唯物主义和历史唯物主义,也就是毛泽东同志概括的实事求是,或者说一切从实际出发。搞社会主义,中心任务是发展生产力。中国搞社会主义,强调要有中国的特色。搞社会主义必须根据本国的实际。搞社会主义,一定要使生产力发达,贫穷不是社会主义。扩而言之,我们执行对外开放政策,学习外国的技术,利用外资,是为了搞好社会主义建设,而不能离开社会主义道路。我们要发展社会生产力,发展社会主义公有制,增加全民所得。我们允许一些地区、一些人先富起来,是为了最终达到共同富裕,所以要防止两极分化。这就叫社会主义。至此,邓小平终于完成了解读"什么是社会主义"乃至"怎样建设社会主义"的世纪课题。两大问题的解决,开创了世界社会主义运动的思想解放和实践创新,更实现了中国社会主义的正本清源和高歌猛进。

总之,在科学社会主义内涵的发展史上,马克思、恩格斯的"原创"开启了人类批判旧社会而憧憬新社会的思想闸门,列宁、斯大林、毛泽东的"解读"开辟了人类消灭旧社会而建构新社会的实践先河,邓小平的"升华"

---

① 《斯大林选集》(下卷),人民出版社1979年版,第338页。
② 同上,第339页。
③ 《邓小平文选》第3卷,人民出版社1993年版,第231页。
④ 同上,第373页。

则开创了扬弃旧社会而优化新社会的特色模式。邓小平的科学社会主义内涵观,是他对科学社会主义内涵流变的精准把握和科学创新,蕴含了他关于"什么是社会主义"的高屋建瓴的理论架构,诠释了他关于"怎样建设社会主义"的气势恢宏的实践探索,为中国社会主义的再度崛起规划了宏伟蓝图,更为中国特色社会主义大业的健步发展指引了康庄大道。

(此文载于《聊城大学学报(社科版)》2010年1期)

深化认识马克思主义的四种基本视角

于学强*

摘 要：推进社会和谐和构建社会主义核心价值体系，必须坚持和推进马克思主义，正确认识马克思主义。为此，必须把握四种基本视角：马克思主义的理论定位：不是教条主义而是基本方法；马克思主义的实践作用：不是一无是处而是无所不在；马克思主义的内在发展：不是盲目排外而是兼收并蓄；马克思主义的外在表象：不是千篇一律而是各具特色。

关键词：马克思主义；教条主义；中国特色社会主义

中国革命与建设的实践表明，没有马克思主义就没有中国共产党，没有中国革命与中国特色社会主义。中国革命与建设的历史，就是马克思主义在中国传播与深入发展的历史，就是马克思主义与中国革命和实践进程密切结合的历史，就是马克思主义不断中国化的探索前行的历史。今天，推进社会和谐和构建社会主义核心价值体系，必须坚持和推进马克思主义，正确认识马克思主义。为此，必须把握四种基本视角：

一、马克思主义的理论定位：不是教条主义而是基本方法

正确认识马克思主义，首先应明确马克思主义的理论定位。将其作为神圣不能变通的教义加以盲目崇拜，还是着眼于遵循其基本立场、观点与方法，是

---

* 于学强（1973— ），男，山东茌平人，聊城大学思政与马克思主义学院副教授、博士，山东大学政治学与公共管理学院博士后，主要研究方向为中共党史党建。

截然不同的两种态度。根据经典作家的理论论述和实践的经验教训,我们认为第二种态度是科学的。

1. 经典作家认为马克思主义不是教条而是方法。作为经典马克思主义的创立者,马克思与恩格斯反对将他们的学说固化。恩格斯指出:"马克思的整个世界观不是教义,而是方法。它提供的不是现成的教条,而是进一步研究的出发点和供这种研究使用的方法。"① 作为第一个在实践中运用马克思主义,并取得社会主义革命胜利的先行者列宁曾指出:"从来没有一个马克思主义者认为马克思的理论是一种必须普遍遵守的历史哲学公式,是一种超出了对某种社会经济形态的说明的东西。"②"马克思主义同任何抽象公式、任何学理主义方法是绝对不相容的。"③ 中国的革命者,在革命早期曾犯过教条主义的错误。后来,毛泽东在尊重实践的基础上旗帜鲜明地提出反对本本主义,指出教条主义"只会片面地引用马克思恩格斯、列宁、斯大林的个别词句,而不会运用他们的立场、观点和方法,来具体研究中国的现状和中国的历史具体地分析中国革命问题和解决中国革命问题"。④ 所以,"我们要把马、恩、列、斯的方法用到中国来,在中国创造出一些新的东西,只有一般的理论,不用于中国的实际,打不得敌人。但如果把理论用到实际上去,用马克思主义的立场、方法来解决中国问题,创造些新的东西,这样就用得了"。⑤ 作为中国改革开放的总设计师——邓小平也善于突破旧思想,提出了解放思想的重大历史课题,其针对指向也是教条主义。他指出:"什么叫教条主义呢?教条主义就是脱离自己的现实。"⑥"脱离实际的主观主义,主要是教条主义倾向,是值得引起我们严重注意的"。⑦

2. 社会实践证明马克思主义不是教条而是方法。实践是检验真理的唯一标准。马克思主义作为方法,是经历了社会实践正反两方面经验教训证明了

---

① 《马克思恩格斯选集》第4卷,人民出版社1995年版,第742—743页。
② 《列宁选集》第1卷,人民出版社1995年版,第51页。
③ 《列宁专题文集·论马克思主义》,人民出版社2009年版,第100页。
④ 《毛泽东选集》第3卷,人民出版社1991年版,第797页。
⑤ 《毛泽东文集》第2卷,人民出版社1993年版,第408页。
⑥ 《邓小平文选》第1卷,人民出版社1993年版,第267页。
⑦ 同上,第264—265页。

的。实践中教条主义的做法对革命与建设的负面影响是至深的，革命与建设为各种各样的教条主义所付出的代价也是巨大的。在革命时期，年轻的共产党对于马克思主义与中国具体实际的结合还缺乏经验，长期存在着对马克思主义教条化、共产国际决议绝对化和苏联经验神圣化的错误倾向。党内的"左"、右倾机会主义者，办事情，想问题，一切从马列"本本"的定义，或者从共产国际的指示出发，照抄照搬苏俄经验。特别是王明"左"倾路线，鼓吹"百分之百"忠实于共产国际，在军事斗争中缺乏独立思考，搞脱离实际的教条主义，几乎使革命力量损失百分之百，差点使革命陷入绝境。在社会主义建设时期，我们同样深受教条主义之害。建国初期，我们照搬了苏联建设模式，建立起单一的生产资料公有制和高度集中的政治体制，既束缚了人们的思想，也束缚了生产力的发展。1956年以后，我们开始较为独立地探索社会主义道路。但是，在摆脱了对"洋教条"的理论崇拜之后，却又陷入对毛泽东言论"土教条"的崇拜之中。"以阶级斗争为纲"和"无产阶级专政下继续革命"的极"左"教条主义，使得辛辛苦苦的革命成果几乎毁于一旦。在文化大革命结束以后，人们本应痛定思痛，摆脱教条主义的禁锢，但"两个凡是"的却极大地阻碍了拨乱反正和新时期各项路线方针的开展。党的十一届三中全会和十一届六中全会虽然实现了工作中心的转移和拨乱反正，但是凡事都问姓"社"姓"资"，姓"公"姓"私"，仍然困扰着人们的思维。诚如马克思所言的"一切已死的先辈们的传统，像梦魇一样纠缠着活人的头脑。"① 新时期，将人们的思想从教条主义和旧体制中解放出来，贡献最大的当属邓小平。1992年邓小平南方谈话，明确指出了"计划经济不等于社会主义，资本主义也有计划；市场经济不等于资本主义，社会主义也有市场"，② 不仅澄清了人们在经济发展方面的模糊认识，也解放了思想，推进了马克思主义中国化、实践化的历史进程，恢复了将马克思主义当成基本方法的本来面目。

3. 在新的社会实践中反对两种教条主义的倾向。坚持将马克思主义视为方法，不仅是历史问题，更是现实问题，是个需要不断解决的问题。在新的社会实践中，应特别注意反对两种教条主义倾向：其一，摒弃将经典作家的话当

---

① 《马克思恩格斯选集》第1卷，人民出版社1995年版，第585页。
② 《邓小平文选》第3卷，人民出版社1993年版，第373页。

作教条。经典马克思主义在160年前的种种预言虽然依据了事实，但历史是发展的，实践的变革是超越科学预言的，经典作家不是算命先生，也不是神父，他们的学说不可避免带有时代的局限性，也不可能对未来社会的问题给出具体答案。正确认识马克思主义绝不是从经典著作里面寻词摘句、引经据典，而必须着眼于形势的变化和运动的发展，脱离历史的具体环境来谈问题，就是不懂得辩证唯物主义的起码常识，就等于完全抛弃马克思主义的立脚点。① 其二，摒弃将传统社会主义模式固化。传统社会主义曾一度是影响我国发展的经典样板，也曾经起过积极的历史作用。但是，在改革开放和全球化的背景之下，在经济市场化与政治民主化的潮流之中，教条地照搬他们的设想去判断框定现实的社会主义实践，那无异于削足适履，必然导致社会主义建设的挫折甚至失败。改革开放以来，"唯上"、"唯书"思想根深蒂固，姓"社"、姓"资"和姓"公"、姓"私"争论不断，一度成为改革的绊脚石，最根本的原因就是人们受到传统社会主义理论和思维模式的禁锢，无法解放思想所致。

二、马克思主义的实践作用：不是一无是处而是无所不在

当前，不少人怀疑马克思主义，提出所谓马克思主义"过时论"。实际上，马克思主义并没有过时，仍然是指导我们各方面工作的根本指针。"过时论"之所以发生，有两个原因：其一是没有认识到马克思主义的精髓，将马克思主义教条化，将马克思主义者话语的不合时宜说成马克思主义本身过时了；其二是不善学习马克思主义，更不会结合实践要求来学，或只学到皮毛而没学到实质。邓小平"学马列主义要精，要管用"[8]（P382）的论断中包含着一个基本的认识论前提，即马列主义是有用的，但要善学才会用、管用。马克思主义是无处不在的管用理论，主要体现在三个大的方面。

1. 马克思主义的基本原理仍然适用。何谓马克思主义基本原理？这一点马克思与恩格斯虽然肯定基本原理的存在，但对于何谓基本原理并没有具体交待。在经济全球化的今天，应坚持什么样的基本原理，专家的认知也并不一

---

① 《列宁专题文集·论马克思主义》，人民出版社2009年版，第99—100页。

致，有专家还提出应坚持十三条基本原理。① 但是，无论是分歧有多大，在一些应坚持的基本原理方面还是有相当大的契合点的。比如坚持辩证唯物主义与历史唯物主义，承认物质决定意识，社会存在决定社会意识，生产力决定生产关系，人民群众决定历史发展等等。这些内容涉及到自然、社会与人类思维的各个层面，可谓无处不在。而正确地运用这些基本原理来指导实践，就可以推进实践的发展，克服种种思想意识和认识论方面的缺陷。所以，这些原理不仅无处不在，而且仍然起着积极的作用。比如，坚持物质决定意识的唯物论，彻底摈弃了愚昧无知的封建主义和神秘莫测的宗教主义不仅有相当强的针对性，也有深远的历史意义。我国作为封建专制传统浓厚而又有点泛神信仰的国家，封建迷信和宗教都深深地毒害着人们的心灵。不信马列信鬼神不仅在普通民众中广泛存在，在党政干部群体内也时有发生。思想这块阵地马克思主义不去占领，其他主义甚至宗教迷信就去占领。只有加强马克思主义基本原理教育，才能将宗教迷信与马克思主义区分开来，解决人们的世界观问题。

2. 马克思主义的精神实质仍然适用。马克思主义是一种为民学说，为民的价值取向和为了实现这种价值的实事求是的科学态度，是其精神实质。一切为了人民的价值导向将马克思主义推到了一个至高至上的境界，这是其备受推崇长盛不衰的重要原因。我们党作为一个马克思主义政党，已经将"为人民服务"正式确立为党的根本宗旨即最高的、最根本的价值取向，这一点也是我们党近90年来得到人民支持、60余年来能够长期执政的根本因素。当然，为民不是务虚的而是务实的，人民的眼睛是雪亮的，空洞的说教根本靠不住。我们党之所以得到民众的认可，不仅仅是声称执政为民，更重要的是通过实事求是的思想路线真正落实了人民至上的理念。真正的马克思主义者向来坚持将一切为了人民与实事求是结合起来，没有实事求是，就会背离了真理和科学，无论做什么事都不可能成功；没有一切为了人民，就不再是马克思主义者、社会主义者和共产主义者。坚持二者的结合既反映了马克思主义一贯的思想内容，又体现了当代中国马克思主义者对坚持和发展马克思主义应有的权利和责任；既符合人类进步的科学原则和价值原则，又以高度的自觉性显示了马克思主义的先进性；既代表了我们党作为执政党的崇高思想境界，也为最广大人民群众

---

① 梅荣政：《什么是马克思主义基本原理》，载《马克思主义研究》2009年第4期。

所易于理解和普遍认同。只有做到了二者的有机结合，才能说马克思主义是有用的，且无处不在的；才能从根本上回击将马克思主义说的一无是处的种种猜忌。

3. 马克思主义的基本方法仍然适用。马克思主义的基本方法既离不开其基本原理，也离不开其精神实质。作为为民请愿的学说，马克思主义鲜明的阶级立场和科学的求实精神是分不开的。阶级分析的方法是马克思主义的基本方法之一。但是，阶级分析不是阶级斗争。长期以来，由于我们没有完全理解和正确对待阶级分析，出现了以阶级斗争为纲的革命党思维，给我们的建设事业带来了不小的失误。为了结合时代和体现马克思主义的精神实质，更宜用利益分析取代阶级分析的提法。利益无处不在，人都离不开利益。这一点马克思与恩格斯从来都没有否定过，斯大林倒是说过共产党人是由"是由特殊材料制成的"，① 但社会主义发展的实践表明，共产党人首先是人，具有追求个人利益的诉求与冲动。邓小平实事求是地肯定了利益的重要性，尊重个人正当利益的重要性，特别是针对我们生产力相对落后的情况下，强调充分关注利益问题的重要性。他指出，"不讲多劳多得，不重视物质利益，对少数先进分子可以，对广大群众不行；一段时间可以，长期不行。"② 利益无处不在说明利益分析的方法应无处不在。对于执政党而言，尤其要发挥利益的代表和整合作用，因为现在阶级阶层分化十分剧烈，搞不好利益整合，往往会出现社会紊乱问题。

三、马克思主义的内在发展：不是盲目排外而是兼收并蓄

马克思主义作为一种文化，它绝对不是社会中的唯一存在。一个社会中仅有马克思主义，而没有其他文化现象是不正常的，也是不可能的。我们坚持马克思主义指导思想的一元化，并不是要消灭其他文化，因为指导思想一元化与文化的多元存在并不矛盾。相反，马克思主义正是在多元文化的交织矛盾与冲

---

① 《斯大林选集》第6卷，人民出版社1956年版，第42页。
② 《邓小平文选》第2卷，人民出版社1994年版，第146页。

突竞争中发展起来的，是在兼收并蓄中成熟的。

1. 马克思主义指导思想的确立是个艰难的过程。中国有着五六千年的文明根基，这使任何外来文化影响都面临被改造的危险，而中国传统文化很难撼动。历史证明，凡试图改造中国文化的文化，都成为了被改造、被吸纳的对象。曾强盛一时并号称日不落帝国的英国，曾数次打破满清政府的大门，但仍不能像奴役印度人一样奴役中国，不得已选择了中国皇帝作为他们的治理工具，也使得中国沦为半殖民半封建之国。这种情况也使得马克思主义的民主科学理念在中国的传播，经历了艰难的过程。马克思主义在中国的传播及其指导思想地位的确立，充分证明了列宁的一句名言：马克思主义"这一学说在其生命的途程中每走一步都得经过战斗"。① 因为中国封建历程久远，时至今日中国的民主进程仍然受制于皇权专制意识的影响。辛亥革命以后，中国人开始有了民主思想，追求民主共和的理念慢慢生根，但仍十分脆弱，不然就不会有袁世凯称帝与张勋复辟闹剧的上演。五四运动以来，马克思主义开始传入中国，先进的中国人开始传播这种先进文化，并将其与工人运动结合造就了中国共产党。中国共产党利用自己的政治优势开始灌输马克思主义，使工人队伍接受这种先进思想。新中国成立后，中国共产党又有了政权的力量，可以利用国家机器来加大这一思想的灌输力度，通过宣传部、新闻媒体、党校、高校等各个层面，不仅对工人阶级队伍，而且对全民加强马克思主义教育，才渐渐使其成为主流意识形态。

2. 文化的多元存在与指导思想一元化并不矛盾。文化是社会生活的反映，而社会生活是丰富多彩的，社会生活的多样性决定了文化的多样性，社会的剧烈变化都能在文化方面找到影像。但是，在多样化的生活中，应当有主流与支流，否则社会就会紊乱。我国古代春秋战国时期的百家争鸣可谓文化繁荣，但由于缺少主流文化而致使群雄并起、民众疾苦。秦始皇的"焚书坑儒"，虽然造成了对中国文化的不可挽回的损失，但将思想统一到法家主张上来，又从一定意义上避免了社会紊乱。汉董仲书的"罢黜百家，独尊儒术"，使儒家思想走上前台成为中国社会的主流思想。但即便这个时期，仍不否认其他思想还潜伏着，或者以支流的形态存在着。不仅如此，儒家思想有很强的吸纳性，它本

---

① 《列宁专题文集·论马克思主义》，人民出版社2009年版，第148页。

身也有很多派别。比如缔造这一思想的孔子说过，性相近，习相远，但人性到底是善是恶他并没有回答。孟子认为，"人之性善也，犹水之就下也，人无有不善，水无有不下"，他承认性善；而荀子认为，"人之性恶，其善者伪也"，他主张性恶。但他们都是儒家。儒家思想自身有很强的包容性，这正是它长盛不衰的理由之一。马克思主义在中国传播并逐步成就主导地位的过程，也是它与其他文化的冲突与斗争的过程。在共产党人掌握了这一思想之后，它仍然面临着封建文化和西方腐败思想的双面围堵。所以，无论是五四运动期间胡适与李大钊的"问题与主义之辩"，还是今天我们对西方社会西化的抑制、对封建社会腐朽思想的抗击，都体现着文化的冲突没有停止过。可见，多元文化的存在，需要有一种主流文化，这无论在那个时代都是必要的。

3. 坚守指导思想的一元化必然要增强其包容性。当前，我国文化领域的多元化态势无论承认还是不承认都是存在的，传统思想自然根深蒂固，在人的意识领域占有一席之地；而改革开放后的西方文化也渐渐成为一支影响人们思维的重要力量。正确地认识马克思主义，坚守马克思主义在意识形态的主导地位，必须看到马克思主义本身也具有包容特性。一方面，它也允许其他思想的存在，包括西方文化和传统文化的存在；另一方面，它本身也是开放的体系和发展的学说，不断地从其他文化中汲取精华。问渠哪得清如许，唯有源头活水来。马克思主义要保持鲜活的生机，必须要正视自己的发展问题。当前，我们国家正面临着急剧的思想变革，各种文化方面的冲突还是比较激烈的。因为现在多元思想的存在有着更多的条件。比如社会经济体制与政治体制的变革，市场经济体制的建立、多元经济成分与分配多样化，等等都为新思想的产生提供了环境条件。面对多元文化的现实存在，怎么对待马克思主义，中国社会科学院的程恩富提出，在"马学为体，西学为用，国学为根"，"世情为鉴，国情为据，党情为要"①的指导下推进马克思主义。这不失为一种理性选择，但这种选择之中也透露出多元文化的存在，以及马克思主义的包容性问题。南开大学的郑林华也谈及马克思主义与中国传统文化相融合的思想，视其为文化层面

---

① 程恩富，何干强：《论推进中国经济学现代化的学术原则——主析"马学"、"西学"与"国学"之关系》，载《马克思主义研究》2009年第4期。

的马克思主义中国化,并指出不同时期马克思主义与中国不同的文化导向相融合。① 当然,排斥文化多元化是一种错误,提倡指导思想多元化也是一种错误。二十世纪八九十年代,苏东共产党内长期理论创新滞后,使得马克思主义的自身发展面临困境。后来,一些领导人干脆取消了马克思主义指导地位,搞起了"指导思想多元化"、"意识形态多元化",结果搞乱了党员和群众的思想,导致政权丧失,国家解体。

四、马克思主义的外在表象:不是千篇一律而是各具特色

马克思主义是放之四海皆准的吗?如果仅就其基本原理与立场方法而言,应做肯定回答。恩格斯在《共产党宣言》序中曾讲过,虽然时间流逝,但《宣言》中的基本原理时至今日仍然是正确的,而某些判断则不然。如果连个别判断都能放之四海皆准,马克思主义就不需要发展了。那么,马克思主义岂不成了宗教?实际上,马克思主义在坚守其基本原理与方法的前提之下,必须结合不同时代和国家与时俱进。李惠斌曾结合中国改革开放30年的实践,论及马克思主义在中国至少发生了八个方面的重大转换。② 这些转换,是马克思主义与时俱进的佐证。具体到其他国家也是一样。所以,实践中的马克思主义应当五彩缤纷,而不是千篇一律。各国搞各具特色的马克思主义,实际上就是要将马克思主义的基本原理与各国的独特社会实践相结合,与各国文化传统相结合,化为每个国家民众都能接受的思想与观念。

1. 马克思主义在世界的发展历程表明其各具特色。作为一种思想,马克思恩格斯创建之时是针对西欧国家特别是英、法、德的实际,提出了所谓共同胜利说——社会主义应是在发达的资本主义国家至少在英、法、德等国共同取得胜利。而实践中的社会主义并没有这样走,因为资本主义发展的不平衡性,

---

① 郑林华:《马克思主义与中国传统文化相融合新论》,载《党的文献》2010年第2期。

② 李惠斌:《马克思主义在中国八个方面的重大主题转换》,载《新华文摘》2010年第6期。

导致世界矛盾的变化。当时，帝国主义国家工人阶级与资产阶级的矛盾、殖民地与宗主国的矛盾、帝国主义与帝国主义为争夺殖民地产生的矛盾都非常突出。战争是解决矛盾的重要方式，也是矛盾激化到一定程度而不得不选择的一种方式。第一次世界大战，是帝国主义试图解决自身危机与各种矛盾而发动的。俄国参与第一次世界大战，但本身独特国情使其成为矛盾的焦点。列宁看到这个问题，及时地变世界战争为国内战争，发动十月革命，成就了第一个社会主义国家。可见，列宁的思想与马克思恩格斯的设想根本不同，从革命的起点方面就完全不一样的。马克思恩格斯讲社会主义需建立在发达的资本主义基础之上，而俄国社会主义革命是在落后的封建军事甚至农奴国家产生的。但是，列宁领悟了马克思主义的精神，坚守了其基本原理、立场与方法，在此基础上进一步发展了马克思主义，推进了马克思主义的俄国化。同样，马克思主义也必然要各国化。

2. 马克思主义在中国的传播途径证明其各具特色。我们中国接受马克思主义的进程，足以说明马克思主义各国化的问题。在马克思主义传入初期，与其说我们是授受了马克思主义还不如说是接受了各国化以后的马克思主义。马克思传入中国至少有三条渠道：一是欧洲，这是离马克思老家最近的地方，但也不是他们的老家德国，而是法国。我们知道法国是受马克思影响最大的国家之一，是巴黎公社的诞生地。一批先进的中国人曾到达这里学习过，在这里接受过马克思主义，像周恩来、邓小平等人，最初对马克思主义的了解就是西欧。二是俄国，十月革命后俄国人也关注中国革命，中国人也从俄国十月革命的炮火中看到了自己的希望，一大批中国人是受俄式马克思主义影响的，像瞿秋白、王明等人都是接受俄式马克思主义的。三是日本，马克思主义在日本的传播早于中国，日本人对马克思的介绍也影响了一批中国人，像陈独秀、李大钊就是受日式马克思主义的影响。所以，我们在接受马克思主义时，它已经是形态万千了。各具特色的马克思主义对中国影响最大的当属俄国——列宁主义，因为中国的社会实际与俄国有些相似，都是长期经受专制的封建的统治，都是落后的国家。所以，我们的社会主义革命，没有按经典作家马克思恩格斯所预言的走，我们压根就没有经历资本主义社会，更谈不上发达资本主义了；当然我们也没有复制俄国革命历史，而是结合中国实际走出了一条农村包围城市，武装夺取政权的特色之路。

3. 结合中国实际努力推进马克思主义中国化。马克思主义不是千篇一律，是从宏观和世界维度而言的，具体到一个国家，马克思主义就呈现出特色来。今天，我们要推进社会主义建设，必须应结合中国实际努力推进马克思主义中国化。从我国发展的历程看，什么时候坚持中国特色，什么时候就有发展；什么时候不关注中国国情，什么时候就受到挫折。在革命时期，那些不关注中国国情的教条论者，将中国革命带进了死胡同而被迫进行长征，战略大转移，使得不少仁人志士为之失去了生命。在建设时期，我们也犯过这样或那样的错误，最根本的原因还是无视中国实际，像"跑步进入共产主义"，"人有多大胆，地有多大产"，"一万年太久，只争朝夕"，不仅没有解决问题，反而造就了新问题，最终酿成了发展中的苦果。改革开放以来，我们开始推进马克思主义中国化，中国特色社会主义理论体系开始逐步形成。中国特色社会主义理论体系是马克思主义中国化的最新成果，坚持这一理论体系就是真正坚持马克思主义。从马克思主义中国化的历程我们可以看到，马克思主义没有垄断真理，也不是一个封闭体系，马克思主义的生机和活力在于与时俱进，不断发展和敢于创新。因此，我们必须从对马克思主义创始人的精神依赖中走出来，坚持实事求是和具体问题具体对待根本方法，分析当代中国具体实际，创造出具有中国特色、中国风格、中国气派的马克思主义，这样才能承担起推动中国社会发展的历史使命。

由此，马克思主义作为一种科学的理论，其精髓是实事求是，而决定其精髓的理论本性在于与时俱进。正确认识马克思主义必须结合时代与国情的变化，以当前我们正在做的事情为中心，着眼于马克思主义的理论运用，着眼于针对实际问题的理性思考，着眼于新的实践与新的发展。

（此文载于《当代世界与社会主义》2010年第3期）

马克思主义人权理论及其中国实践

秦正为

摘 要：马克思主义不仅不否定和反对人权，而且其人权理论极为丰富：人权是历史的、社会的、有阶级的，而不是天赋的、空洞的、超阶级的；人权是普遍的、全面的、发展的，而不是狭隘的、单向的、静止的；人权是相对的、具体的、变化的，而不是绝对的、抽象的、永恒的；无产阶级人权与资产阶级人权是有根本区别的；无产阶级要善于运用人权并为人权而斗争。马克思主义人权理论在中国实践的过程中，取得了重大成就。其基本经验是：必须坚持解放思想、实事求是、与时俱进的人权理念；必须坚持国情第一、国权至上、多样共存的人权模式；必须坚持生存第一、发展至上、持久永续的人权原则；必须坚持政治解放、劳动解放、全面发展的人权路径。

关键词：马克思主义；人权理论；中国化

在过去很长时间里以及当前，人权问题，不仅是意识形态和国际政治经济斗争的热点问题，成为美国等西方国家推行"人权外交"的工具，而且也是社会主义国家面临和亟待解决的现实问题，成为我国贯彻"以人为本"科学发展的关键。因此，研究马克思主义的人权理论及其中国实践的历程和基本经验，不仅具有重大的理论价值，而且具有极强的现实意义。

一、马克思主义人权理论的基本内容

在过去很长时间里，学界和政界对马克思主义人权理论都有一种误解，那就是：要么认为马克思主义创始人没有自己的人权理论，人权问题属于资本主义的东西；要么认为他们的人权理论微乎其微，仅仅属于其早期理论，且是反对资产阶级人权的伴生物。实际上，马克思主义人权理论不仅是存在的，而且与其他理论一样是极其丰富而深刻的。事实和研究表明，马克思恩格斯的早期目标、最高理想和终极关怀都是人的解放，都是人权问题。马克思的中学毕业论文就已经明确他要选择"最能为人类幸福而劳动的职业"，马克思主义诞生的标志文件《共产党宣言》的核心命题就是建立"自由人联合体"，马克思主义的经典巨著《资本论》就是要剖析资本条件下"人的异化"问题。人权问题不仅贯穿马克思恩格斯思想理论的始终，而且为列宁所创新发展和实践，创立世界上第一个人民当家作主的政权，并制定了世界上第一个社会主义的"人权宣言"——《被剥削劳动人民权利宣言》。综观马克思主义的人权理论，其基本内容和基本观点可以从以下几个方面来分析。

第一，人权是历史的、社会的、有阶级的，而不是天赋的、空洞的、超阶级的。马克思主义认为人权是历史的，是因为"人权"是作为封建特权的对立物而产生和出现的，是新兴生产关系发展和资产阶级夺权的客观要求。马克思指出，"现代国家既然是由于自身的发展而不得不挣脱旧的政治桎梏的市民社会的产物，所以，它就用宣布人权的办法从自己的方面来承认自己的出生地和自己的基础。""现代国家承认人权同古代国家承认奴隶制是一个意思。"① 恩格斯也谈到："代替教条和神权的是人权，代替教会的是国家。"② 正因如此，马克思在《神圣家族》中明确指出："黑格尔曾经说过，'人权'不是天赋的，而是历史地产生的。而'批判'关于人权是不可能说出什么比黑格尔更有批判性的言论的。"③ 马克思主义认为人权是社会的，是因为人的本质是一切社会关系的总和，人权只有在社会中才能实现。马克思曾说："出生只是赋予人以个人的存在，首先只是赋予他以生命，使

---

① 《马克思恩格斯全集》第2卷，人民出版社1957年版，第145页。
② 《马克思恩格斯全集》第21卷，人民出版社1965年版，第546页。
③ 《马克思恩格斯全集》第2卷，人民出版社1957年版，第146页。

他成为自然的个人;而国家的规定,如立法权等等,则是社会产物。"① 既然如此,除了原始社会和共产主义社会,在长时间的阶级社会中,人权是有阶级性的,即使资产阶级所宣扬的"超阶级"人权也不例外。对此,恩格斯在 1886 年曾生动地谈到:"追求幸福的欲望只有极微小的一部分可以靠观念上的权利来满足,绝大部分却要靠物质的手段来实现,而由于资本主义生产所关心的,是使绝大多数权利平等的人仅有最必需的东西来勉强维持生活,所以资本主义对多数人追求幸福的平等权利所给予的尊重,即使有,也未必比奴隶制或农奴制所给予的多一些。"② 通过论证,马克思恩格斯以雄辩的事实从根本上突破了资产阶级学者们所宣扬的"抽象的超然的天赋人权说"和"契约论"等唯心主义人权理论。

第二,人权是普遍的、全面的、发展的,而不是狭隘的、单向的、静止的。马克思主义认为人权是普遍的,是因为人权是人之为"人"的基本权利。因而,现代的平等要求应当是"从人的这种共同特性中,从人就他们是人而言的这种平等中引申出这样的要求:一切人,或至少是一个国家的一切公民,或一个社会的一切成员,都应当有平等的政治地位和社会地位。"③ 这种普遍性要求平等不分性别、种族、出身、职业、信仰等,与资产阶级以自身标准冠之以人类的"普遍准则"、"普世价值"是根本不同的。正因如此,这种平等也应是全面的,即要体现在政治、经济、文化等各个方面。针对资产阶级只讲政治自由权而不讲社会经济权,恩格斯在《反杜林论》中批评道:"平等应当不仅是表面的,不仅在国家的领域中实行,它还应当是实际的,还应当在社会的、经济的领域中实行。"④ 列宁认为,即使对于前者,也不能由于无产阶级被贫困压得"无暇过问政治",因而总是"被排斥在社会政治生活之外。"⑤ 马克思主义认为人权是发展的,是因为不仅人权的历史是渐进的,而且人们对人权的认识和理解也是不断发展的。比如,文艺复兴以人性反神性,以人权代神权,"从今以后,迷信、非正义、特权和压迫,必将为永恒的真理,为永恒的

---

① 《马克思恩格斯全集》第 1 卷,人民出版社 1956 年版,第 377 页。
② 《马克思恩格斯选集》第 4 卷,人民出版社 1995 年版,第 239 页。
③ 《马克思恩格斯选集》第 3 卷,人民出版社 1995 年版,第 444 页。
④ 同上,第 448 页。
⑤ 《列宁全集》第 25 卷,人民出版社 1956 年版,第 447 页。

正义，为基于自然的平等和不可剥夺的人权所取代。"① 但是资产阶级的人权必定也要被无产阶级的人权所取代，人权也会从基本的自由、平等向政治、经济、文化等各方面扩展。马克思主义的这种人权理论不仅是无产阶级的指南，也得到了西方学者的肯定。如《人权的终结》一书的作者美国的科斯塔斯·杜兹纳教授在该书中介绍"马克思主义的人权观"时谈到："法国革命在政治上成功地解放了资本主义经济；现在有必要发动一场旨在解放全人类的社会革命。人权是革命的主要意识形态。这些权利属于抽象的普遍人，然而在实践中人权促进了资本主义中非常具体的人以及自私、贪婪的人的利益。从这个角度看，马克思的人权批判具有全面性和彻底性。"②

第三，人权是相对的、具体的、变化的，而不是绝对的、抽象的、永恒的。马克思主义认为人权是相对的，是因为权利与义务是相对的，人权在时间和空间上也是相对的。对此，马克思指出："没有无义务的权利，也没有无权利的义务。"③ 同时"权利决不能超出社会的经济结构以及由经济结构制约的社会的文化发展。"④ 原始社会人的权利义务与奴隶社会不同，资本主义社会与共产主义社会也不同；人权因国家、民族的不同也会有差异。正因如此，人权不是绝对的，也不是抽象的，而是相对的、具体的。恩格斯指出，资本主义制度"针对着按出身区分的各种旧的等级，它应当在自己的旗帜上写上人权；针对着行会制度写上贸易与工业自由；针对着官僚制度的监督写上自由与自治。如果坚决彻底，资产阶级就应当要求直接的普选权、出版、结社和集会自由，废除反对居民中各个阶级的一切特别法令。"⑤ 马克思主义人权理论也是如此，它更强调人民的经济、社会和文化权利。也正因如此，马克思主义人权理论对包括美国在内的现代人权思想都产生了深远的影响。美国人权问题专家约瑟夫·郎卡（Joseph Wronka）在研究了马克思主义对美国人权政策的影响

---

① 《马克思恩格斯选集》第3卷，人民出版社1995年版，第356页。
② ［美］科斯塔斯·杜兹纳《人权的终结》，江苏人民出版社2002年版，第170页。
③ 《马克思恩格斯选集》第2卷，人民出版社1995年版，第610页。
④ 《马克思恩格斯选集》第3卷，人民出版社1995年版，第305页。
⑤ 《马克思恩格斯全集》第16卷，人民出版社1964年版，第85页。

后，得出结论说："马克思主义人权观是现代美国人权思想的来源之一。"① 既然人权是相对的、具体的，那么人权也是变化的，而不是永恒的。例如，恩格斯曾指出："平等的观念，无论以资产阶级的形式出现，还是以无产阶级的形式出现，本身都是一种历史的产物，这一观念的形成，需要一定的历史条件，而这种历史条件本身又以长期的以往的历史为前提。所以，这样的平等观念说它是什么都行，就不能说是永恒的真理。"②

第四，无产阶级人权与资产阶级人权是根本区别的。由于人的本质是社会关系的总和，人权是社会的产物，因而无产阶级人权与资产阶级人权是根本不同的，并有着原则上的根本区别。为此，马克思恩格斯指出，资本主义"人权本身就是特权"，"平等地剥削劳动力，是资本的首要人权"。③ 资产阶级所宣扬的普遍的、普世的人权只不过是限制在它们所指定的"公民"范围之内的，而马克思恩格斯认为人权与公民权是不同的。恩格斯尖锐指出："人权的特殊资产阶级性质的典型表现是美国宪法，它最先承认了人权，同时确认了存在于美国的有色人种奴隶制：阶级特权不受法律保护，种族特权被神圣化。"④ 因此，这种"不同于公民权的所谓人权无非是市民社会的成员的权利，即脱离了人的本质和共同体的利己主义的人的权利。"⑤ 在此之下，其它的平等自由都不过是资产阶级的私利。"永恒的正义在资产阶级的司法中得到实现；平等归结为法律面前的资产阶级的平等，被宣布为最主要的人权之一的是资产阶级的所有权；而理性的国家、卢梭的社会契约在实践中表现为而且也只能表现为资产阶级的民主共和国。"⑥ 与之相反，无产阶级的人权的具体内容就是要消灭阶级、消灭剥削，实现真正的平等。恩格斯阐明无产阶级对平等要求的实质内容时指出："无产阶级平等要求的实际内容都是消灭阶级的要求。任何超

---

① Joseph Wronka. Human Rights and Social Policy in the 21st Century. University Press of America，1998. P82.
② 《马克思恩格斯选集》第 3 卷，人民出版社 1995 年版，第 448 页。
③ 《马克思恩格斯全集》第 23 卷，人民出版社 1972 年版，第 324 页。
④ 《马克思恩格斯选集》第 3 卷，人民出版社 1995 年版，第 447 页。
⑤ 《马克思恩格斯全集》第 1 卷，人民出版社 1956 年版，第 436 页。
⑥ 《马克思恩格斯选集》第 3 卷，人民出版社 1995 年版，第 356 页。

出这个范围的平等要求,都必然要流于荒谬。"① 列宁也表述过同样的思想:"'平等'如果同劳动摆脱资本的压迫相抵触,那就是骗人的东西"。② "我们要争取的平等就是消灭阶级。因此也要消灭工农之间的阶级差别"。③ 只有消灭了剥削,才能实现真正的平等和真正使人权得到维护。

第五,无产阶级要善于运用人权并为人权而斗争。既然马克思主义承认人权,不摈弃人权,那么人权在无产阶级解放的过程中,不仅是一种追求目标,也可以成为斗争的手段。尽管"自由"一度成为资产阶级革命的进步口号又被资产阶级所扭曲,但无产阶级必须为此进行继续的斗争。因为,"没有这些自由,工人政党自己就不能获得运动的自由;争取这些自由,同时也就是争取自己本身存在的条件,争取自己呼吸所需的空气。"④ 无产阶级和工人政党"借助出版自由、集会和结社权可以为自己争得普选权,而借助直接的普选权并与上面所说的鼓动手段相结合,就可以争得其余的一切。"⑤ 相反,如果"没有出版自由、结社权和集会权,就不可能有工人运动。"⑥ 无产阶级夺取政权,争得民主,为社会主义人权的实现提供了前提条件。在此基础上,无产阶级还要发展社会经济和文化,满足人们不断增长的各种需要,从而实现人的自由而全面的发展。

二、马克思主义人权理论的中国化历程

鸦片战争以后,中国逐渐沦为半殖民地半封建社会。在近百年的屈辱历程中,"中国缺少的东西固然很多,但是主要的就是少了两件东西:一件是独立,一件是民主。这两件东西少了一件,中国的事情就办不好。"⑦ 而这两件中的无论哪一件,都涉及一个问题,那就是人权。因为,对于殖民地半殖民地

---

① 《马克思恩格斯选集》第3卷,人民出版社1995年版,第 页。
② 《列宁全集》第36卷,人民出版社1985年版,第340页。
③ 同上,第341页。
④ 《马克思恩格斯全集》第16卷,人民出版社1964年版,第86—87页。
⑤ 同上,第85页。
⑥ 同上,第84页。
⑦ 《毛泽东选集》第2卷,人民出版社1991年版,第731页。

而言，人权首先是独立权、生存权和发展权。所以，中国近百年的抗争实际上也就是争取独立权、生存权和发展权的过程。地主阶级的"师夷长技以制夷"、洋务运动、清末新政，农民阶级的太平天国起义、义和团运动，资产阶级的维新变法、辛亥革命、实业救国等都没有改变中国的社会性质。这些器物上的、制度上的变革的失败，使人们开始考虑思想上的革命，从而出现了新文化运动"民主"与"科学"的大旗。但对中国影响最大的还是俄国的十月革命，苏维埃第一次使人民当家作主振奋和推动着中国开始"以俄为师"，这也就使中国由寻求西方的自由、平等、博爱转向马克思主义的人权道路。中国共产党的建立使中国革命的面貌焕然一新，也使中国的人权斗争和发展焕然一新。广大劳动群众不仅有了寻求人类解放的最高理想和远大目标，而且在现实中开始分得了土地、争得了发言权，还为"劳工神圣"而自豪。"国民党区域剥夺人民的一切自由。中国解放区则给予人民以充分的自由。"① 解放区成为人们向往的"圣地"，同时中国共产党还领导了国统区的人民民主运动，使之成为争取人权解放的第二条战线。对此，毛泽东多次谈到：中国共产党是为全国"人民谋利益，而不是只为一部分人谋利益。全国人民都要有人身自由的权利，参与政治的权利和保护财产的权利。全国人民都要有说话的机会，都要有衣穿，有饭吃，有事做，有书读，总之是要各得其所。"② "自由是人民争来的，不是什么人恩赐的。中国解放区的人民已经争得了自由，其他地方的人民也可能和应该争得这种自由。……人民的言论、出版、集会、结社、思想、信仰和身体这几项自由，是最重要的自由。在中国境内，只有解放区是彻底地实现了。"③ 正是这些成绩，正是"民心向背"，最终赢得了新中国的成立。

建国后，疮痍满目，百废待兴，人的生存和发展问题成为首要问题和严峻考验。对此，西方某些政治家曾断言：中国没有一个政府能够解决人民的吃饭问题。但是毛泽东不仅庄严宣布"中国人民从此站立起来了"，而且满怀信心地指出："中国人被人认为不文明的时代已经过去了，我们将以一个具有高度文化的

---

① 《毛泽东选集》第3卷，人民出版社1991年版，第1049页。
② 同上，第808页。
③ 同上，第1070页。

民族出现于世界。"① 在此指导下，社会主义基本制度的建立使人民真正在政治、经济和文化上翻身做了主人，"一化三改"、全面建设、"四化"建设使人民真正在生产、生活和精神上获得了极大的自由。民族平等、共同繁荣和民族区域自治使少数民族地区的人口、经济和文化都得到迅速发展，社会主义改革和民主改革使甚至处于原始社会的民族跨越了几个社会形态。正是在基础上，毛泽东谈到："我们的宪法规定：中华人民共和国公民有言论、出版、集会、结社、游行、示威、宗教信仰等等自由。我们的宪法又规定：国家机关实行民主集中制，国家机关必须依靠人民群众，国家机关工作人员必须为人民服务。我们的这个社会主义的民主是任何资产阶级国家所不可能有的最广大的民主。"② 这一成就，实际上就是马克思主义人权理论中国化的结果。"又要重工业、又要人民"，社会主义社会也有矛盾、人民内部矛盾是主要矛盾等等，既坚持了马克思主义的基本原理又坚持了"以苏为鉴"，走出了中国特色。但是，由于理论上的误区和认识上的偏差，人权问题并没有真正受到重视，并被当成资产阶级的东西。相当长时间内的宪法和法律没有使用"人权"概念，马寅初的"人口论"被打倒，甚至在极"左"思潮的影响下导致了"文化大革命"的人间悲剧。

改革开放以后，中国的人权发展也进入了一个新的时期。"真理标准大讨论"使人们的思想真正得到解放，"一个中心、两个基本点"使人们的生产和生活环境大大改善。正是在此推动下，人们的积极性和创造力得到极大的发挥。安徽凤阳小岗村的暗流涌动汇成了农村改革的大潮，上山下乡知识青年们回城后的彷徨徘徊使个体经济遍地开花，广东福建侨乡人民的偷偷摸摸首先开启了对外开放的大门。由于经济社会的迅速发展，到20世纪末我国已基本解决了13亿人的温饱问题，平均达到小康，人民普遍享有与经济社会社会发展程度相适应的各种政治、经济、文化、社会等权利。在新世纪新阶段，我国把尊重和保障人权作为治国理政的重要原则，庄严地载入《中华人民共和国宪法》，并制定和实施《国家人权行动计划》，不断推动人权事业的发展。同时，中国共产党不断创新人权理论，提出共产党执政就是领导和支持人民掌握管理国家的权力、人权首先是国家的独立权和人民的生存权、国际人权合作应以合

---

① 《毛泽东文集》第5卷，人民出版社1996年版，第345页。
② 《毛泽东文集》第7卷，人民出版社1999年版，第207页。

作取代对抗等观点。特别是在农村实行了以民主选举、民主决策、民主管理、民主监督为基本内容的基层民主，使亿万农民获得了直接选举权利。此外，还完善了教育法制，大力发展文化事业，充分保障公民受教育权利和文化权利。马克思主义人权理论不仅融入党的指导思想，而且一脉相承。从"三个有利于"到"三个代表"，再到"以人为本"，莫不体现了人民群众的最高利益原则和人民群众高兴不高兴、答应不答应、拥护不拥护的具体执政标准。中国不但致力于国内人权的发展，还参加了25项国际人权条约，认真履行有关国际人权条约规定的义务，积极倡导和参与国际人权领域的交流与合作，为人类和平和世界人权事业作出了巨大贡献。但是中国的迅速发展也令美国等西方国家感到不安，它们在对中国进行经济干预、文化渗透的同时也打起了"人权外交"的旗帜。与之相对应，我国从20世纪90年代初也积极主动地运用马克思主义人权武器与资产阶级人权作斗争，中国政府1991年至今每年发表《中国的人权状况》白皮书。2004年以来，"尊重和保障人权"先后载入《宪法》、国家"十一五"发展规划纲要和《中国共产党章程》，成为党和政府治国理政的一项重要原则。对资产阶级人权的批判，最简明犀利的是邓小平的论断："什么是人权？首先一条，是多少人的人权？是少数人的人权，还是多数人的人权，全国人民的人权？西方世界的所谓'人权'和我们讲的人权，本质上是两回事，观点不同。"① 江泽民也指出："共产党人的宗旨是全人类的解放。……几十年来，中国共产党领导中国人民始终不懈地为争取实现自己的人权而奋斗，无数革命先烈前仆后继、流血牺牲，为的是什么？就是为了争取国家的独立权、人民的生存权和发展权。保障绝大多数人的根本利益，是我国在人权问题上的出发点。"② 从"全心全意为人民服务"到"以人为本"，权为民所用、情为民所系、利为民所谋，这就是中国共产党维护和发展人权的历程。以邓小平、江泽民、胡锦涛为主要代表的中国共产党人高举维护人权、反对霸权，保护社会主义国家多数人人权、反对资产阶级自由化的旗帜，以加快发展实现共同富裕进而保障人权为目标，将中国社会带入了改革开放的新时期，也

---

① 《邓小平文选》第3卷，人民出版社1993年版，第125页。
② 江泽民《与优秀残疾人和助残先进集体、个人代表座谈时的讲话》，《人民日报》1991年5月11日。

实践和实现着马克思主义人权理论的中国化。

三、马克思主义人权理论中国化的基本经验

第一，必须坚持解放思想、实事求是、与时俱进的人权理念。在人权问题上解放思想、实事求是、与时俱进，最重要的就是排除"左"的和右的干扰。首先，既要破除认为马克思恩格斯没有人权理论、否定人权、人权属于资产阶级的东西的观念，又要防止过度强调"回到早期马克思"、拔高马克思的人本理论、认为马克思主义人权理论完美无缺的思想。其次，既不能照搬西方的人权理论，也不能把马克思主义的人权理论教条化。再次，既要反对那种抽象谈论人性、人权，用人权普遍性、共同性否认或代替人权特殊性、阶级性的错误倾向，又要破除那种歪曲人权特殊性、阶级性，根本否认人权普遍性、共同性的错误倾向。最后，既要破除那种因社会主义制度本质的优越性就简单地误认为社会主义人权完美无缺、无须发展的思想，又要反对那种因社会主义制度尚不完善而不敢理直气壮地谈中国人权，甚至误认为中国没有人权的错误倾向。只有坚持解放思想、实事求是、与时俱进，从中国的实际情况和时代要求出发，寻求当代中国人权理论和实践的新的生长点和结合点，才能更好地发展和完善人权，为人的全面而自由的发展做出贡献。

第二，必须坚持国情第一、国权至上、多样共存的人权模式。人权问题，虽然有其国际性的一面，但本质上是一个国家主权范围内的问题。观察一个国家的人权状况，不能割断该国的历史，不能脱离该国的国情；衡量一个国家的人权状况，也不能以某一个模式或某一个国家和区域的情况为依据。当今世界没有抽象的、绝对的人权，只有具体的、相对的人权。邓小平鲜明指出"国权高于人权"，搞"人权外交"就是干涉别国内政，也必定会造成国际关系的混乱。中国历来主张相互尊重国家主权，优先维护广大发展中国家人民的生存权和发展权，从而为全世界人民享受各项人权创造必要条件。当今世界，多种文明共存，各国国情相异，各种模式纷呈，人权模式也会有所不同。在人权问题上，只有坚持相互尊重、相互交流、共同发展，而不是相互指责、相互打压、彼此攻讦，才能创造一个和谐社会，一个和谐世界，从而实现人类社会的

全面进步和天下大同。

　　第三，必须坚持生存第一、发展至上、持久永续的人权原则。人权首先是生存权和发展权，这是一个真理，也是由中国的历史和现实所决定的。中国一百多年的历史和人多地少底子薄的国情表明，人们的温饱问题是个大问题，也是最基本的问题。这一问题只有通过改革开放，通过发展，才能得到解决。"一个中心、两个基本点"、"发展是硬道理"、"发展是执政兴国的第一要务"，这是中国共产党几十年实践的思想结晶。没有发展就没有人权，但发展不当也会损害人权。可持续发展、科学发展，这是世界发展经验教训的历史总结和未来启示，更是中国特色社会主义的重要组成和理论升华。"靠谁发展"、"为谁发展"、"发展成果谁享"，科学发展观充分体现了中国共产党新时期新阶段"以人为本"的人权理念。改革开放30年来，中国经济社会发展突飞猛进，13亿中国人的生活水平得到了大幅提高，实现了从贫困到温饱和从温饱到小康的两次历史性跨越。"中国奇迹"、"中国模式"正引起世界的瞩目，中国人的发展也为整个人类社会的发展做出了重大贡献。

　　第四，必须坚持政治解放、劳动解放、全面发展的人权路径。马克思认为，人的解放就是以"现实的个人"为出发点，以无产阶级为物质力量，以"每个人的自由发展"为前提条件，以"一切人的自由发展"为终极指向的现实的自我解放运动，并且人的解放要经过政治解放、劳动解放最终达到全面发展。国际人权专家也把人权发展划分为"三代"：第一代人权是公民权利和政治权利，以1776年美国《独立宣言》和1789年法国《人权和公民权宣言》的发表为标志；第二代人权是经济、社会和文化权利，以1948年12月10日联合国大会通过的《世界人权宣言》为标志；第三代人权是发展权、环境权、和平权，始于20世纪80年代发展中国家的人权要求。尽管这种划分有争议，但在表明人权有一个发展过程上与马克思主义人权理论是一致的。中国的发展历程不但以事实证明了这一点，而且以社会主义全面发展的巨大成就向世界展示：人权发展必须从自己的实际情况出发，循序渐进，任何超越阶段、脱离国情的行为都是错误的，任何要求中国先发展什么人权、只要发展什么人权的"人权外交"、"人权霸主"的举动都是注定要失败的。

（此文载《学术界》2010年第9期）

马克思主义中国化理论创新的轨迹、启示及未来展望

孟宪霞*

摘　要：马克思主义中国化的理论创新历经马克思主义在中国的早期传播，毛泽东思想和中国特色社会主义理论体系两大宏观理论形态。马克思主义中国化的理论推进给我们以深刻启示：要坚持以"老祖宗不能丢"为基础，以"关注国情、关注时代"为原则，以"服务人民、民族复兴"为使命，以"解放思想、与时俱进"的锐气进行创新。未来马克思主义中国化的理论创新，需紧密结合时代课题，尊重群众的首创精神，尊重理论创新的特点和规律，充分借鉴人类文明的优秀成果等。

关键词：马克思主义；中国化；理论创新；启示；展望

马克思主义的发展历史告诉我们：时代的重大课题能否在理论和实践上得到正确解决，是检验马克思主义应用实效性的有力表征。中国共产党在89年革命、建设和改革开放的长期实践中，始终坚持运用马克思主义的立场、观点和方法来观察和思考中国实际，坚持把马克思主义基本原理同中国具体国情相结合，以与时俱进的战略眼光致力于马克思主义中国化，不断进行理论创新，产生了毛泽东思想和中国特色社会主义理论体系两大理论成果，并用中国化的马克思主义理论指导实践，取得了革命与建设的一个又一个辉煌胜利。

---

*　孟宪霞（1973—　），女，山东阳谷人，聊城大学思政与马克思主义学院讲师，山东大学马克思主义学院博士研究生，主要研究方向为马克思主义与思想政治教育。

一、马克思主义中国化理论创新的轨迹

马克思主义是一种异域外来文化,它要适应中国的具体国情并成为中国社会发展进程中的指导思想,必须经历一个长期的中国化过程。马克思主义中国化的理论创新历经以下几个历史时期:

(一)马克思主义在中国的早期传播

李大钊和陈独秀是马克思主义中国化运动的伟大先驱,他们为马克思主义在中国的传播以及马克思主义中国化的实践主体——中国共产党的创立作出了重要历史贡献。1918年李大钊先后发表了《法俄革命之比较观》、《庶民的胜利》和《布尔什维主义的胜利》等文章,介绍马克思主义和歌颂俄国十月革命,他预见:试看将来的环球,必是赤旗的世界。1919年,他又发表《新纪元》、《我的马克思主义观》、《再论问题与主义》等几十篇宣传马克思主义的文章,第一次向中国民众比较全面系统地介绍马克思主义,使马克思主义的传播进入到一个新阶段。他还帮助发表马克思的《雇佣劳动与资本》全译本,并在同胡适关于"问题与主义"的论战中,率先提出了"理论联系实际"的著名观点。在《再论问题与主义》一文中,李大钊初步阐述了马克思主义的一般原理与本国实际相结合的思想,为马克思主义的中国化确定了未来发展的基本走势。陈独秀的主要贡献在于发起和领导了新文化运动,对马克思主义中国化起到了思想启蒙的作用。其次是建党方面,毛泽东曾经评价说:"我们是他们那一代人的学生。……这些人受陈独秀和他周围一群人的影响很大,可以说是由他集合起来,这才成立了党。"[①]

1921年初,南陈北李开始酝酿筹建中国共产党。北京、武汉、济南、长沙、广州等地相继建立了共产主义小组,使马克思主义的传播开始有组织地进行,《共产党宣言》、《社会主义从空想到科学的发展》、《国家与革命》等中译

[①] 《毛泽东文集》第3卷,人民出版社1996年版,第294页。

本也相继出版。《新青年》和《共产党月刊》成为宣传马克思主义的主要阵地。毛泽东在长沙通过《湘江评论》和《新民学会》宣传十月革命和马克思主义；周恩来、杨匏安、李达、蔡和森、恽代英、邓中夏等对宣传马克思主义也作出了积极的贡献。1921年7月23日，中国共产党在上海成立。自从有了中国共产党，中国革命的面貌焕然一新，从此，中国共产党成为马克思主义中国化的重要实践主体。

（二）毛泽东思想时期

毛泽东思想是马克思主义中国化的第一个重要理论创新成果。自1921年中国共产党成立时起，党的领导人就看到了马克思主义在中国应用的特殊性。为解决大革命失败后，在中国半殖民地半封建社会，如何领导中国革命走向胜利的问题，从1928年开始，毛泽东先后发表了《中国的红色政权为什么能够存在》、《井冈山的斗争》、《星星之火可以燎原》等文章，初步形成了"工农武装割据"的思想。1930年5月毛泽东发表《反对本本主义》一文，以无产阶级革命家巨大的理论勇气，率先吹响了反对本本主义的号角，同"左"倾教条主义展开斗争。他明确指出："马克思主义的本本是要学习的，但是必须同我国的实际情况相结合。"

1938年，在党的六届六中全会上，毛泽东在《论新阶段》的报告中，第一次明确提出了马克思主义中国化的科学命题。1939—1940年，毛泽东连续发表了《〈共产党人〉发刊词》、《中国革命和中国共产党》、《新民主主义论》等文章，尤其精辟地阐述了什么是新民主主义革命、怎样进行新民主主义革命等一系列重大问题，为实现马克思主义中国化的第一次历史性飞跃奠定了重要基础。1945年，党的七大确定了"毛泽东思想"的指导地位，这标志着马克思主义中国化实现了第一次历史性的飞跃。

《实践论》和《矛盾论》是毛泽东的经典哲学论作，其从哲学上为马克思主义中国化的发展奠定了坚实的理论基础，为马克思主义中国化精神要义的传播作出重要理论贡献。建国后，毛泽东在社会主义建设方面也进行了十分有益的探索。其中《关于正确处理人民内部矛盾的问题》与《论十大关系》中的思想，就是毛泽东在政治与经济生活方面有异于苏联的独特创造，是马克思主义与中国实际相结合的光辉理论典范。

（三）中国特色社会主义理论体系时期

党的十一届三中全会以后，先后形成了邓小平理论、"三个代表"重要思想、科学发展观等理论成果，构成中国特色社会主义理论体系，这是马克思主义中国化的第二大理论创新。

1. 邓小平理论

1978年12月党的十一届三中全会召开，以邓小平为代表的中国共产党将党和国家的工作重心转移到经济建设上来。在党的十二大上，邓小平首次提出了建设有中国特色的社会主义的崭新命题。党的十三大，比较系统地论述了我国社会主义初级阶段理论，明确阐发了党的"一个中心，两个基本点"的基本路线。1992年，面对国际风云突变，中国的社会主义建设道路向哪里走，邓小平同志又适时地发表了重要的南方讲话，指出计划和市场并不是区别社会主义和资本主义的标志。在同年底的党的十四大上，提出了建立社会主义市场经济的目标。自此，邓小平从中国社会主义的发展道路、发展阶段、根本任务、发展动力、外部条件、政治保证、战略步骤、领导和依靠力量，以及祖国统一等九大方面，科学回答了"什么是社会主义和怎样建设社会主义"这一根本问题。1997年，党的十五大正式提出"邓小平理论"这一理论概念，并把它确立为党的指导思想，其成为中国特色社会主义理论体系的奠基理论。

2. "三个代表"重要思想

当历史的车轮驶入新的千年世纪之交，就我们党来说，要适应时代的发展变化，充分实现从计划经济时代向社会主义市场经济时代的党的角色转变。以江泽民同志为核心的党的第三代中央领导集体，高举邓小平理论伟大旗帜，科学判断我党所处的历史方位，围绕建设中国特色社会主义这一主题，集中全党智慧，以马克思主义的巨大理论勇气进行创新，进一步开辟了马克思主义中国化的新境界。2000年2月，江泽民在广州视察工作时，第一次提出"三个代表"的要求，指出：只要我们党始终代表中国先进生产力的发展要求、代表中国先进文化的前进方向、代表中国最广大人民群众的根本利益，我们党就能永远立于不败之地，永远得到全国各族人民的衷心拥护并带领人民不断前进。

"三个代表"重要思想与马克思列宁主义、毛泽东思想和邓小平理论既一脉相承又与时俱进，是马克思主义中国化的新发展，是面向二十一世纪的中国化的马克思主义。

3. 科学发展观及和谐社会等理论

十六大以后，以胡锦涛为总书记的党中央继续推进马克思主义中国化的理论与实践创新。根据我国经济和社会发展的新要求，提出树立科学发展观和构建社会主义和谐社会的两大战略构想。

（1）科学发展观

科学发展观是立足社会主义初级阶段的基本国情，总结我国发展实践，借鉴国外发展经验，适应新的发展要求提出来的。胡锦涛在党的十七大报告中对科学发展观进行了全面、系统、深刻的阐述，指出科学发展观的发展目标就是生产发展、生活富裕、生态良好的文明发展道路。科学发展观的第一要义是发展，核心是以人为本，基本要求是全面协调可持续，根本方法是统筹兼顾。它深刻阐明了发展的本质和基本内容，揭示了我国经济社会发展的客观规律，对实现文明发展、和平发展、又好又快发展，不断推进中国特色社会主义事业，具有深远的理论和实践意义。

（2）社会主义和谐社会的理论

提出构建社会主义和谐社会的重大任务，是我们党对"什么是社会主义，怎样建设社会主义"的一次理论升华。中共十六大报告第一次将"社会更加和谐"作为重要目标提出，中共十六届四中全会，进一步提出构建社会主义和谐社会的任务。社会主义和谐社会，是民主法治、公平正义、诚信友爱、充满活力、安定有序、人与自然和谐相处的社会。构建社会主义和谐社会，是我们党全心全意为人民服务的根本宗旨所决定的，它体现了广大人民群众的根本利益。

另外，新一代中央领导集体还提出了"中国特色社会主义理论体系"这一崭新理论概括，提出建立社会主义核心价值体系，建设社会主义新农村、建设创新型国家、加强党的先进性建设等重大的战略理论思想等，其也共同形成了马克思主义中国化的最新理论成果。

二、启示

马克思主义中国化的理论在实践中不断创新,马克思主义中国化的过程实质上就是马克思主义理论不断创新的过程。纵观马克思主义中国化的历史行程,我们可以从中获得许多有益的启示。

(一) 以坚持"老祖宗不能丢"为基础进行理论创新

一部马克思主义中国化的历史就是一部把马克思主义基本原理与中国具体国情相结合的历史。近代中国,许许多多的有识之士为了寻求救亡图存的真理,曾尝试过各色政治主张和思想主义,但无一成功。历史实践证明,只有中国共产党运用马克思主义的立场、观点和方法来观察和探索中国的前途与命运,才能引导中国革命和建设不断走向胜利。毛泽东曾经指出:"马克思这些老祖宗的书必须读,他们的基本原理必须遵守。"① 邓小平也说:马克思主义是我们的老祖宗,"老祖宗不能丢。"② 江泽民指出:"一百多年来,没有哪一个理论、学说像马克思主义那样保持勃勃生机,对推动社会进步起那样巨大的作用,造成那样深远的影响。尽管现在世界情况有很多新变化,但历史发展的总趋势并没有越出马克思主义经典作家所揭示的基本规律。"③ 所以,今天我们进行马克思主义中国化,要始终坚持马克思主义关注全人类解放事业的根本宗旨,努力实现科学社会主义、共产主义的追求目标,无论何时,都要坚定马克思主义的理想信念,"老祖宗"永远都不能丢弃。

---

① 《毛泽东文集》第8卷,人民出版社1999年版,第109页
② 《邓小平文选》第3卷,人民出版社1993年版,第569页
③ 《江泽民论社会主义精神文明建设》,中央文献出版社1999年版,第51页。

（二）以"关注国情、关注时代"为原则进行理论创新

马克思主义是 19 世纪 40 年代诞生于欧洲的科学世界观和方法论，是反映当时欧洲的基本世情和时代特色的理论，是指导工人阶级和广大劳动人民斗争的强大思想武器。马克思主义要成为"放之四海而皆准"的真理，必须与各国国情相结合，与变化发展了的时代特征相结合，即要"关注国情、关注时代"，实现其"本土化"与"时代化"。

100 多年来，世界局势发生了很大变化，对马克思主义基本原理的理解和运用不能再拘泥于马克思主义经典作家在特定历史条件下做出的某些个别论断，而必须根据变化了的时代特点，不断地修正和发展马克思主义。"只有不可救药的书呆子，才会单靠引证马克思主义关于另一历史时代的某一论述，来解决当前发生的独特而复杂的问题。"① 马克思主义普遍原理只有与具体国情相结合、理论联系实际地加以创造性运用，才能转变为巨大的推动力量。"关注国情、关注时代"就是要以当下要解决的实际问题为中心，不断地回答和解决新时代的重大理论和实际问题，以实际问题为中心推进马克思主义中国化。要根据新的实践，根据不同的历史条件和不同时代所面临的重大实际问题，进行新的理论概括，要敢于突破前人。"自觉地把思想认识从那些不合时宜的观念、做法和体制的束缚中解放出来，从对马克思主义的错误的和教条式的理解中解放出来，从主观主义和形而上学的桎梏中解放出来。"②

（三）以"服务人民、民族复兴"为使命进行理论创新

《共产党宣言》中明确写道："过去的一切运动都是少数人的或者为少数人谋利益的运动。无产阶级的运动是绝大多数人的，为绝大多数人谋利益的独立运动"，"共产党人没有任何同整个无产阶级的利益不同的利益"。所以，代

---

① 《列宁选集》第 1 卷，人民出版社 1993 年版，第 162 页。
② 江泽民：《全面建设小康社会，开创中国特色社会主义事业新局面——在中国共产党第十六次全国代表大会上的报告》，人民出版社 2002 年版，第 15 页。

表绝大多数群众的根本利益，全心全意为最广大人民群众服务，既是马克思主义的理论本色，又是共产党的政治宗旨和一切工作的出发点与落脚点。作为中国化马克思主义的毛泽东思想、邓小平理论和"三个代表"重要思想、科学发展观等，其根本立场就是引导中国人民的独立与解放，实现人民当家作主的权利，继而摆脱贫穷与落后，提高人民生活水平，实现强国富民和中华民族伟大复兴的宏伟目标。也正是因为这些理论是人民根本利益的集中体现，它们才能被中国人民所广泛接受，进而成为中国革命和建设的指导思想。

实现中华民族的伟大复兴，历来是我党的政治使命与坚定的奋斗目标。自近代鸦片战争以来，随着一系列丧权辱国条约的签订，中国一步步沦为半殖民地半封建社会，自此，中国人民遭受了世界罕见的困苦与压迫，救亡图存成为广大先进分子奔走呼号的时代呐喊。自近代以来，中国人民始终面临两大历史任务，一是追求人民解放、民族独立，二是追求人民富裕、国家富强，前者是后者的前提，又以后者为最终追求目标。马克思主义中国化的所有理论，都紧紧围绕这两大主题展开，其最终目标是使中华民族摆脱被殖民、贫穷与落后的局面，实现中华民族的伟大复兴。

（四）以"解放思想、与时俱进"的锐气进行理论创新

马克思主义中国化的历史进程，实际上就是中国共产党不断地贯彻解放思想、与时俱进思想路线的认识与实践过程。解放思想、与时俱进的思想基础是实事求是，在中国人民争取民族解放和独立的革命斗争中，以毛泽东为代表的中国共产党人就首先确立了实事求是的创新法则。文革结束后，以邓小平为核心的党的第二代领导集体，进一步确立了解放思想的思想路线，以巨大的政治与理论勇气，领导全党冲破"两个凡是"的思想禁锢，对马克思主义关于社会主义的个别先期论断进行了理论与实践突破，科学回答与破解了一系列长期困扰和束缚人们头脑的重大理论问题，形成了关于建设有中国特色社会主义的邓小平理论。

党的十三届四中全会以来，国际国内形势发生了深刻变化，资本主义世界的新变化和苏联东欧社会主义各国遭受重大挫折，向马克思主义中国化事业提出了严峻的挑战。以江泽民为核心的党的第三代领导集体和以胡锦涛为总书记

的党中央，既坚持马克思主义的指导地位不动摇，又坚持用中国化的马克思主义指导中国改革开放与科学发展的实践。以实事求是的科学态度总结和对待前人的经验，并结合新形势、新情况的需要，大胆解放思想，与时俱进地不断进行理论创新，取得中国特色社会主义建设的一个又一个伟大胜利，使马克思主义在当代中国焕发更大的生机与活力。

三、未来展望

实践不止，理论常新。人类文明的发展史告诉我们，一个民族要兴旺发达，要屹立于世界民族之林，不能没有创新的理论思维。马克思主义中国化的理论创新是一个永无止境的历史过程，继续进行马克思主义中国化的理论创新，还需要从以下几个方面着力：

（一）紧密结合时代课题

马克思主义中国化的理论创新是密切结合时代课题进行的创新。理论创新如果只纠结于对马克思主义原有的个别结论的无休止的争论，其必会使马克思主义的理论流为公式化的教条。只有紧密结合时代特征、紧密结合时代课题进行的理论创新，马克思主义中国化的理论才会具有鲜活的生命力，才会进一步产生富有时代性与创新性的理论。毛泽东同志曾经说过："现在，我们已经进入社会主义时代，出现了一系列的新问题，如果单有《实践论》、《矛盾论》，不适应新的需要，写出新的著作，形成新的理论，也是不行的。"[①] 新的时代课题呼唤进行新的理论创造，在准确把握时代课题中产生的理论，才有可能把人类社会大大地推向前进。

当今时代，我国已进入改革发展的关键时期，经济体制深刻变革，社会结构深刻变动，利益格局深刻调整，思想观念深刻变化。在社会的诸多领域，都为我们提出了许多亟待解决的时代课题。经济领域，社会主义市场经济仍然面

---

① 《毛泽东文集》第8卷，人民出版社1999年版，第109页。

临诸多体制性、机制性障碍，体制创新的任务十分艰巨；经济结构面临重大调整，多种所有制经济共同发展对公有制经济形成冲击。社会领域，城乡结构变化显著，社会阶层结构变化深刻，社会组织形态发生重大变化，就业方式日趋灵活，社会统筹协调各方面利益关系的难度加大。思想领域，人们思想活动的独立性、选择性、多变性和差异性明显增强。这些新的课题，都迫切需要马克思主义理论进行科学的解答。要增强理论探讨的"问题意识"，及时回应时代的呼声，与社会发展同步，不断实现马克思主义中国化的理论创新。

（二）充分尊重群众的首创精神

人民群众是历史的创造者，是社会实践的主体；离开了实践的要求和人民群众的需要，理论只能成为"空中楼阁"；离开了广大人民群众的社会实践，理论创新就会成为无源之水、无本之木。社会主义革命与建设中许许多多成功的案例，都是人民群众在实践中的独特创造，是群众集体智慧的结晶。我们党始终坚持马克思主义的群众路线，尊重人民群众的首创精神，尊重人民群众的社会实践，正确概括总结人民群众在实践中创造的鲜活经验，并使之上升为理论，进而指导和推动改革开放的伟大事业不断前进。实践是丰富多彩的，人民群众的创造力是无限的。在中国特色社会主义事业的伟大历史征程中，只有尊重人民群众的首创精神，尊重人民群众的主体地位，才能使党的理论创新获得不竭的动力和源泉。

在创新中尊重群众的首创精神，还包括要倾听人民群众的呼声，充分尊重人民的意愿与选择，坚持"以人为本"的核心理念，在实践上，把实现好、维护好、发展好最广大人民的根本利益作为出发点和落脚点。

（三）尊重理论创新的特点和规律

关于理论创新的主体。长期以来，人们认为只有无产阶级革命领袖以及党和国家的领导人，才能进行理论创新，而其他大多数理论工作者只有诠释与注解的权利。在这样的思维定势下，绝大多数的马克思主义理论研究者自觉地放弃了马克思主义理论创新的愿望，即使有个别人实际上已取得了这方面具有创新性的研究成果，也得不到公正的社会评价。这其实是一种变相的经学传统，即只能对圣人阐明的道理进行注释而不能创新，即所谓的"述而不作"。我们只有破除这样的观念定势，把创新马克思主义理论的权利交还给广大理论工作者，马克思主义理论的创新成果才能不断地涌现。

另外，理论创新还要充分尊重理论研究者的个性和研究兴趣。在社会生活的领域里，存在着各种不同个性的人，在理论研究的领域里，也存在着具有不同个性的研究者。每个理论研究者都有独特的研究风格，应该允许甚至大力鼓励与提倡研究者发挥自己的个性。树立理论研究中允许探索与尝试的观念，反对话语霸权，主张平等的对话和讨论，在"百花齐放，百家争鸣"中，崭新的理论才会脱颖而出。

（四）要有宏大的全球化视野

马克思主义在海纳百川中发展起来，其在中国的继续发展与创新，同样还离不开广大理论工作者继续借鉴中国文化、西方文化甚至全球文化的精华。但对外部文化的借鉴要采取批判与怀疑的态度。在理论创新过程中，有些同志思想上抱残守缺、因循守旧，死守"马列主义不能变"的老框框，对书本上的东西不敢怀疑，对前人的东西不敢怀疑，思想跟不上时代的步伐，这是十分危险的。

对任何国家任何地区的问题，都必须放到全球化的视野中，放到共同的世界历史进程中去审视。因此，在推进马克思主义中国化的进程中，必须防止"本土问题"和"全球问题"、"中国问题"和"世界问题"的脱节。我们所追求的中国特色、中国风格、中国气派的马克思主义，一定是具有世界眼光和全球视野的马克思主义，具体说来，中国的马克思主义研究毫无疑问必须把"中国问题"作为我们的落脚点和聚焦点，但是，决不能孤立地就中国问题而研究中国问题，必须学会从中国的视野去透视世界问题，进而从世界的眼光和全球化的视角去审视中国问题。①

---

① 衣俊卿：《理论的力量——读〈马克思恩格斯文集〉〈列宁专题文集〉》，《光明日报》2010年7月18日。

概而言之，马克思主义中国化的过程是曲折而无止境的，80多年马克思主义中国化的伟大历史行程，给了我们许多深刻的启迪。歌德老人曾经说过：一切理论都是灰色的，只有生活的金树常青。所以，对马克思主义中国化理论创新的认知也必将随着社会的发展、时代的进步而不断增添新的内容，发掘新的视角，收获新的成果。21世纪，面临复杂多变的国际国内形势，我们需要不断进行马克思主义中国化的理论推进，紧紧跟随建设有中国特色社会主义的伟大实践，敢于大胆提出新的见解，新的看法，拓展新的思路，把马克思主义中国化这一光荣而伟大的事业不断推向前进。

（此文载于《理论学刊》2010年第9期）

萌动与选择：1930年代中国现代化发展的社会主义走向

秦正为

摘　要：1930年代中国现代化的萌动以近百年中国现代化的探索为历史动力、以中国经济社会的发展变化为社会基础、以资本主义世界大危机、日本侵华和苏联的迅速发展为国际诱因，具体表现为知识界关于现代化问题的讨论、国民党关于现代化模式的选择和共产党关于现代化道路的探索，并在主客观两个方面表现出了社会主义的倾向和走向。其意义和启示在于：现代化的开启有待于民众的广泛参与、现代化的实行必须有政府的有力推动、现代化的选择务必要一切从国情出发、现代化的实现离不开有利的国际环境。

关键词：1930年代；现代化；社会主义

尽管人们对于中国现代化历程是始于鸦片战争、洋务运动、维新变法，还是清末新政、辛亥革命、五四运动等一直存在争议，并由此引发现代化发展阶段的争论，且存在"现代化"就是"近代化"、"工业化"、"西化"等概念上的分歧。但"现代化"这一概念的真正使用出现在1930年代，则是事实清楚的。1930年代关于"现代化"问题的大讨论以及国共两党在实践上的探索，形成了中国现代化的真正萌动和重要转折，并且影响和决定了中国现代化的社会主义倾向和走向。

一、1930年代中国现代化萌动的历史背景

近百年中国现代化的探索是1930年代中国现代化萌动的历史动力。鸦片

战争的失败，使人们吃惊于"天朝上国"败于"蕞尔小国"的同时，也认识到中国不是败于人力，而是败于英国的"坚船利炮"。于是，有了魏源的"师夷长技以制夷"，以及由此引发的洋务运动。但是，甲午战争的失败证明，单是军事的现代化是不够的。于是，又有了维新变法和清末新政，但由于根本制度未变，现代化在维新与保守、主动与被动之间成为摇摆的"秋千"，不可能真正显示其存在的价值性和发展的生命力。辛亥革命推翻了封建制度，中国的现代化在政治、经济、文化、社会方面都获得了较大的发展。但由于，中国的社会性质未变，半殖民地半封建的羁绊仍然极其浓厚和根深蒂固，气象初显的现代化毕竟未能蔚为大观。第一次世界大战爆发，资本主义文明弊端开始暴露，俄国十月革命成功，社会主义文明兴起。此时，向西方学习，走西方的道路，已不是中国现代化的唯一路径选择。新文化运动和五四运动以后，马克思主义和各种社会主义思潮开始在中国广泛传播，关于中国富强和现代化发展道路的思考和争论也此起彼伏。从孙中山的"以俄为师"，到毛泽东"走俄国人的路"，都表现出了学习对象的转变和现代化意识的变化。历史证明："俄国式的革命，是无论如何的山穷水尽诸路皆走不通了的一个变计。"①

1930年代中国经济社会的发展变化成为当时现代化萌动的社会基础。世界现代化的起始动力在于资本主义的发展，这在中国也是如此。中国民族资本主义出现于十九世纪六七十年代，尽管具有"先天不足"、后天无力的缺点，但毕竟在艰难坎坷中前进。十九世纪末甲午战争后，清政府为了偿付赔款、扩大税源而放宽民间办厂的限制，外国资本大肆侵入在客观上进一步破坏自然经济，都在不同程度上促进了中国民族资本主义的初步发展。1912—1919年民族资本主义迎来了迅速发展的"短暂春天"，新成立的中华民国临时政府颁布法令发展实业，爱用国货、抵制洋货运动蓬蓬勃勃，涌现了"南张北周"（张謇、周学熙）、荣氏兄弟（宗敬、德生）等著名企业家。在此前后，出现了1905—1908年交通事业的发展高峰、1912—1913年成立工商公司的经济热潮。在1931年，中国有9500英里的铁路，35000英里的公路；有41个现代煤矿；有9家钢铁公司；棉纺织厂增至127个。此外，中国当时约有500家电灯和电力公司，190—200家面粉厂，280—300家榨油厂，190家火柴厂，1500—2000

---

① 《毛泽东书信选集》，人民出版社1983年版，第5—6页。

家其他现代企业。① 经济的发展引起了社会的变化，社会阶级和阶层发生分化，并开始发出自己的声音和要求话语权。工商阶层迅速增加，并且积极参加了联省自治运动、新文化运动、社会改革（如教育、国民卫生）等运动，也参加了一连串的罢市（如在五四、五卅运动中），要求根据现代化进行政治民主和经济文化上的变革。新兴知识分子阶层迅速增长，归国留学生构成社会领导阶层的重要部分，如鲁迅、蔡元培、胡适、丁文江、詹天佑、陈省身、颜惠庆等人均成为学术界和社会活动领域的领军人物。军阀和士绅阶层迅速变化，尽管这些人与旧制度的关系千丝万缕，但为了生存、不被淘汰和在竞争中取得优势，大多从本集团利益出发，或发展经济、开明政治，或重视文化、提倡教育，都对现代化起到了不同程度的推动作用。同时，农民的分化、无产阶级的壮大、西方社会思潮的滥觞等等，都为1930年代的现代化萌动提供了广阔的社会背景和浓厚的社会氛围。

资本主义世界大危机、日本侵华和苏联的迅速发展成为其国际诱因。按照传统的理解，现代化就是"西方"化和资本主义化，但是1930年代的现实使这种状况开始发生改变。资本主义曾经创造了巨大生产力，并代表了人类社会的发展方向。但是它并不能"终结历史"，因为它无法解决自身的痼疾和跳出经济危机的怪圈。随着资本主义的发展，经济危机也更为严重，这在1929—1933年的大危机中得到证实。大危机由美国爆发，迅速波及整个资本主义世界，并导致了德国和日本法西斯的上台。日本为了转嫁危机和实现长期向往的霸权计划，开始大举侵华。1931年"九一八"事变和1937年的"七七"事变造成的中华民族危机，使长久以来人们"实业救国"、"救国图强"的愿望重新激荡和升华。此时，一战以后，人们对西方文明的质疑和对苏联道路的希望，也被苏联欣欣向荣的社会景象和巨大的建设成就所鼓舞和引导。从1928年开始，苏联通过两个"五年计划"就迅速成为了欧洲第一、世界第二的工业化强国。资本主义"神话"的破灭、民族危机的加深，以及苏联社会主义辉煌造成的巨大反差，使早就思考和探索中国现代化道路的先进人士们更具有务实性和倾向性。

---

① R. H. Tawney. Land and Labor in China. Boston, 1966. P16 – 17, 146.

二、现代化萌动的基本表现及其社会主义走向

1930年代中国现代化的萌动是整个社会发展的结果,也是在国内外因素的共同作用下产生的,因而在当时影响较大,至今也备受关注。对此,可以从三个层面来看。

第一,知识界关于现代化问题的讨论。尽管中国知识分子阶层对于"现代化"的讨论早已有之,甚至成为蒋廷黻、胡适、陈序经等《独立评论》人士的惯常用语,但"现代化"一词作为一个新的社会科学词汇在报刊上被广泛运用的正式开端,则是1933年7月《申报月刊》关于中国现代化问题的大讨论①。《申报月刊》在创刊周年纪念之际发行特大号,刊出"中国现代化问题号"特辑。针对这一问题,编者明确写道:"须知今后中国……再不赶快顺着'现代化'的方向进展,不特无以'足兵',抑且无以'足食'。我们整个的民族,将难逃渐归淘汰,万劫不复的厄运。现在我们特地提出这近几十年来,尚无切实有效方法去应付的问题,作一回公开的讨论。"并明确提出讨论的重点是两个问题:中国现代化的困难是什么,要促进中国现代化,需要哪几个先决条件;中国现代化应采取哪一种方式,个人主义的或社会主义的,外国资本所促成的现代化或国民资本所自发的现代化,实现这种方式的步骤又当怎样。②此次大讨论,涉及到现代化的概念,即现代化是否是工业化、西方化、世界化、社会化等;现代化的前提,即先推翻帝国主义和封建主义还是先实行法治和发展经济;关于利用外资的问题;关于现代化的道路问题;关于现代化的方式,即重工、重农还是工农并重。此次讨论共收到10篇短论和16篇专论,最为明显的一个特点就是现代化的社会主义倾向。完全赞成走私人资本主义即个人主义道路的只有1篇,90%的论文赞成、倾向于社会主义和"非资本主义"方式。以《申报月刊》的大讨论为契机,其它刊物如《东方杂志》、《独立评论》、《经济建设季刊》、《中国实业》及《三民半月刊》等也刊发不

---

① 罗荣渠:《从"西化"到现代化》,北京大学出版社1990年版,第14页。
② 《申报月刊》第2卷第7号,1933年7月15日。

少这方面的文章，并引发了关于"文化本位"与"西化"、"农化"与"工化"及"民主"与"独裁"等论争的纷纷展开，各种现代化思想相互激荡和碰撞，其中以热谈苏联和社会主义、探讨苏联"一五计划"成功原因以及对其的向往追求较为醒目。同时，梁漱溟等人还走出书斋，搞平民教育、乡村建设、合作社经济等试验，逐渐探索理论思考和现实实践结合的道路。尽管总体看来，知识界对国民党政府仍寄予希望，对资本主义也未放弃，但其"非资本主义"前途和社会主义倾向已经较为明显和逐渐滋长。

第二，国民党关于现代化模式的选择。尽管国民党南京政府致力于独裁、专制和内战，但1927—1937年间还是发生了不少新的变化，并被认为是十年的"黄金时代"。在政治民主化上，按照孙中山由军政到训政再到宪政的设想，1932年12月国民党四届三中全会宣布开始筹备宪政，准许"专家参政"，许诺召开国民大会和制定宪法。在经济现代化上，1928年发起了废约、修约运动，1930年底同意裁除厘金，1933年和1935年实行币制改革，1935年资源委员会实施重工业五年计划，1933—1937年先后设立中央农业实验所、全国稻麦改良所和中央棉产改进所，等等。在文化生活上，1934年开始发起了"新生活"运动，以糅合中西，培养"现代国民"，造就"现代国家"。经过努力，国民党的现代化建设取得了不小的成就。如，1927—1937年间，中国的公路通车里程从3.2万公里增长到11.6万公里，新建成铁路7895公里。1931—1936年间中国工业成长率平均高达9.3%，1935年至1937年，国内工商业以20%左右的增长率高速发展，1936年1月甚至出现了空前的几百万美元的贸易顺差。① 1937年，全国银行存款总数将近40亿元，比1931年增加了近一倍。② 1931年至1937年间，小学生人数增长了86%，大学生人数增长了94%。社会生活的变化也令人耳目一新，在许多大城市，现代风格的大楼、密如织网的大道、系统遍布的水电供应、明显改善的环境卫生，以及电影、汽车、收音机、卷烟、西餐、西服等，林林总总，莫不透露着现代化的气息。对此，一个美国观察小组在1935年曾经报道：中国在所有领域里，都在发生巨

---

① 中国社会科学院经济所：《中国近代经济史研究资料》(5)，中国社会科学出版社1985年版，第70页。

② 许纪霖，陈达凯：《中国现代化史》第1卷，上海三联书店1995年版，第447页。

大的变化；同十年前甚至是五年以前相比，现代化将给中国带来长达几个世纪的深远影响。这些成就的取得，一方面在于国内外形势的推动，另一方面也在于国民党政府作为一国政府也有"谋强求富"的意愿，先学欧美，次仿德意，这是不容否认的。但是，"黄金十年"毕竟是短暂的，且作为顶峰也意味着国民党政府此后的风光不再。其原因也是人所共知的，在政治上，国民党顽固坚持一党专政，压制民主，围剿红军，"攘外必先安内"，以致导致"西安事变"。在经济上，仍然依靠外国资本和封建经济，膨胀官僚资本，扼杀民族资本，贪污腐败流行，乡村经济雪上加霜。在文化上，大搞法西斯"道统"和奴化教育，"新生活"运动也因意在培养"顺民"而成为一场闹剧。国民党政府的现代化成就和夭折，从正反两个方面证明了孙中山的名言：世界潮流，浩浩汤汤，顺之则昌，逆之则亡。这在客观上促进了中国现代化的"非资本主义"和社会主义倾向，也可以说是对1933年大讨论的现实回应。

第三，共产党关于现代化道路的探索。中国"百年的变革始终在抄袭外国和回归传统之间摇摆，时断时续，杂乱无章，不论在理论和实践上都没有找到具有中国特色的发展模式。"① 直到中国共产党成立特别是新中国建立后，中国才开始在真正意义上自觉探索自己的发展模式。如果说1930年代是国民政府的"黄金十年"，那么此间中国共产党在现代化问题上也取得了极其重要的成就。对于中国非资本主义的发展前途问题，毛泽东很早就有思考，而他最完整、明确地表达这个思想则是在1937年6月24日和尼姆·韦尔斯的谈话，其中明确谈到"我们的结论是：中国可以避免资本主义而直接实现社会主义。"② 对于如何实现社会主义，1938年10月毛泽东指出："马克思主义必须和我国的具体特点相结合并通过一定的民族形式才能实现。……使马克思主义在中国具体化，使之在其每一表现中带着必须有的中国的特性，即是说，按照中国的特点去应用它，成为全党亟待了解并亟须解决的问题。"③ 不难看出，此时的毛泽东已经清楚认识到，中国的现代化必须走社会主义道路，而且必须

---

① 罗荣渠：《现代化新论》，北京大学出版社1993年版，第337页。
② [美]尼姆·韦尔斯，熊建华：《毛泽东和尼姆·韦尔斯的谈话》，《毛泽东思想研究》1985年第1期。
③ 《毛泽东选集》第2卷，人民出版社1991年版，第534页。

具有"中国作风"和"中国气派"。为此，毛泽东带领中国共产党人从历史必然规律与民族价值目标的有机结合中探寻到了中国现代化的现实道路——新民主主义，并逐步过渡到社会主义。同时，中国共产党在实践中进行了现实的实验。在根据地建设中，政治上，1931年成立了中华苏维埃共和国临时中央政府，实行真正的民主选举，创建了"三三制"政权模式；在经济上，没收地主土地，实行合作社和发展公营经济；在文化上，扫除文盲，实行义务教育和普及科学知识。在此基础上，根据形势变化还及时进行政策的调整，均取得了明显效果，并逐渐发展成为比较成熟的新民主主义的基本纲领，从而指明了中国现代化发展的正确道路。尽管1930年代的中国共产党及其根据地建设的影响还是局部的，但却像岔道迷离中的路标昭示了中国现代化的发展方向。后来毛泽东谈到，中国要向哪里去？向资本主义，还是向社会主义？有许多人在这个问题上的思想是不清楚的。但"事实已经回答了这个问题：只有社会主义能够救中国。"① 毛泽东之所以强调中国的现代化方向是社会主义而不是资本主义，除了帝国主义、封建主义不允许中国作为独立发展的资本主义现代化国家外，更重要的是当时世界已处于资本主义经济危机、社会主义蓬勃兴起之时。在资本主义没有充分发展的前提下，经过新民主主义的过渡，走一条不同于西方现代化，也不同于种种后发式现代化，还不同于苏联现代化的中国特色的社会主义现代化道路，不但解决了百余年来中国"杂乱无章"的现代化发展问题，而且成为中国以后正确发展的崭新起点和重要里程碑。

综而观之，1930年代的现代化萌动涉及学界和政界、上层和下层、城市和乡村，基本表现出了民主势力的欧美道路、国民党的德意道路和共产党的苏联道路，尽管其影响不同、结果有异，并且基本上也都因日本的全面侵华而中断，但其社会主义倾向和走向是明显的，并对中国现代化的发展具有一定的启示意义。

三、1930年代中国现代化萌动的意义及启示

第一，现代化的开启有待于民众的广泛参与。民众的广泛参与，不但是现

---

① 《毛泽东文集》第7卷，人民出版社1999年版，第214页。

代化发展的具体表现，也是现代化开启的重要动力。因为，现代化是一项国民和大众性的事业，单靠个别领袖人物和精英集团是不行的。从世界范围看，现代化的三次浪潮，莫不是精英人士与广大民众共同推动的结果。1930年代的中国现代化仅仅是一种萌动，而没有迅速发展起来，就在于国民党政府一党专政排斥民众参与，甚至对民族资本主义和民主政治打压扼杀；知识分子的讨论只是一种昙花一现的理论喧嚣，并没有在民众中引起反响；中国共产党的理论和实践也仅仅是局部的，并且当时由于种种原因并未得到广泛理解和认同。但后来的事实证明，中国共产党的现代化理论能够具有生命力，就在于根据地的建设使广大民众参与了进来，反帝反封的政策使人民得到了实惠，社会主义道路使人们充满了希望，所以得到了广大民众的支持和拥护。正因如此，毛泽东1945年在《论联合政府》报告中指出："人民，只有人民，才是创造世界历史的动力。"① 同样，建国后的历史也证明了这一点。新中国建立，人们热情高涨，所以社会主义改造和社会主义建设取得了巨大成就。"大跃进"、人民公社化和"文化大革命"中，尽管人们也在大轰大嗡，但已是迫于无奈、敷衍了事乃至偷懒取巧、溜之大吉。改革开放后，人们的热情重新焕发，人们广泛投身改革开放和改革开放成果惠及全体人民相互推动，中国特色社会主义现代化迅速发展，"中国模式"、"中国道路"、"中国奇迹"正引起世界的瞩目。

第二，现代化的实行必须有政府的有力推动。当代现代化发展理论表明，由于后发型现代化社会缺乏产生成熟的市民社会的内在条件，社会的发展不可避免地要依赖于强有力的国家、政府加以推动。其实即使在西方国家实现现代化的初期，虽然市场等因素起了关键性的作用，但国家依然是社会制度创新不可或缺的因素。对此，罗兹曼曾经指出："（1）一个国家的行政管理实行高度的中央集权有助于力量的协调和资源的征用以支持现代化进程；（2）高度分化和专门化的制度的发展，为政治作用的稳步扩大作好准备，这是现代化发展的典型过程；（3）行政体制中的中央、行省和地方三级的接合能为有效的政治管理作出重要贡献；以及；（4）具备一支干练而谙熟规章制度的行政官员

---

① 《毛泽东选集》第3卷，人民出版社1991年版，第1031页。

这种传统，对于扩大现代化所必需的政治手段具有决定意义。"① 1930年代中国现代化的未能启动，很大程度上在于国民党政府的"贫困化"。这种"贫困化"，不仅是财政上的破落，更在于中央权威的缺失。国民党政府虽然是"形式"上的全国统一政权，但内部帮派林立、战乱不断，同时投靠帝国主义和封建主义，压制民主势力，"围剿"共产党，因而难有权威和效力。美国著名政治学家L·派伊在《中国的政治精神》中说："中国政府在1930年代不能够动员足够的资源以从事国家现代化的发展，已成为对国家权威观念的一种挑战。"② 基于对现代化历程中动荡因素的深刻洞见，亨廷顿特也别强调政府的"有效性"，即强而有力的政府对于保障现代化顺利进行、维护政治秩序的重要性。实际上，同一时期苏联现代化的迅速发展，恰恰得益于建立了高度集中的强有力的政府。考察历史，在现代化问题上，日本"明治维新"的成功和中国"维新变法"的失败，也在于政府强弱的不同。后来"亚洲四小龙"的腾飞，很大程度上也在于威权主义政府的"有所为"与"有所不为"。新中国的历史同样证明了这一点：建国之初，政府高效、政策有力，现代化启动迅速、进展顺利；"文革"十年，社会陷入无政府状态，现代化受挫乃至险些夭折；新时期，社会主义民主和法制重新恢复，政府效能迅速提高，现代化建设也取得了前所未有的成就。

第三，现代化的选择务必要一切从国情出发。国情是一个国家社会发展的基础和出发点，决定着社会发展道路的选择和现代化建设的走向。因此，任何脱离国情的现代化模式都是不成功。1930年代中国知识界对于现代化的争论，虽然涉及到了现代化建设的基本问题，但由于各执一词不免有失偏颇。国民党政府的现代化建设路线，尽管不排除其中国立场，但作为大地主大资产阶级的代表，考虑更多的还是其阶级利益，并且走的是一条单向度的凭借上层精英、依靠帝封支持、发展城市和工业的欧美或德意道路。实际上，当时的形势已经显露出中国必须走一条符合中国国情、具有中国特色的发展道路。这不仅是中

---

① ［美］吉尔伯特·罗兹曼：《中国的现代化》，江苏人民出版社1995年版，第78页。

② 姜义华等：《港台及海外学者论传统文化与现代化》，重庆出版社1988年版，第291页。

国共产党的认识，即使一些民主人士也已经意识到。如梁漱溟在谈到中国从"传统"向"现代"社会过渡时，就认为中国应该走一条既不同于传统式的、又不同于西洋式的经济发展之路："这一条不同的路，便是从农业引发工业，农业工业为适当的结合，以乡村为本而繁荣都市，乡村都市为自然均实的发展。——这正是中国今后一定的路线，自然而然要走上去的。……我敢断定，中国工业要在农村复兴中兴起，而今以资本主义方式经营于都市者，必无好转之望……中国的工业化，必将走一条不同的路，他是要从乡村生产力、购买力辗转递增，农业工业叠为推引，逐渐以合作的路，达于为消费而生产，于社会化的进程中，同时完成分配的社会化。"① 对于梁漱溟的立场和所谓的"社会化"是否就具有社会主义倾向姑且不论，但其言论至少能够说明知识界和国民党的单向路线都是不能成功的。相反，中国共产党扎根乡村，进行土改，发展工商，以农村包围城市，不但取得了革命的胜利，也积累了现代化建设的经验。走社会主义道路，工农并重，这是中国最大的国情，也是现代化成功的保证。建国后，毛泽东一再强调中国要走一条既要工业又要农业的"中国的现代化道路"。中国特色社会主义的成功，也正得益于农村和城市改革大潮的相互推动。

第四，现代化的实现离不开有利的国际环境。尽管经济社会的发展是现代化的内因，但从世界历史发展来看，国际环境在现代化的启动和发展中也起着极其关键的作用。欧美发达国家进入现代化的步伐虽然不同，但在借助世界三次现代化浪潮的契机上是无异的。作为半殖民地半封建社会的中国而言，中国的发展更是深刻地受到国际环境的影响。对此，费正清指出："只要将 1912 年—1949 年间的中华民国与此前的晚清，以及此后的中华人民共和国做一比较，人们就会看到，这些年里外国影响甚至参与中国生活的程度是何等的深刻。"② 1912—1919 年民族资本主义的"短暂春天"，是因为一战期间帝国主义的无暇东顾，而其夭折则在于一战后它们的卷土重来。1930 年代的现代化也是如此，其萌动和中断都是国际环境影响的结果。资本主义世界性经济危机、苏联社会主义建设的迅速发展、日本侵略造成的民族危机，成为这一时期现代化论争和

---

① 梁漱溟：《乡村建设旨趣》，《乡村建设》第 4 卷第 14 期，1934 年 12 月。
② 费正清：《剑桥中华民国史》，上海人民出版社 1992 年版，第 1—2 页。

启动的关键诱因。美国对国民党政府的援助、共产国际和苏联对中国共产党的支持，是中国现代化两条路线发展的重要导向。如果说日本对中国东北的侵略还没有阻滞中国原有的现代化进程的话，而日本的全面侵华则最终打断了这次现代化的酝酿和持续。争取有利的国际环境，是世界现代化的共识，也是新中国现代化发展的追求目标。建国后，中国一直坚持和平外交政策，提出的和平共处五项原则也逐渐成为国际关系的准则。改革开放以来，在和平与发展成为时代主题的条件下，中国更是高举和平发展的大旗，提出"和谐世界"的崭新理念，推动中国现代化和世界现代化的共同进步。

总之，1930年代中国现代化的萌动显示，中国发展道路的探索已经进入到一个新阶段，并且出现了三种模式的分歧，同时也预示着：社会主义走向与现代化的结合是历史的必然选择，也是中国发展的正确道路。

（此文载《党的文献》2010年第4期）

论"中国奇迹"的充分必要条件

——兼论中国的政治制度优势

李海英*

摘 要：改革开放 30 年，中国取得了世界经济发展史上的空前奇迹。"中国奇迹"之所以能出现是因为有五个条件：和平与发展成为当今时代主题，是最根本的客观条件；形成了三代具有非凡胆识和能力、相对稳定的领导集体，是最根本的主观条件；有成功经验可借鉴、经历了严重危机、有两次思想大解放运动分别都是必要条件。这五个必要条件的有机结合就是"中国奇迹"的充分必要条件。这五个条件能发挥作用的决定因素在于中国的政治制度优势。

关键词："中国奇迹"；必要条件；充要条件；政治制度优势

基金项目：本文系山东省社会科学规划研究项目"中国特色社会主义与民主社会主义比较研究"（08JDC080）阶段成果。

改革开放 30 年来，从年均增长速度之高、持续时间之长、受益人数之众、和睦共赢方式来看，可以说中国社会主义建设创造了世界经济发展史上的空前奇迹（简称"中国奇迹"）。在同一时空内，苏联、东欧原社会主义国家也进行了大刀阔斧的改革开放，结果事与愿违，发生了剧变，在一定时期内造成了或大或小的灾难；社会主义越南的改革开放进行得卓有成效，但与"中国奇迹"相比，还是应该排在后面；资本主义印度的改革开放成绩斐然，但与

---

* 李海英（1958— ），男，山东临清人，聊城大学思政与马克思主义学院教授，主要研究方向为马克思主义中国化。

"中国奇迹"相比逊色不少。"东亚模式"、"英美模式"、"莱茵模式"、"拉美模式"曾经有过辉煌，但就这三十年的总成绩看，与"中国奇迹"相比，还是略逊一等。为什么唯独中国能取得这个了不起的成绩呢？本文试图主要探讨"中国奇迹"产生的充分必要条件，及这些条件能发挥作用的背后深层原因，请专家指正。

一、"中国奇迹"的充分必要条件

（一）和平与发展成为当今时代主题

时代主题的转变是中国放心大胆进行改革开放和经济建设的最根本的客观条件。

什么是时代主题呢？20世纪初，列宁认为，时代主题就是一个特定历史阶段的世界政治的中心内容和时代的本质特征。他判断当时的时代主题是帝国主义战争与无产阶级革命。接下来，世界发生了两次世界大战、蓬勃兴起了社会主义革命运动和殖民地独立运动。可见列宁的判断是正确的。由此可以推断：时代主题是客观存在的，是直接决定世界发展方向的。时代主题，也可以理解为世界的主要矛盾和主要矛盾的主要方面，它们决定世界发展的方向。

20世纪70年代后期已经显现了新的特点，就是世界主题不再是战争与革命，已经转变为和平与发展。邓小平及时发现了这个时代主题。

邓小平对当今世界时代主题的探索首先是从分析战争与和平问题入手的。1977年12月，邓小平在一次讲话中指出："我们有可能争取多一点时间不打仗。因为我们有毛泽东同志的关于划分三个世界的战略和外交路线，可以搞好国际的反霸斗争。另一方面，苏联的全球战略部署还没有准备好。美国在东南亚失败后，全球战略目前是防守的，打世界大战也没有准备好。所以，可以争取延缓战争的爆发。"[①] 在这里，邓小平突破了以往认为"战争不可避免，而且迫在眉睫"的思维定势，首次提出了"战争可能延缓"的论断。进而，他

---

① 《邓小平文选》第2卷，人民出版社1993年版，第77页。

领导全党调整了对美、日、欧和苏联的外交政策，把工作重心坚定地转移到经济建设上来了。

1984年10月，邓小平进一步把发展问题同和平问题一起并称为国际上的两大问题①。

及时认识到世界主题发生了变化是非常重要的。这为调整我国的内外政策提供了科学依据。

（二）世界上已经有了跨越式发展的成功经验

有经验可供借鉴，这是"中国奇迹"不可或缺的一个重要条件。

中国应该怎样发展？能不能借鉴日本和亚洲四小龙的经验？发达资本主义国家的资金和技术能不能为我所用，实现共赢？1978年，中国有12位国家副总理、副委员长以上领导人先后20次访问了51个国家，既有周边邻国，也有东欧社会主义国家，还有自新中国成立以来从无来往的西方国家。中共高层大规模、高密度出访，就是为解决这个问题做准备的。最有影响的代表团是谷牧为团长的参观访问团，谷牧时任国务院副总理。谷牧同志详细回顾了他所经历的参观学习西方、向日本贷款、开设经济特区和沿海地区的过程。②

在为十一届三中全会作准备的中央工作会议上，会议专门印发了《苏联在二、三十年代是怎样利用外国资金和技术发展经济的》、《香港、新加坡、南朝鲜、台湾的经济是怎样迅速发展起来的》、《战后日本、西德、法国经济是怎样迅速发展起来的》等参考书，目的就是为了开阔与会者的思路和眼界，为了借鉴和吸收国外的有益经验。与会者认真研究了这些材料，并在解放思想、实事求是的号召鼓舞下，从我国实际出发，提出了一系列改革开放的思想主张。③

回顾中国改革开放三十年的历程，中国经济成功地经历着"进口替代阶

---

① 《邓小平文选》第2卷，人民出版社1993年版，第127页。

② 李焕志：《"关门搞建设是不行的"》，载于邱石《共和国重大事件和决策内幕（4）》，经济日报出版社1998年版，第845—863页。

③ 孙大力：《新中国的转折点——中共十一届三中全会》，载于邱石《共和国重大事件和决策内幕（1）》，经济日报出版社1997年版，第937—938页。

段"、"鼓励出口阶段"、"重化工业阶段"、"高附加值阶段",中国的经济发展进程和经济政策有明显"东亚模式"迹象,所不同的地方在于中国的改革开放规模更宏大、成绩更显著、坚持了中国特色社会主义。

以上事实足以说明,世界经济发展的成功经验为"中国奇迹"起到了重要借鉴作用。

(三) 中国经历了长期的、多重的严重危机

这是中国进行深刻、持久改革开放的必要条件。正是所谓不破不立、否极泰来的道理。

1. 经历了一个世纪的半殖民地半封建社会的历史阶段。

自从1840年以来,中国开始沦入半殖民地半封建社会深渊,国家四分五裂,人民一盘散沙,外敌时常入侵,内战接连不断,常常哀鸿遍野、饿殍盈路,直到新中国成立国家才真正统一,外交才真正独立自主。以毛泽东为首的第一代领导集体设计实施了适合中国国情的根本政治制度。正是这一整套民主集中制的政治制度,确保了国家的统一、稳定、高效。接着,共产党领导人民走上了社会主义道路,为当代中国的一切发展进步奠定了根本政治前提。中国近现代历史的必然结论就是:只有共产党能领导人民走向国家统一、民族独立、社会安定,只有社会主义能救中国。正是由于这一特殊的历史过程,才使得中国在深刻的改革开放中始终坚持了中国共产党的领导,坚持了社会主义。

2. 经历了严重的经济危机。

从新中国成立到1978年,一方面初步建立起了我国的比较完整的工业体系,另一方面,从1957年开始,一次一次的运动、折腾,经济建设受到严重的拖累,大跃进三年损失1200亿元人民币,文化大革命十年使经济损失5000亿元人民币,这两次损失相加,相当于1949—1979年全部基本建设投资。[①] 国民经济一度到了崩溃的边沿。城市居民家庭刚刚能够温饱,但是住房、上学、就医成问题,所以他们支持改革开放。农民生活更成问题,相当多的地方不能

---

① 孙键:《中华人民共和国经济史》(1949—90年代初),中国人民大学出版社1992版,第386页。

解决温饱。首先实行承包制的安徽省凤阳县小岗村，在20世纪70年代，农民年收入不足20元人民币，长期不能解决温饱问题，外出讨饭成了他们的生活方式。在十一届三中全会前的工作会议上，王震将军说："我今年略略看了看贵州，那里的农村生活，有的还不如我们长征经过的时候。"当时，参加会议的同志多数共识，相当部分农民的口粮在300斤以下，生活成问题。① 正是因为中国农民的生活水平极低，所以他们才穷则思变，热烈拥护联产承包责任制，几年之内解放了农村的生产力，迅速提高了农民的生活水平。

苏联、东欧原社会主义国家，农民享有国家的不少福利，生活水平还说得过去，所以那里的农民就没有中国农民对联产承包责任制的热情。那里的计划经济搞得比较完善，所以，渐进式的改革也难以推行。

3. 经历了严重的政治危机。

自从1957年以来，政治运动一个接一个，整风反右运动、大跃进运动、反右倾运动、人民公社化运动、四清社教运动、文化大革命运动，这些运动先后延续了近二十年，伤害了许多干部群众，这些人被打入另册，失去了正常工作的条件，甚至没有正常生存条件。文化大革命达到极端荒谬的地步，公检法系统被砸烂，法律被践踏，连党和国家的副主席刘少奇都被迫害致死，家人亲属被牵连。正是这些冤假错案，促使人们反思造成冤假错案的深层次原因，促使人们设计避免悲剧重演的制度。

4. 经历了严重的理论危机。

长期宣传"无产阶级专政下继续革命"的理论，提倡"国际主义义务"，提倡"宁要贫穷的社会主义，不要富的资本主义"的口号，长期追求"一大二公三纯"的计划经济体制，结果在实践面前都失败了。这些理论、原则和口号在实践中的失败，促使人们反思到底什么是社会主义，到底该怎样搞社会主义。

恩格斯曾经指出："伟大的阶级，正如伟大的民族一样，无论从哪方面学习都不如从自己所犯错误的后果中学习来得快。"② 在改革开放的过程中，经

---

① 孙大力：《新中国的转折点——中共十一届三中全会》，载于邱石《共和国重大事件和决策内幕（1）》，经济日报出版社1997年版，第393—397页。

② 《马克思恩格斯选集》第4卷，人民出版社1995年版，第285页。

历了千难万险，中国共产党之所以能横下一条心，坚持基本路线不动摇，就是因为中国经历了长期的、多重的严重危机，这成了强大而坚忍的不竭动力。

（四）中国经历了两次思想大解放运动

思想大解放是改革开放的先导，是改革开放的必要条件。没有思想大解放就不会有改革开放的大动作、大成效。中国有两次思想大解放运动。这两次思想大解放有赖于两颗精神原子弹，一个是"实践是检验真理唯一标准"的大讨论，一个是邓小平的"南方讲话"。

由于毛泽东在长期革命实践中形成了崇高的个人威信，由于对错误思想进行了几十年的鼓动宣传，进行了几十年残酷的阶级斗争，在人们的思想上形成了牢固的教条主义桎梏，绝大多数人思想僵化。要想使中国前进，就必须改革开放；要改革开放，就必须首先解放大多数人的思想。1978年5月11日，《光明日报》发表特约评论员文章《实践是检验真理的唯一标准》。文章指出：检验真理的标准只能是社会实践，理论与实践的统一是马克思主义的一个最基本原则，任何理论都要不断接受实践的检验。这是从根本理论上对"两个凡是"的否定。接着，在半年的时间内发表了600多篇文章，许多省长、省委书记和国家领导人都写文章发表，形成了全国规模的大讨论。经过这场大讨论，实事求是、实践是检验真理的唯一标准的观点，为广大干部和人民群众所理解和掌握，有力地破除了个人迷信，战胜了"两个凡是"的思潮。

尽管这次思想解放运动规模宏大，得到了十一届三中全会的高度评价，代表错误思想的领导人也被撤换，但是，在后来的改革开放过程中，还总是有一些人站出来从"左"的和右的方面来反对改革。先是资产阶级自由化的泛滥，接着是"左"倾错误思想的反扑，几乎阻断了改革开放的大业。

20世纪90年代初，邓小平南方讲话，成了战胜"左"倾思想势力、造成第二次思想大解放的精神原子弹。他深刻阐明了马克思主义"精髓论"、"社会主义本质"论、"三个有利于"论、"计划和市场不是社会主义和资本主义的本质区别"论、"发展是硬道理"论等等。① 南方讲话打开了人们的思路，

---

① 《邓小平文选》第3卷，人民出版社1993年版，第370—383页。

一下压住了"左"的声音,统一了中共中央领导层的思想。当年10月,党的十四大提出建立社会主义市场经济的目标,十四届三中全会审议并通过了《中共中央关于建立社会主义市场经济体制若干问题的决定》。摸着石头过河的改革开放大业自此走上了规道。

持"左"倾观点的人,在20世纪90年代中期,竟然孵化出四个"万言书",他们列上"走资派"黑名单,上纲上线,惊动京城内外,一时间风起云涌,黑云压城。他们口诛笔伐走在改革前面的代表人物。可喜的是,党的十五大没被"左"倾思想干扰,确立了公有制的新理念和发展公有经济的新战略。① 改革开放的大业自此安装上了一个可快速运转的车轮。

从2002年12月起,全国人大及常委会先后进行了8次审议,其间向社会全文公布征求意见,并召开了100多次座谈会、立法论证会,听取各方意见。2007年3月16日上午,十届全国人大五次会议对《物权法(草案)》进行表决。2888名人大代表,其中2799票赞成,占96.9%;52票反对;37票弃权。《物权法(草案)》获得高票通过。《物权法》明文规定:"国家、集体、私人的物权和其他权利人的物权受法律保护,任何单位和个人不得侵犯。"《物权法》的颁布具有重大理论意义和现实意义。改革开放的伟业自此又安装上一个可高速运转的车轮。

2001年底,中国成功加入WTO,这也是中央主要领导层否定"左"倾舆论,果断英明决策的结果。这样又加宽了改革开放伟业的快车道。

如果没有这两次思想大解放,要进行这么深刻、这么持久的改革开放是不可能的。

(五)中国形成了三代具有非凡胆识和能力、相对稳定的领导集体

形成了三代具有非凡胆识和能力、相对稳定的领导集体,这是中国改革开放大业得以开局、发展并冲破千难万险的最根本的主观条件。

1. 第二代领导集体开启了改革开放的先河,披荆斩棘,功高盖世。

---

① 马立诚:《交锋30年——改革开放四次大争论亲历记》,江苏人民出版社2008年版,第三部分。

自从邓小平第三次出山，鉴于他的经验、魄力和胆识，大家一开始就把他当作领袖来看待，到十一届六中全会，第二代领导集体基本形成了。党的十二大确认了第二代领导集体。

首先，在农村推广了农民创造的"大包干"生产组织形式，使得农村生产力在几年内得到突飞猛进的发展。几十年内没办法解决的农民温饱问题迅速得到初步解决；乡镇企业异军突起；农村富余劳动力涌向沿海城市，成为沿海地区工业发展的生力军。

其次，在东南沿海设立了四个经济特区，进而开放了十四个沿海工业城市，再进而又产生了沿海经济开放区，后来内地也对外开放，形成了多层次、立体式对外开放的格局。

再次，启动了城市经济体制改革的车轮。在"试错式"的经济体制改革过程中，坚定地推动着改革开放大业风雨兼程。尽管改革开放没有既定的蓝图，改革开放进程中也有挫折，但是十余年的改革开放成绩斐然。

最后，党的十三大阐明了社会主义初级阶段理论，制定了社会主义初级阶段的基本路线，制定了"三步走"的发展战略。

2. 第三代领导集体承前启后，千难万险，成绩卓越。

以江泽民为首的第三代领导集体诞生于1989年，授命于多事之秋。当时国内，改革遇到挫折，"价格闯关"引起通货膨胀，"左"右倾思想激烈交锋；"六四事件"负面影响深远，人心浮动。国际上，苏联、东欧发生了剧变；西方资本主义国家对中国实行制裁，狂言演变。世界社会主义运动陷入低潮。

第三代领导集体把改革开放大业推上了快车道。

第三代领导集体贯彻了"韬光养晦"的方针，巧妙地利用矛盾，打破了西方的封锁，到20世纪90年代中期就争取到了比较好的国际环境。

在亚洲金融危机中，中国政府一方面承诺人民币不贬值，彰显了负责任大国姿态，另一方面，实行了积极财政政策，扩大内需，有效化解了金融危机对我国的冲击，为后来几年的发展准备好了一些有利条件。

第三代领导集体提出了以"三个代表重要思想"为标志的一系列新观点、新提法、新思想。

3. 第四代领导集体承接伟业，拓新布局，成绩显著。

第四代领导集体是以胡锦涛为总书记的党中央。他们站在新的历史起点上，提出了以科学发展观为统领的一整套新理论。对内，着力推动科学发展，建设和谐社会；对外，着力推动和谐世界的建设。

七年来，我国的改革开放取得了重大突破。农村综合改革逐步深化，强农惠农政策不断加强；国有资产管理体制、国有企业和金融、财税、投资、价格、科技等领域的改革也取得了丰硕成果；非公有制经济进一步发展；市场体系不断健全，宏观调控继续改善，政府职能加快转变；创新型国家战略有了一定的成效。特别值得关注的是，在社会保障、医疗保险、义务教育、保障人权等等方面的巨大进步。

自 2002 年以来，中国的 GDP 以年均 10% 以上的速度增长；进出口总额以近 30% 的速度增长；国家财政收入以 20% 以上的速度增长；外汇储备迅速增长，位列世界第一，远远超过第二；两岸关系明显好转。这是新中国成立以来发展最好的时期。正是由于这些发展成绩，在这次百年一遇的金融海啸中，中国的份量才显得如此重要，左右逢源，举足轻重。

综上所述，我认为"中国奇迹"，得益于这五个条件，缺一不可。从主客观来分：前两条是客观条件，后三条是主观条件。从所起的作用来看：和平与发展成为时代主题，是最根本的客观条件；中国形成了三代具有非凡胆识和能力、相对稳定的领导集体是最根本的主观条件；有它国成功经验借鉴、经历了严重的危机、经历了思想大解放也是三个必要条件。以"中国奇迹"为着眼点，从辩证逻辑顺序来看，内因是变化的根据，外因是变化的条件，内因重于外因。"中国奇迹"的最重要的条件是第五条。把这五个条件组合起来，就必然能产生"中国奇迹"，缺少其中的任何一个条件都不可能形成"中国奇迹"。所以，可以说这五个条件中的每一条都是"中国奇迹"的必要条件，这五个条件的有机组合就是"中国奇迹"产生的充分必要条件。

二、中国的政治制度优势

如果我们的思考再继续深入一步，就会发现两个最突出的、独一无二的现象：第一，邓小平在改革开放过程中长时期起到了导师和舵手的作用，有时能够挽狂澜于即倒、扶大厦之将倾。后两个领导集体也能够稳控国内时局、统领各方、勇往直前。这在当代西方国家是不可想象的。第二，在这三十年中，政策措施变化之大可谓翻天覆地，改革开放历程可谓千难万险，国际环境可谓风云际会、海浪滔天，极端民族主义、分裂主义、恐怖主义风起云涌，某些大国对中国封锁、制裁、演变、钳制阴着频出，然而，中国竟然能够保持社会稳定、民族和睦，党政军民学各尽其责、相互配合，取得了年均9.8%的增速，使3亿多人脱贫。这两个现象，发生在十几亿人口的大国里，能够持续这么长的时间，肯定不是偶然现象。

是什么原因导致了这两个现象的产生？这只能在中国特色中来寻找。依据逻辑原则，基本可以排除经济的原因，应该是历史的和政治制度的原因，其中，现行的政治制度原因是最显著的。

很明显，导致这两个现象的深层原因就是现行的中国特色的政治制度，即：指导思想一元制、共产党领导的多党合作制、立行合一的人民代表大会制、民族区域自治、党指挥军队制，等等。尽管这一套制度还有不少需要改进的地方，但是，它毕竟保证了共产党的绝对领导地位，保证了领导核心的精英成分，保证了代表全局、根本、长远利益的可能性，保证了控制全局、协调各方的可能性。又由于共产党有7600万党员、遍及社会各个阶层，这样便于了解社会的各方面需求；共产党具有60年的全国执政的经验教训，尤其是30年改革开放的成功经验，这样更便于取得成效；共产党实现了核心领袖两任制，加强了集体领导制度和监督制度，这样有利于防止个人独裁，有利于形成新老领导集体的顺利交接。这就是中国的政治制度优势。

试想，中国如果实行了西方所谓的民主、自由、三权分立、多党竞选、指导思想多元化，结果会是怎样？结论是必然的：或者是失望，或者是绝望。环顾世界各国，证据比比皆是，反例几乎没有。

正是这个中国的政治制度优势，才能聚合了上述五个必要条件，进而取得了"中国奇迹"。

可以说，产生"中国奇迹"的直接原因是五个必要条件，产生"中国奇迹"的更深层原因是中国的政治制度优势。

(此文载于《当代世界与社会主义》2010年第1期)

从毛泽东到胡锦涛：学习型政党建设的理论探索与实践

刘子平*

摘　要：重视学习、勤于学习是中国共产党的优良传统和一贯作风。中国共产党的成长壮大的过程就是学习、研究马克思主义并用以解决中国的实际问题，领导人民不断推进革命、建设、改革的过程。以毛泽东、邓小平、江泽民、胡锦涛为代表党的四代中央领导集体都是重视学习、勤于学习的典范。他们关于学习型政党建设的理论与实践是马克思主义党建理论的创新和发展，对指导我们今天的学习型政党建设具有重大而积极的意义。

关键词：学习型政党；毛泽东；邓小平；江泽民；胡锦涛

中国共产党的十七届四中全会提出把"建设马克思主义学习型政党作为重大而紧迫的战略任务抓紧抓好"，这反映了我们党主动应对新形势的要求，始终走在时代前列引领中国发展进步的昂扬姿态，体现了党对建设学习型社会、学习型组织时代潮流的自觉呼应，是中国共产党重视学习的优良传统在新形势下的发展与弘扬。可以说，中国共产党的成立、成长、发展，都同加强学习紧密相联。党的诞生，是中国先进知识分子学习马克思主义，并把它和工人运动相结合的结果。党的成长壮大的过程，就是学习、研究马克思主义并用以解决中国的实际问题，领导人民不断推进革命、建设、改革的过程。重视学习、勤于学习，这是我们党长期坚持的一个优良传统。毛泽东同志是这样，邓小平同志是这样，江泽民同志和胡锦涛同志也是这样。回溯中国共产党在学习

---

* 刘子平（1979—　），男，山东临沂人，聊城大学世界共运研究所讲师，天津师范大学政治与行政学院博士研究生，主要研究方向为政党政治与世界社会主义。

型政党建设方面的理论与实践，对于我们深化对建设马克思主义学习型政党的认识有着重要而积极的意义。

一、以学习推动革命与建设的顺利进行：毛泽东对学习型政党的不懈追求与理论探索

毛泽东作为中国共产党和新中国的缔造者，党的第一代中央领导集体的核心，对政党学习的理论与实践进行了许多具有开拓性意义的探索。在建党之初，毛泽东就提出要把思想建党放在首位，主张通过学习教育把以农民和小资产阶级为主要成员的中国共产党改造成工人阶级的全国性的先进政党。新中国成立后，他又提出通过学习教育把以武装斗争为中心的革命党改造成以经济建设为中心的执政党。在此基础上，他从政党建设的角度系统阐述了"什么是学习，为什么学习，学习什么，怎么学习"政党学习思想。

（一）什么是学习。毛泽东从哲学与知与行的关系角度认为，学习不仅是一种意识活动，更重要的是一种实践活动。毛泽东指出："读书是学习，使用也是学习，而且是更重要的学习。"① 由此可以看出，学习的途径有两种：一是通过读书；二是通过实践。前者是基础，后者是目的；后者的含义比前者更为重要。毛泽东还结合中国革命历史进程，揭示学习与实践的关系。他指出，革命和建设"常常不是先学好了再干，而是干起来再学，干就是学。"② 毛泽东把实践观点引入学习领域，是对学习理论的一个重要创新。

（二）为什么学习。毛泽东将政党学习目标直接指向改造客观世界，建设一个新社会。这样目标的实现需要有一个理论修养的大党领导来实现。由于我们党长期在农村中进行革命活动，农民和小资产阶级党员较多，毛泽东深感我党的理论准备不足，理论修养的欠缺。毛泽东指出，"指导一个伟大的革命运动的政党，如果没有革命理论，没有历史知识，没有对于实际行动的深刻的了

---

① 《毛泽东选集》第1卷，人民出版社1991年版，第181页。
② 同上。

解，要取得胜利是不可能的。"① 因此，毛泽东要求全党必须加强对马列理论的学习，对民族历史的学习，要研究革命运动的情况和趋势。毛泽东曾指出："我们要建设大党，我们的干部非学习不可。"②，"如果我们党有一百个至二百个系统地而不是零碎地、实际地而不是空洞地学会了马克思列宁主义的同志，就会大大地提高我们党的战斗力量。"③

（三）学习什么。没有先进理论武装的党，不可能是先进的党；没有先进理论武装的共产党员，不可能发挥先进战士的作用。用学习武装全党和全体共产党员，引导我们的事业走向胜利的关键。毛泽东指出，"马列主义基本原理至今未变，个别结论可以改变。中国的党一贯遵守马列主义的原则，因为它是普遍真理。"④ 革命战争年代，我们党强调学习马克思主义，是因为它是我们"政治上军事上的望远镜和显微镜"。⑤ 为了革命的胜利也要学习和研究军事知识和战争规律。社会主义建设时期，他也要求全党要继续学习马克思主义基本理论，只有通过学习，从理论上把问题搞清楚了，才能在政治上具有坚定的立场；如果"不重视学习理论，天天搞事务，一定要迷失方向"。⑥ 同时，也反复要求全党学习经济、学习技术，努力成为经济建设的内行和专家。毛泽东强调："要把一个落后的农业的中国改变成为一个先进的工业化的中国，我们面前的工作是很艰苦的，我们的经验是很不够的。因此，必须善于学习。"⑦

（四）如何学习。毛泽东提出要在全党开展学习运动，开展学习竞赛，把"全党变成一个大学校"⑧ 同时，毛泽东提出要把学习与实践结合起来，在实践中学习，在学习中实践。毛泽东曾指出，理论学习"若不和革命实践联系起来，就会变成无对象的理论，同样，实践若不以革命理论为指南，就会变成盲目的实践"⑨。毛泽东对待学习的态度非常认真，毛泽东认为："知识的问题

---

① 《毛泽东选集》第 1 卷，人民出版社 1991 年版，第 533 页。
② 《毛泽东选集》第 2 卷，人民出版社 1993 年版，第 179 页。
③ 《毛泽东文集》第 7 卷，人民出版社 1999 年版，第 533 页。
④ 同上，第 366 页。
⑤ 《毛泽东选集》第 1 卷，人民出版社 1991 年版，第 212 页。
⑥ 《建国以来重要文献选编》第 15 册，中央文献出版社 1997 年版，第 169 页。
⑦ 《毛泽东文集》第 6 卷，人民出版社 1999 年版，第 117 页。
⑧ 《毛泽东文集》第 2 卷，人民出版社 1993 年版，第 185 页。
⑨ 《毛泽东选集》第 1 卷，人民出版社 1991 年版，第 293 页。

是一个科学问题，来不得半点的虚伪和骄傲，要以诚实和谦逊的态度来学习。"① 毛泽东还根据革命和建设的需要，以特有的无产阶级革命家的智慧和眼光，要求全党尤其是领导干部必须永保清醒与学习的态度，必须"恭恭敬敬地学，老老实实地学。不懂就是不懂，不要不懂装懂。"②

二、通过学习实现解放思想与改革开放：邓小平对学习型政党的规划与设计

作为党的第二代中央领导集体的核心，邓小平在中国共产党的发展进程中，发挥了难以代替的承前启后、继往开来的重大作用。他不仅是改革开放政策的总设计师而且是构建现代化学习型政党的总建筑师。他在解放思想和改革开放中亲身实践和发展了毛泽东所开创的马克思主义实事求是的学风、方法和科学态度。

（一）重新树立实事求是的学风

针对着文革结束后不久在毛泽东思想学习和宣传中存在的教条化和庸俗化现象以及"两个凡是"的错误思想，邓小平多次指出，必须准确完整地掌握毛泽东思想体系。千万不能只从个别词句出发来理解毛泽东思想，要善于学习、掌握和运用毛泽东思想的科学体系来指导我们各项工作，这样才不至于割裂和歪曲毛泽东思想。邓小平指出："一个党，一个国家，一个民族，如果一切从本本出发，思想僵化，迷信盛行，那它就不能前进，它的生机就停止了，就要亡党亡国。"因此，我们必须恢复实事求是的优良作风，为此必须解放思想，坚决摒弃对马克思主义的教条式、本本式理解，紧密联系我国改革开放的实际，不断了解新情况，解决新矛盾，寻找新答案。邓小平说："我们现在要建设有中国特色的社会主义，时代和任务不同了，要学习的新知识确实很多，

---

① 《毛泽东选集》第1卷，人民出版社1991年版，第287页。
② 江泽民：《论党的建设》中央文献出版社2001年版，第1481页。

这就要求我们努力针对新的实际，掌握马克思主义基本理论。"① 只有树立了实事求是的优良学风才能把马克思主义的观点、原理、方法学好，用好，才能真正实现思想的解放，破除教条主义、本本主义的束缚，推动改革开放的进行。而思想的解放又会进一步促进政党学习的深入、持续发展和良好学风的形成。

（二）在学习中推动改革开放，在改革开放实践中学习

在社会主义现代化建设的新时期，新科学、新技术、新知识不断涌现，科学技术的更新进一步加快。在一个知识奔流、信息密集、科学技术迅速转化为生产力，知识经济越来越直接成为综合国力的时代。邓小平明确提出了"重新学习"的伟大任务。在他看来，"实现四个现代化是一场深刻的伟大的革命。在这场伟大的革命中，我们是在不断地解决新的矛盾中前进的。因此，全党同志一定要善于学习，善于重新学习。"② 1980年初，邓小平同志又进一步强调指出："在不断出现的新问题面前，我们党总是要学。我们共产党人总是要学，我们中国人民总是要学，谁也不甘于落后，落后就不能生存。"③ 邓小平同志根据改革开放和社会主义现代化建设新的实践，强调学习马列要精要管用。邓小平认为不仅要学习马列主义、毛泽东思想，还要学习经济学、科学技术、管理学方面知识，他积极号召中央和地方的高级干部都要学习和钻研现代化经济建设。只有学习好，才能实现社会主义现代化建设的目标。同时，邓小平还提出要在改革开放的伟大实践中学习，在学习中比较，在学习中竞争，在学习中创新。邓小平指出，"我们现在所干的事业是一项新事业，马克思没有讲过，我们的前人没有做过，其他社会主义国家没有干过，所以，没有现成的经验可学，我们只能在干中学，在实践中摸索。"④ 为了加快自己的发展，赢得与资本主义相比较的优势，邓小平主张向国外学习，特别是向发达国家学

---

① 《邓小平文选》第2卷，人民出版社1994年版，第146—147页。
② 同上，第152—153页。
③ 同上，第270页。
④ 同上，第258—259页。

习。必须大胆吸收和借鉴人类社会创造的一切文明成果,吸收和借鉴当今世界各国包括资本主义发达国家的一切反映现代社会化生产规律的先进经营方式,管理方法。

三、以学习应对时代挑战和加强党的建设:江泽民对学习型政党的实践与传承

以江泽民为核心的第三代中央领导集体,在继承实践毛泽东、邓小平政党学习思想的基础上,又进一步发展了中国共产党关于学习型政党的基本思想,提出了科教兴国战略,把学习提到国家发展的重要战略高度,大力开展"三讲教育",积极推进全党的学习教育,提出建设学习型社会,树立全民学习、终身学习的理念,从而使学习型政党思想更加丰富。

(一)大力开展"三讲"教育,积极推进全党的学习教育

随着改革开放的深入进行,党的自身建设受到了严峻的考验和挑战。江泽民站在面向国内外新形势和全党工作大局的高度,深刻阐述了加强学习的重要性和紧迫性。他郑重地告诫全党:"一个党、一个国家、一个民族,特别是像我们这样一个大党、大国和人口众多的民族,如果没有科学理论的武装和对各种新知识的掌握,就不可能有真正的腾飞,不可能有现代化的前途。所以,学习问题,关系到广大干部自身的进步,关系到国家、民族的兴衰和社会主义现代化事业的成败。"① 江泽民在担任中央领导职务期间,多次向全党发出了"学习、学习、再学习"的号召。在他的大力推动下,全党上下创造性地开展了以"讲学习、讲政治、讲正气"为主要内容的党性党风教育,并把"讲学习"放在"三讲"的首位,强调要"坚持学习、加强学习、改善学习"。② 实践证明,只有不断提高学习能力和实践能力,勤于学习、不断学习、善于学

---

① 江泽民:《论党的建设》,中央文献出版社2001年版,第145页。
② 《江泽民文选》第3卷,人民出版社2006年版,第185页。

习，我们党才能始终走在时代前列，才能不断提高领导水平和执政水平，才能战胜时代的挑战，才能担负起团结和带领全国人民建设社会主义和实现中华民族伟大复兴的历史使命。

(二) 提出了科教兴国战略，开展创新性学习

随着科技革命的深入发展，科学技术在国家发展中越来越居于关键位置，"科学技术是第一生产力"的理念越来越深入人心，江泽民在全国科技大会上的讲话中提出了实施科教兴国的战略，把学习提到了国家发展战略的重要高度。创新是人类主观能动性的高级表现形式，是学习的收益成果和最高境界。基于一个终身学习、知识爆增、快速变化的时代，创新就显得紧迫而突出，因为这关系到一个国家、民族、政党的前途和命运问题。江泽民强调："创新是一个民族进步的灵魂，是一个国家兴旺发达的不竭动力，也是一个政党永葆生机的源泉"。[①] 跟随时代新的脉搏，他不断地呼吁"不断创新，与时俱进"，要"在全党全社会大力弘扬科学精神和创新精神"，"不断根据实践的要求进行创新"，"科学的本质就是创新"等等。可以说，学习的本质在于创新。整个人类历史，就是一个不断学习、不断创新、不断进步的历史；一个政党的历史，也应该由它的学习与创新的能力来决定，这是江泽民政党学习思想的重要体现。

(三) 构筑终身学习教育体系，创建学习型社会

面对知识经济时代的新要求，个人只有终身不断地学习，才能适应科学技术的发展和社会的变革。为此，在2001年5月亚太经合组织高峰会议上，江泽民同志提出了"创建学习型社会"的主张。以江泽民为核心的第三代领导集体对党的学习问题提出了更高、更全面的新要求。在十六大报告中进一步强

[①] 江泽民：《全面建设小康社会，开创中国特色社会主义事业新局面》，人民出版社2002年版，第12页。

调,"要形成全民学习,终身学习的学习型社会,促进人的全面发展。"① 全民学习、终身学习、终身教育是学习型社会的核心理念。建设学习型政党继承了这一核心理念。这是对中国共产党关于"活到老,学到老,改造到老"思想的继承与弘扬。

四、在学习与科学发展的良性互动中推进党的建设:胡锦涛对学习型政党的发展与创新

在新的世纪,科技进步日新月异,知识经济时代,学习的重要性更加突出。以胡锦涛同志为总书记的新一届中央领导集体适应新的时代发展要求,围绕"实现什么样的发展、怎样发展"的重大时代主题,明确提出建设学习型政党思想,并且他们以身作则,带头学习,把中央政治局集体学习制度化。学习型政党的明确提出是面向21世纪的中国共产党对毛泽东等三代领导集体学习型政党思想的传承,又是探索建设学习型政党重大实践的创新,为马克思主义建党学说注入了新的时代内涵,充分体现了党的理论更加成熟。

(一)明确提出建设学习型政党思想,彰显知识建党理念

知识建党是指中国共产党在新的挑战面前,通过组织党组织和党员学习新知识,实现知识结构的更新与升级,增长新本领,树立新理念,创造新机制,,进入新境界,不断加强和改进党的建设。面对新形势新任务新的挑战,在党的十六届四中全会通过的《中共中央关于加强党的执政能力建设的决定》中,以胡锦涛同志为总书记的党中央领导集体明确提出了"努力建设学习型政党"的重大任务,将全党的学习摆在了更为突出的位置上。胡锦涛同志在《学习时报》发刊词中指出:"建设有中国特色社会主义毕竟是一项全新的事业,我们对其中的不少规律还知之不多、知之不深,前进中遇到的新问题新矛盾不

---

① 江泽民:《全面建设小康社会,开创中国特色社会主义事业新局面》,人民出版社2002年版,第20页。

少。新的形势和任务要求广大党员和干部特别是领导干部一定要更加自觉地重视学习、善于学习，各级党组织一定要把搞好学习作为推进整个事业、增强我们抵御各种风险能力的一件大事，认真抓好、切实抓好。"① 胡锦涛提出的"建设学习型政党"思想真正彰显了知识建党的理念，使我们党永葆先进性和活力，永远走在时代的前列。

（二）坚持集体学习的制度

以胡锦涛同志为总书记的新一代中央领导集体执政伊始，就坚持中央政治局集体学习并形成一项制度。2002 年 12 月 26 日，中央政治局进行了首次集体学习。胡锦涛同志在主持学习时指出："我们党历来高度重视学习问题，始终把学习作为一项关系党的事业兴旺发达的战略任务来抓"，并强调"不学习、不坚持学习、不刻苦学习，势必会落伍，势必难以胜任我们所肩负的重大职责"。② 党中央集体学习坚持不辍，为全党加强学习带了一个好头，发挥了示范带动作用。从党的十六大至十七大的 5 年间，中央政治局进行了 44 次集体学习。党的十六大以来，以胡锦涛同志为总书记的党中央提出了科学发展观、构建社会主义和谐社会等一系列重大战略思想，这些战略思想的提出，都和中央领导集体重视学习、善于学习和总结有着必然的逻辑联系。

（此文载于《前沿》2010 年第 17 期）

---

① 胡锦涛：《重视学习 善于学习——为〈学习时报〉创刊而作》，《学习时报》1999—09—17。
② 胡锦涛：《加强领导干部学习，提高执政兴国本领》，《人民日报》2002—12—27。

与时俱进视阈下中国特色社会主义理论体系的形成

刘焕申*

摘　要：与时俱进是中国特色社会主义理论体系形成的理论品质。与世俱进、与实俱进、与是俱进、与史俱进是中国特色社会主义理论体系形成的与时俱进性理论品质的重要内容和具体体现。

关键词：中国特色社会主义理论体系；与时俱进；与世俱进；与实俱进；与是俱进；与史俱进

与时俱进是马克思主义的理论品质，也是中国特色社会主义理论体系的理论品质。"与时俱进，就是党的全部理论和工作要体现时代性，把握规律性，富于创造性。"① 体现时代性，就要站在时代前列，把握时代脉搏，符合时代特点，在新的实践中坚持和发展马克思主义，用发展着的马克思主义指导新的实践，就是与世俱进，与实俱进；把握规律性，就要站在时代的制高点上，不断深化对共产党执政规律、社会主义建设规律和人类社会发展规律的认识，使理论发展和各项工作符合这三大规律，就是与是俱进；富于创造性，就要不断地吸取一切科学的新经验、新思想、新成果，通过理论创新推动制度创新、科技创新、文化创新和其他各方面的创新，把坚持马克思主义基本原理与谱写新的理论篇章结合起来，把发扬革命传统与创造新鲜经验结合起来，不断开拓马克思主义的新境界，就是与史俱进。与世俱进、与实俱进、与是俱进、与史俱

---

* 刘焕申（1973—　），男，山东东阿人，聊城大学思政与马克思主义学院副教授、法学硕士，主要研究方向为中国特色社会主义理论。

① 《江泽民文选》第 3 卷，人民出版社 2006 年版，第 537 页。

进是中国特色社会主义理论体系与时俱进的重要内容和具体体现。中国特色社会主义理论体系，是以邓小平、江泽民、胡锦涛为核心的三代中央领导集体与时俱进、与世俱进、与实俱进、与是俱进、与史俱进的必然理论产物。

与世俱进：中国特色社会主义理论体系形成的时代依据

与世俱进，就是要自觉运用马克思主义的宽阔视野和世界眼光来观察世界和中国，准确判断和把握时代发展的方向和世界发展的大势，使我们的思想认识具有全局性、战略性、前瞻性，既立足中国，又放眼世界，既立足当前，又放眼未来，坚定地站在时代潮流的前头，牢牢把握主动权。

"一切划时代的体系的真正内容都是由于产生这些体系的那个时期的需要而形成起来的。"① 马克思列宁主义是这样，毛泽东思想是这样，中国特色社会主义理论体系也是这样，它们都有其产生的时代条件、时代依据、时代需要和时代必然性。党的十四大报告在谈到中国特色社会主义的形成时强调指出："建设有中国特色社会主义理论的形成是在和平与发展成为时代主题的历史条件下"实现的。中国特色社会主义首先是在特定时代背景造成的历史条件中形成的，时代发展在实践上向传统的社会主义理论提出了严峻的挑战，又为社会主义进入新的阶段提供了机遇。它要求我们树立科学的社会主义观，充分发挥社会主义制度的优越性，利用第三次技术革命纵深发展给我们提供的良好机遇，集中精力进行经济建设，以赶上时代步伐。中国特色社会主义理论体系，产生于20世纪70年代末80年代初，在整个90年代和本世纪初得到了重大发展，十六大以后又得到了新的丰富。这前后近30年的时间，是整个世界发生大变动大调整的时期，这种变动调整的剧烈和深刻程度远远超出了人们的预料。最显著的变化，就是和平与发展成为时代主题，西方资本主义出现种种新情况，社会主义发生严重挫折，经济全球化和世界多极化趋势加速发展，综合国力竞争日趋激烈。特别是新科技革命及其带来的重大科技发现发明和广泛应用，推动世界范围内生产力、生产方式、生活方式和经济社会发生了前所未有

---

① 《马克思恩格斯全集》第3卷，人民出版社1960年版，第544页。

的深刻变化，也引起全球经济格局、利益格局和安全格局发生了前所未有的重大变化。与时代、实践和科学的发展紧密相联系，从20世纪70年代后期开始，在世界范围内兴起了以增强综合国力为中心目标的改革调整浪潮，这个浪潮涉及国家之广泛、涉及领域之全面、改革调整程度之深刻、持续时间之长久，都具有标志性的时代意义。面对如此深刻、如此巨大的变化，我们党要解决好时代提出的新课题，迎接时代提出的新挑战，开创党和人民事业发展的新局面，思想上没有新的解放不行，实践上没有新的创造不行，理论上没有新的发展也不行。如果因循守旧、停滞不前，党就有丧失先进性和领导资格的危险。中国特色社会主义理论体系，从邓小平理论到"三个代表"重要思想，再到科学发展观等重大战略思想，都是我们党为解决时代提出的新课题，解放思想、实事求是、与时俱进，在实践创新的基础上形成的理论创新成果，充分体现了我们党坚持以宽广的眼界观察世界、以时代发展的要求审视自己、以战略的思维谋划全局，科学认识和正确应对当今世界发展变化的理论思考。

20世纪六七十年代开始，世界格局逐渐发生了重大变化，时代主题也在量变之中发生了质变。一是新科技革命和高科技的广泛应用给人类生活和社会发展带来了极其巨大的影响，以至向传统的社会制度和社会形态理论提出了诸多前所未有的新课题；二是世界性战争失去了全面爆发的客观条件，和平与发展逐步代替战争与革命而成为时代的主题，在这样一种时代背景下，经济全球化和世界政治多极化成为不可逆转的大趋势；三是发达资本主义国家实施了若干改革与调整措施，使资本主义制度在具体运作中出现了与自由资本主义和帝国主义阶段许多不同的新特点，由此引起世界不同社会制度之间的关系由绝然对立到开放交融；四是50年代形成的社会主义阵营因内困外窘而逐步解体，部分社会主义制度向其他社会制度转型，传统的社会主义理念和实践面临着严峻的挑战。面对如此种种具有根本性全局性的新变化，如果固守马克思主义书本上的具体结论和基本原则，则很难做出清晰的梳理和正确的判断，以致不得不陷入迷惘和困惑。真正的马克思主义者，应当敢于直面新时代，研究新情况，回答新问题，总结新的实践经验，以寻求社会主义新的生路。邓小平正是这样一位真正的马克思主义者。他尖锐地指出："世界形势日新月异，特别是现代科学技术发展很快。现在的一年抵得上过去古老社会几十年、上百年甚至更长的时间。不以新的思想、观点去继承、发展马克思主义，不是真正的马克思主义者。"① "真正的马克思列宁主义者必须根据现在的情况，认识、继承和发展马克思主义。"② 邓小平理论，正是以邓小平为代表的中国共产党人站在时代的高度，以世界的眼光来观察和思考中国问题，在抓住时代发展带来的机遇、回应时代发展提出的挑战中，形成和发展起来的。从根本意义上说，邓小平理论是和平与发展时代的马克思主义，它对处于和平与发展时代的中国社会主义发展，必然具有长久性的指导作用和时代价值。

世纪之交，以世界多极化和经济全球化的不断发展为标志，世界发生了前所未有的深刻变化，形势错综复杂。正如十六大报告所概括的：党的十三届四中全会以来的13年，国际局势风云变幻，我国改革开放和现代化建设的进程波澜壮阔。国际局势风云变幻，具体表现在：总体和平、局部战乱，总体缓和、局部紧张，总体稳定、局部动荡，这将是今后一个时期国际局势的基本态势。在这一基本态势下，国际局势出现了一些新的动向，霸权主义和强权政治有新的变化，传统安全威胁和非传统安全威胁的因素相互交织，恐怖主义对人类危害上升。以信息技术为核心的科技进步日新月异，极大地改变了人们的生产、生活方式和国际经济政治关系。当今各国特别是大国之间的关系，集中表现为包括经济实力、科技实力、国防实力、民族凝聚力在内的综合国力的竞争。中国经过20多年改革开放，经济持续发展，综合国力有很大提高。西方敌对势力把中国作为未来潜在对手，妄图遏制中国的崛起。这种全球政治和经济发展的新特点，将在21世纪持续很长时间。在国际局势发生深刻变化的背景下，中国共产党能不能始终与时俱进，敏锐地把握时代发展的脉搏和契机，建设中国特色社会主义，实现社会主义现代化，能不能在应对各种风险考验中成为全国人民的主心骨和领导核心，这是党面临的严峻考验。"三个代表"重要思想，正是我们党对当今时代发展的积极回应和深刻思考。

进入21世纪以来，一方面全球化趋势继续发展，科技进步日新月异，区域经济一体化蓬勃发展，世界经济正处在新一轮恢复和增长期。各国相互依存度加深。尤其是中国加入WTO以来，全球化进程对我国的影响更加明显，要利用好世界资源，促进自身发展，就要使中国更加融入世界经济，就要把中国

---

① 《邓小平文选》第3卷，人民出版社1993年版，第291—292页。
② 同上，第291页。

的发展放到世界的大局中来思考，中国按科学发展观来促进发展，才能发挥比较优势，把握有利条件，趋利避害，取得发展的主动权。另一方面世界多极化的趋势也继续发展，虽然霸权主义、强权政治依然存在，影响世界和平与发展的不稳定、不稳定因素增多，不公正、不合理的国际政治旧秩序还在损害着发展中国家的利益，但是总体来看，极少数大国和大国集团垄断世界事务，支配其他国家命运的行为越来越不得人心，广大发展中国家总体实力增强，地位上升，成为国际舞台上不容轻视的重要力量。促进人类文明繁荣进步，维护世界和平稳定，是世界各国人民的共同心愿。胡锦涛同志在党的十七大报告中指出："当代中国同世界的关系发生了历史性变化，中国的前途命运日益紧密地同世界的前途命运联系在一起。"① 这要求我们要善于把握时代主题、时代变化和时代精神，用宽广的马克思主义理论视野观察世界，并始终把中国置于世界大局和人类文明发展的潮流之中作整体的思考，不断开拓马克思主义与中国实际相结合的理论和实践空间，使理论创新具有更加鲜明的时代内涵，从而用新的观点继承和发展马克思主义，开辟马克思主义发展创新的新境界。科学发展观正是在科学判断国际形势和世界发展趋势的基础上，为了因势利导，争得主动，促进中国迅速发展，维护世界和平稳定提出来的。

与实俱进：中国特色社会主义理论体系形成的现实依据

与实俱进，"实"即实践、实际，就是随着实践的发展，立足实际，不断深化对客观真理的认识，"实践、认识、再实践、再认识"，循环往复，以至无穷，这是认识论在思想路线中的反映。与实俱进，就是无论办什么事情，都要从国情、省情、市情、县情出发，进而制定出与各地实际相吻合、与加快发展相一致、与群众愿望相统一的新措施、新办法，以求得新的突破性的发展。

改革开放新的伟大革命，是中国特色社会主义理论体系形成的实践基础。马克思曾经说过："理论在一个国家的实现程度，总是决定于理论满足这个国

---

① 《中国共产党第十七次全国代表大会文件汇编》，人民出版社2007年版，第45页。

家的需要的程度"。① 任何实践总是比理论丰富多彩,实践也总是不断突破原有理论的作用范围,呼唤新理论的产生。新民主主义革命的成功和社会主义制度的建立,为中国改革开放奠定了政治前提和制度基础。建设社会主义现代化国家,实现中华民族伟大复兴,是近代以来中国人民的伟大梦想。1978年以来我国三十多年的改革开放是一场前无古人的伟大创造性实践活动,没有现成的道路可走,没有现成的经验可循,如何找到一条既坚持科学社会主义的基本原则,又适合自己国情的发展道路,需要在实践中探索。这一伟大实践和深刻变革,使我国成功地实现了从高度集中的计划经济体制,到充满活力的社会主义市场经济体制、从封闭半封闭到全方位开放的伟大历史转折,使中国的社会生产力获得了新的巨大解放,使经济、政治、文化、社会取得了新的伟大进步。这场历史上从未有过的大改革大开放,是中国人民进行的生机勃勃的伟大创造,也必然是科学理论产生、形成和发展的不竭动力和源泉。在这场历史变革的伟大潮流中,我们党始终站在实践的前面,敏锐地发现、热心地支持、悉心地维护、及时地引导人民群众创造新事物、新成就和新经验,运用马克思主义立场、观点和方法进行深刻总结、科学概括,从中把握中国特色社会主义建设和发展规律,不断推进马克思主义中国化的历史进程,先后形成了邓小平理论、"三个代表"重要思想和科学发展观等重大战略思想。由此可见,中国特色社会主义理论体系,正是对改革开放和社会主义现代化建设伟大实践及其宝贵经验进行科学总结而形成的理论成果。

社会主义初级阶段理论是中国特色社会主义理论体系形成的理论基石。中国特色社会主义理论体系是与我国国情相结合的科学体系。中国现在处于并将长期处于社会主义初级阶段是我国最大的实际。我们讲实事求是,一切从实际出发,就是要一切从社会主义初级阶段这个最大的实际出发。社会主义初级阶段是我们制定和执行正确的路线方针政策的根本依据,是我们观察当代中国问题的根本立足点,党的十三大根据邓小平同志的重要思想,对社会主义初级阶段问题进行了系统论述。党的十四大、十五大、十六大,都对此进行了强调和阐述。党的十七大报告对我国的基本国情作了进一步阐述,深刻分析了当前我国发展的阶段性特征,强调经过新中国成立以来特别是改革开放以来的不懈努

---

① 《马克思恩格斯选集》第1卷,人民出版社1995年版,第11页。

力，我国取得了举世瞩目的发展成就，从生产力到生产关系、从经济基础到上层建筑都发生了意义深远的重大变化，但我国仍处于并将长期处于社会主义初级阶段的基本国情没有变，人民日益增长的物质文化需要同落后的社会生产之间的矛盾这一社会主要矛盾没有变。正是由于我们党对社会主义初级阶段的基本国情做出了正确判断，中国特色社会主义的发展才有了科学依据和坚实基础。

社会主义初级阶段，是我国在经济文化比较落后的历史条件下建设社会主义必然要经历的特定阶段，是中国特色社会主义建设和发展的初始阶段。所谓社会主义初级阶段，也就是意味着我们的社会主义还处在不发达阶段。这个不发达，不仅是经济意义上的判断，也是一种政治的、文化的、社会的判断。我们对什么是社会主义、怎样建设社会主义的认识，就是以社会主义初级阶段为基础的。在社会主义初级阶段这个认识基础上，才能保证中国特色社会主义在理论上的发展，在实践上的推进，既不割断历史，又不迷失方向；既不落后于时代，又不超越阶段。改革开放30多年来，我国改革开放和现代化建设取得举世瞩目的成就，人民生活总体达到小康水平。但我国生产力还不发达，自主创新能力不强，城乡区域发展不平衡，解决"三农"问题的任务相当艰巨，就业和社会保障压力增大，生态环境、自然资源和经济社会发展的矛盾突出，等等。这些都说明，我国依然处于不发达阶段，我们所达到的小康依然是低水平、不全面、很不平衡的小康，人民群众日益增长的物质文化需要同落后的社会生产之间的矛盾依然是我国社会的主要矛盾。我们必须牢记社会主义初级阶段基本国情，认清全面建设小康社会、基本实现现代化、巩固和发展社会主义制度的重要性、长期性、艰巨性，增强聚精会神搞建设、一心一意谋发展的坚定性，提高想问题、办事情决不可脱离实际的自觉性。

与是俱进：中国特色社会主义理论体系形成的历史依据

与是俱进，"是"即事物发展的规律，求"是"即追求和坚持真理，就是要按照实事求是的原则，忠实地反映和遵循事物的发展规律，并使我们的认识随着客观事物的变化而变化。学习践行中国特色社会主义理论体系，坚持与是俱进，就是要不断深化对共产党执政规律、社会主义建设规律、人类社会发展规律的认识。这样，我们才能抓住主要矛盾，把握正确方向，找到动力源泉，更加自觉地按照人类社会的发展规律来推动社会发展与进步。

中国特色社会主义理论体系是以建设和发展中国特色社会主义为主题的。建设和发展中国特色社会主义，最根本的是要清醒认识和科学回答三大基本问题，即什么是社会主义、怎样建设社会主义，建设什么样的党、怎样建设党，实现什么样的发展、怎样发展。包括邓小平理论、"三个代表"重要思想以及科学发展观等重大战略思想在内的中国特色社会主义理论体系，是随着改革开放和社会主义现代化建设的实践不断深化社会主义建设规律、共产党执政规律和人类社会发展规律的进程中逐步形成和发展起来的。从根本上说，中国特色社会主义理论体系的形成，就是对三大规律认识的不断深化。这不仅在实践上使中国特色社会主义道路越走越宽广，而且在理论上不断开拓着三大规律认识的新境界。·首先，中国特色社会主义理论体系是在探索和回答什么是社会主义、怎样建设社会主义这个基本问题的过程中形成的。邓小平理论深刻揭示社会主义的本质，深刻地把握我国社会主义初级阶段的根本任务、战略目标、战略步骤、战略布局、战略重点等等。"三个代表"重要思想从坚持和完善社会主义基本经济制度到分配制度，从建立社会主义市场经济体制到推进经济结构战略性调整和经济增长方式转变，推进西部大开发、促进区域协调发展，发展社会主义民主政治，建设社会主义法治国家，推动三个文明协调发展，等等，形成了一系列富有独创性的理论成果。科学发展观等重大战略思想，提出以人为本、实现全面协调可持续发展、构建社会主义和谐社会、建设社会主义新农村、建设创新型国家、树立社会主义荣辱观、建设社会主义核心价值体系、推动建设和谐世界等思想。总之，中国特色社会主义理论体系在什么是社会主义、怎样建设社会主义这个基本问题上所形成的一系列新思想、新观点、新论断，深化和丰富了对社会主义建设规律的认识，把我们党对社会主义的认识不断提高到新的科学水平。

其次，中国特色社会主义理论体系是在探索和回答建设什么样的党、怎样建设党这个基本问题的过程中形成的。邓小平在改革开放之初就提出了"执政党应该是一个什么样的党，执政党的党员应该怎样才合格，党怎样才叫善于领导"的问题，强调要把党建设成为有战斗力的马克思主义政党，成为领导人民进行社会主义物质文明建设和精神文明建设的坚强核心。江泽民正确把握党的历史方位，明确提出在新的历史条件下加强党的建设，必须坚持以时代发展的要求审视自己，以改革的精神加强和完善自己，切实解决好两大历史性课题，全面推进党的建设新的伟大工程，把党建设成为用邓小平理论武装起来、全心全意为人民服务、思想上政治上组织上完全巩固、能够经受住各种风险、始终走在时代前列、领导全国人民建设中国特色社会主义的马克思主义政党。以胡锦涛为总书记的党中央，面对21世纪党面临的机遇和挑战，明确提出党的先进性建设是马克思主义政党生存、发展、壮大的根本性建设，必须把党的执政能力建设和先进性建设作为主线，以改革创新精神全面推进党的建设新的伟大工程，使党始终成为立党为公、执政为民，求真务实、改革创新，艰苦奋斗、清正廉洁，富有活力、团结和谐的马克思主义执政党。总之，中国特色社会主义理论体系中贯穿的一系列加强和改进党的建设的创新理论观点，深化和丰富了对共产党执政规律的认识，发展了马克思主义党的建设理论。

第三，中国特色社会主义理论体系是在探索和回答实现什么样的发展、怎样发展这个基本问题的过程中形成的。邓小平理论高度关注发展问题，明确提出发展是当今世界的两大问题之一，发展才是硬道理，提出了经济社会发展必须"三步走"的战略。"三个代表"重要思想把发展问题同党的性质、党的执政理念联系起来，明确提出发展是我们党执政兴国的第一要务。科学发展观提出要坚持以人为本、全面协调可持续的发展，提出"五个统筹"，努力实现科学发展、和谐发展、和平发展等。概括地说，中国特色社会主义理论体系对什么是发展、为什么发展、怎样发展，发展为了谁、发展依靠谁、发展成果由谁享有等重大问题进行了富有创造性的探索并取得了丰硕的理论成果，深化和丰富了对人类社会发展规律的认识。

实践无止境，发展也无止境。随着中国特色社会主义道路的不断前进，随着我们对三大规律认识的继续深化，中国特色社会主义理论体系也将进一步发展和完善。

与史俱进：中国特色社会主义理论体系形成的理论依据

与史俱进，就是要看到历史的发展变化，并从这种发展变化中探寻历史底蕴，把握时代脉搏，认清前进方向，在已有理论认识的基础上实现与现实要求相适应的理论创新，这是继承和发展的统一。因为，任何理论创新都是对既有理论的扬弃，如同任何现实都会成为历史一样。马克思主义创立150多年来，人类社会发生了重了大而深刻的变化；中国共产党成立80多年来，她所承担的革命与建设，所面临的内部与外部环境也都发生根本性的变化。面对这些历史性的变化，中国特色社会主义理论体系用历史的眼光透视现实，用发展着的马克思主义指导新的实践，用中国化的马克思主义解决好中国社会主义建设中的重大问题，积极吸收借鉴当代社会发展的新理念，继承和发展了马克思列宁主义、毛泽东思想。

马克思列宁主义、毛泽东思想是中国特色社会主义理论体系的理论基础。中国特色社会主义坚持了马克思主义经典作家关于科学社会主义的重要思想，贯穿了马克思主义的立场、观点、方法，在理论和实践上都遵循了科学社会主义的基本原则。科学社会主义是马克思主义创始人在深刻分析人类社会发展规律的基础上创立的。19世纪中叶，马克思、恩格斯对整个人类历史特别是资本主义社会作了最缜密、最深刻的研究，使社会主义从空想变成了科学。他们提出，社会有机体的发展是一个自然历史过程，社会基本矛盾推动人类社会不断由低级向高级社会形态发展，资本主义必然被社会主义所代替；他们指出，东方落后国家可以走与西方不同的发展道路，在特定条件下有可能跨越资本主义制度的"卡夫丁峡谷"，而直接进入社会主义；他们强调，社会主义不是一种一成不变的东西，而应当和任何其他社会制度一样，把它看成是经常变化和改革的社会。可以说，这三个方面是马克思、恩格斯对人类社会发展必然趋势的基本构想，为后人建设社会主义新社会指明了正确方向。20世纪初，列宁领导十月革命取得胜利，使社会主义从理论变为现实。对于生产力水平落后的国家如何建设社会主义，列宁花了很大精力进行研究探索，提出了"新经济政策"和许多创造性的思想。他认为，社会主义是多样的，一切民族都将走向社会主义，但走法却不会完全一样；认为社会主义不可能是纯而又纯的，必须在实践中不断加深和校正对社会主义的理解和认识；认为建设社会主义是长期的过程，应当利用市场、商品和货币关系，吸收资本主义的文明成果。列宁的探索尽管时间很短，但从理论和实践上对科学社会主义做出了重要贡献。

中国特色社会主义理论体系是对毛泽东思想的继承和发展。在毛泽东的理论著作中仍闪烁着许多有价值的理论观点对今天建设中国特色社会主义有着重要的指导意义，为中国特色社会主义理论体系的形成和发展提供丰厚的理论来源。这也正如邓小平所说："三中全会以后，我们就是恢复毛泽东同志的那些正确的东西嘛，就是准确地、完整地学习和运用毛泽东思想嘛。基本点还是那些。从许多方面来说，现在我们还是把毛泽东同志已经提出、但是没有做的事情做起来。把他反对错了的改正过来，把他没有做好的事情做好。今后相当长的时期，还是做这件事。当然，我们也有发展，而且还要继续发展。"[①]

毛泽东同志带领全党全国各族人民，在一个落后的东方大国建立起社会主义制度，并对社会主义建设规律进行艰辛探索。他强调，要把马克思主义基本原理同中国社会主义建设具体实际进行第二次结合，制定适合中国情况的路线方针政策和办法；强调要以苏为戒，从中国实际出发，独立自主地进行社会主义建设；强调要处理好社会主义建设的十大关系，正确区分和处理两类不同性质的矛盾。毛泽东同志对社会主义建设规律的初步探索，我们党带领人民建设社会主义的崭新实践，为中国特色社会主义创立与发展奠定了理论和实践基础。改革开放后，我们党不断深化对社会主义的认识，提出社会主义的本质是解放生产力，发展生产力，消灭剥削，消除两极分化，最终达到共同富裕；提出社会和谐是中国特色社会主义的本质属性等等，丰富和发展了马克思主义科学社会主义理论；提出社会主义初级阶段思想，强调这是我国在生产力落后、商品经济不发达条件下建设社会主义必经的特定阶段，丰富和发展了马克思主义关于社会主义发展阶段理论；提出社会主义改革开放思想，指出改革是一场新的革命，是中国现代化的必由之路，僵化停滞没有出路，丰富和发展了马克思主义关于社会主义改革的思想；提出社会主义市场经济思想，强调我国经济体制改革的目标是建立社会主义市场经济体制，丰富和发展了马克思主义政治

---

① 《邓小平文选》第2卷，人民出版社1994年版，第300页。

经济学理论；提出社会主义基本经济制度思想，强调毫不动摇地巩固和发展公有制经济，毫不动摇地鼓励、支持、引导非公有制经济发展，丰富和发展了马克思主义关于社会主义所有制理论；提出社会主义科学发展思想，强调发展是我们党执政兴国的第一要务，要实现以人为本、全面协调可持续的发展，丰富和发展了马克思主义关于社会主义发展理论；提出社会主义和谐社会思想，强调要按照民主法治、公平正义、诚信友爱、充满活力、安定有序、人与自然和谐相处的总要求构建社会主义和谐社会，丰富和发展了马克思主义关于社会主义社会建设理论；提出社会主义政治文明建设思想，强调要坚持中国特色社会主义政治发展道路，发展社会主义民主政治，建设社会主义法治国家，丰富和发展了马克思主义民主政治理论；提出社会主义精神文明建设思想，强调要建设社会主义核心价值体系，坚持社会主义先进文化前进方向，提高国家文化软实力，丰富和发展了马克思主义意识形态建设理论；提出"一国两制"科学构想，强调按照"一个国家、两种制度"方针实现祖国和平统一，丰富和发展了马克思主义国家学说；提出社会主义和平发展思想，强调奉行独立自主的和平外交政策、坚持互利共赢的开放战略，既通过争取和平的国际环境来发展自己，又通过自己的发展来促进世界和平，丰富和发展了马克思主义国际战略理论；提出马克思主义执政党建设思想，强调要加强党的执政能力建设和先进性建设，增强党的阶级基础、扩大党的群众基础，坚持科学执政、民主执政、依法执政，以改革创新精神全面推进党的建设新的伟大工程，丰富和发展了马克思主义党的建设理论。

广泛吸收借鉴人类文明一切有益成果是中国特色社会主义理论体系形成的重要条件。"社会主义要赢得与资本主义相比较的优势，就必须大胆吸收和借鉴人类社会创造的一切文明成果，吸收和借鉴当今世界各国包括资本主义发达国家的一切反映现代社会化生产规律的先进经营方式、管理方式。"① "社会主义作为一种崭新的社会制度，只有在继承和利用资本主义社会已经创造出来的全部社会生产力和全部优秀文化成果的基础上，并结合新的实际进行新的创

---

① 《邓小平文选》第3卷，人民出版社1993年版，第373页。

造，才能顺利建设成功"；① 我们必须"以马克思主义的理论勇气，总结实践的新经验，借鉴当代人类文明的有益成果，在理论上不断扩展新视野，做出新概括"。②

在上述思想指导下，中国共产党不断从过去被扭曲的社会主义观念中解放出来，广泛吸收人类文明的共同成果，成功开辟了一条中国特色社会主义道路。在具体的实践中，中国共产党坚持"以我为主，为我所用"的原则，积极学习和借鉴世界各国人民创造的一切优秀文明成果，并把它熔铸于中国特色社会主义的经济、政治、文化和社会之中，推动中国社会的变革与发展，丰富和发展了中国特色社会主义理论体系。在经济方面，在总结社会主义国家计划经济建设经验教训，吸收借鉴发达国家市场经济发展成果的基础上，把坚持社会主义基本制度同发展市场经济结合起来，把建立社会主义市场经济体制确定为我国经济体制改革的目标；吸收利用外资、外国技术，学习国外管理经济方法，运用资本、证券、股市等经营方式。吸收借鉴了国外在发展市场经济中处理计划和市场方面的有益经验，逐步建立起了市场经济条件下的宏观调控体系。注重统筹国内国际两个大局，不断吸收和借鉴其他国家发展经验，加快转变经济发展方式，加快形成现代市场体系，完善国有产权管理体制，走中国特色新型工业化道路，统筹城乡发展，建设资源节约型、环境友好型社会，发展循环经济，防范经济风险，以推动国民经济又好又快发展。在政治方面，学习西方国家的政治管理经验，借鉴他们的一些有益的形式和方法，开始实行国家公务员制度，建立与社会主义市场经济相适应的法律体系；借鉴人类政治文明的有益成果，建设社会主义政治文明，提出依法治国，建设社会主义法治国家的思想；提出尊重和保护人权，根据自己的国情把集体人权和个人人权，经济、社会、文化权利和公民、政治权利统一起来加以推进；积极推进行政管理体制和机构改革，改革和完善干部人事制度，健全公务员制度。正确处理继承与创新、立足国情与借鉴国外经验的关系，发展社会主义民主政治，深化行政管理体制改革，有序地推进司法体制改革，加快惩治和预防腐败体系建设，丰

---

① 《十六大以来重要文献选编》（中），中央文献出版社2006年版，第1050—1051页。

② 《江泽民文选》第3卷，人民出版社2006年版，第537页。

富和完善中国特色社会主义的政治文明。在思想文化方面，吸收借鉴人类发展教育、科学、文化和社会事业等方面的有益经验，提出了"科学技术是第一生产力"，"尊重知识、尊重人才"等思想，不断加强社会主义精神文明建设；充分认识到世界各种思想文化相互激荡，有吸纳又有排斥，有融合又有斗争，有渗透又有抵御的现实，发扬民族文化的优秀传统，汲取世界各民族的长处，在内容和形式上积极创新，推进文化体制改革，发展文化事业和文化产业。创新管理体制、参与国际竞争，一手抓公益性文化事业，一手抓经营性文化产业，努力建设开放创新的和谐文化。在社会建设方面，吸收古今中外文明中关于和谐思想的宝贵成果，把构建社会主义和谐社会作为建设社会主义的一项基本任务，使中国特色社会主义事业总体布局更加明确地由社会主义经济建设、政治建设、文化建设三位一体发展为社会主义经济建设、政治建设、文化建设、社会建设四位一体，进一步深化了对社会主义现代化建设战略任务和方针政策的认识。在党的建设方面，认真分析总结国外政党执政的经验教训，以改革和创新的精神研究和解决党的建设面临的重大理论和现实问题，并要求增强党的阶级基础，扩大党的群众基础，不断提高党的社会影响力，使党始终保持先进性和纯洁性。

在中国特色社会主义理论体系的指引下，中国共产党人和中国人民以一往无前的进取精神和波澜壮阔的创新实践，谱写了中华民族自强不息、顽强奋进新的壮丽史诗，中国人民的面貌、社会主义中国的面貌、中国共产党的面貌发生了历史性变化。中国特色社会主义理论体系，是我们党继往开来、与时俱进，团结和带领全国人民沿着中国特色社会主义道路实现中华民族伟大复兴的理论。我们必须坚持与时俱进、与世俱进、与实俱进、与是俱进、与史俱进，不断开拓中国特色社会主义理论体系发展的新境界。

(此文载于《扬州大学学报（社科版）》2010年第3期)

科学发展观的价值逻辑探析

陈士军[*]

摘 要：科学发展观是一种关于发展的总体看法和根本主张，是一个博大精深的理论体系。就其内在逻辑而言，具有价值理性和工具理性双重特征；就其外在逻辑而言，具有理论价值与实践价值相统一的特征。科学发展观就其实践价值而言，又体现在多个方面：就其社会层面，体现为公平与效率的统一；就其人学层面，体现为自由与平等的统一；就其生态层面，体现为人自身的价值与生态价值的统一。

关键词：科学发展观；价值；逻辑；统一

党的十七大报告指出，科学发展观是马克思主义关于发展的世界观和方法论的集中体现，是我国经济社会发展的重要指导方针，是发展中国特色社会主义必须坚持和贯彻的重大战略思想。科学发展观是一个博大精深的理论体系，内含多种重要价值。科学发展观就是在相关价值之间寻求一种统一。本文从科学发展观的内、外逻辑及其实践价值几个方面梳理出五个方面的价值统一原则，以期对完善中国特色社会主义理论体系和建设中国特色社会主义的实践起到一定的积极作用。

---

[*] 陈士军（1969— ），男，山东莘县人，聊城大学思政与马列主义学院副教授、法学博士，主要研究方向为中国特色社会主义理论。

一、科学发展观的内在逻辑：价值理性与工具理性的统一

价值理性和工具理性是德国社会学家马克斯·韦伯提出的关于现代化理论的一对范畴。所谓工具理性，是指尊重事实，探寻事物发展的客观规律，是一种人的"自我利益的理性"，强调物质的、眼前的、可见的利益，引导人们重视和追求现实的利益，以可计算、可衡量的标准看待问题，而不考虑目的是否正当和合理。所谓价值理性，则主张人们把自己的认识能力和知识用于追求终极的价值目标，是一种对人的价值的弘扬和人生意义的追求与关怀。工具理性体现了主体对思维客体规律性的认识和驾驭；价值理性体现一个人对价值问题的理性思考。

根据以上的理论界定，我们不难发现，就科学发展观的内在逻辑而言，它也具有价值理性与工具理性的双重性质。科学发展观的价值理性表现在：科学发展观的第一要义是发展，而发展的目的和归宿则是人的需要和发展。科学发展观倡导"以人为本"，主张"尊重人民主体地位，发挥人民首创精神，保障人民各项权益，走共同富裕道路，促进人的全面发展，做到发展为了人民、发展依靠人民、发展成果由人民共享。"① "以人为本"的科学发展观突出了人民群众在历史和社会发展进程中的主体地位，体现了尊重人、依靠人、为了人、解放人的价值取向。

科学发展观的工具理性则体现在其全面、协调、可持续发展的目标与要求之中。其中，全面是指经济、政治、社会的全面发展；协调是指要做到"五个统筹"的要求；可持续是指要做到人与自然的和谐，实现人口、资源、环境的协调永续发展。统筹兼顾是科学发展观的根本方法。所谓"统筹"，就是要正确处理涉及全局的重大关系，深刻体现了全面性的要求。一切事物都是矛盾的对立统一，因一定条件相互依存、相互贯通、相互渗透。我国城乡之间、区域之间、经济社会之间、人与自然之间、国内发展和对外开放之间的关系也

---

① 胡锦涛：《高举中国特色社会主义伟大旗帜，为夺取全面建设小康社会新胜利而奋斗》，人民出版社2007年版，第15页。

是这样，不能孤立看待，而是要全面把握；不能将它们彼此割裂开来，而是要把它们统一起来。科学发展观在发展思路上，更加注重宏观布局，更加注重内在协调，更加注重良性互动，更加注重机制创新，更加注重质量效益，体现了工具理性的特征。

科学发展观的价值理性与工具理性是密切相关的一个统一体，价值理性必须通过工具理性才能得以实现，工具理性的实施则必须以价值理性作为指导。贯彻全面、协调、可持续的科学发展观，强调以人为本，有助于缩小工农差别、城乡差别、区域差别、群体差别，有助于经济、社会和人的全面发展，归根到底有助于全面建设惠及最广大人民群众的高水平的小康社会，实现中华民族的伟大复兴。这一过程和结果，既符合广大人民群的眼前利益，又符合广大人民群众的长远利益，是两种理性的辩证统一。

二、科学发展观的外在逻辑：理论价值与实践价值的统一

发展观是一定时期经济与社会发展的需求在思想观念层面的聚焦和反映，是对发展及怎样发展的总的和系统的看法。确立什么样的发展观，是世界各国面临的共同课题，它也是伴随各国经济社会的变化和发展而不断完善的。现代的发展观始于20世纪40年代，是由政治学家们提出，法兰克福学派形成的"工业文明观"。这种发展观主张"发展＝工业"，至多是"发展＝经济"。1969—1973年罗马俱乐部的未来学派提出"增长极限论"，批判以经济为中心，认为生态快到极限了。他们认为："经济＋自然＝发展"。随后，欧美一些经济学家又作了进一步思考。1987年，联合国环境与发展委员会发表了题为《我们共同的未来》的长篇报告，首次提出了"可持续发展观"，主张"经济＋自然＋社会＝发展"。从20世纪80年代开始，一直到90年代，多学科介入发展观的研究，逐渐形成了"经济＋自然＋社会＋人＝发展"的综合发展观。1995年，在哥本哈根召开的世界人口与发展会议上，又突出了人的地位，发展的最终目标被确定为"全体人民"。

科学发展观，是立足社会主义初级阶段基本国情，总结我国发展实践，借鉴国外发展经验，适应新的发展要求提出的我国经济社会发展的重要指导方

针,是发展中国特色社会主义必须坚持和贯彻的重大战略思想。科学发展观,第一要义是发展,核心是以人为本,基本要求是全面协调可持续,根本方法是统筹兼顾。其中以人为本体现了科学发展观的价值理性;全面协调可持续则体现了其工具理性。在工具理性中,全面、协调是社会的空间维度;可持续则指的是发展的时间维度。科学发展观把主体和客体、价值理性和工具理性、空间维度和时间维度高度统一起来,既借鉴了国外理论,又立足本国国情,各个环节环环相扣、互相渗透、密不可分,是一套严密的理论体系,是马克思主义关于发展的世界观和方法论的集中体现。

科学发展观既是实践的呼唤,也是理论的呼唤,是在社会实践和理论演化的交汇处,脱颖而出、应运而生的,这也正是科学发展观的生命力所在。同时,实践是飞速发展的,理论也是不断发展的,科学发展观的科学性不是一成不变的,其科学性也要不断地放到实践中才能得以验证。马克思说:"人的思维是否具有客观的真理性,这不是一个理论的问题,而是一个实践的问题。人应该在实践中证明自己思维的真理性,即自己思维的现实性和力量,自己思维的此岸性。关于思维——离开实践的思维——的现实性或非现实性的争论,是一个纯粹经院哲学的问题。"① 科学发展观有其深刻的理论价值,又有极端重要的实践价值,是两种价值的高度统一。离开中国特色社会主义的基本国情,科学发展观就会成为无源之水,无本之木,两种价值都会变得毫无意义。

三、科学发展观的社会价值:公平与效率的统一

公平与效率之间的关系,是当今时代的一个热门话题,也是社会发展过程中的一对重要关系。当今时代,几乎所有的国家和地区都实行了市场经济体制,但竞争和市场经济带来了效率,也带来了贫富差距。社会贫富差别过小,会导致趋近完全平等,造成平均主义的低效率;社会贫富分化严重,会挫伤人们的积极性,反过来又影响效率的提升。权衡好公平与效率的关系,是经济社会发展的现实迫切要求解决的一个重大理论问题。

---

① 《马克思恩格斯选集》第 1 卷,人民出版社 1995 年版,第 55 页。

公平本是伦理学上的概念，内容涉及政治、法律、文化等各个领域。公平在经济学的意义，指市场经济等价交换原则所体现的平等。我们所讲的公平一般有社会学的意义，指社会成员之间的社会地位、经济收入、消费水平比较接近而不过分悬殊，它包含一种道德规范的要求。效率，主要指经济效率，即生产要素的投入与产出的比例关系。从宏观经济运行角度讲，效率表现为资源在社会各生产部门的有效配置；从微观经济运行角度看，效率表现为各经济主体生产经营效能的充分发挥。从生产力的视角来研究效率，效率的高低直接决定着生产力发展的快慢。

公平与效率的关系与发展观密切相关，有什么样的发展观就有什么样的公平观和效率观。在传统的发展观中，发展的涵义基本上就是经济增长，衡量发展的一般指标就是经济增长总量和经济增长速度。受这一发展观影响，我们国家长期坚持了"效率优先、兼顾公平"的发展方针，并且取得了举世瞩目的成绩。然而在取得这一成绩的同时，也出现了过多的社会问题，比如"四大差别"即贫富差别、城乡差别、地区差别和群体差别的出现。这些问题促使我们必须反思发展理念，重新考虑公平与效率的关系。

公平与效率两种价值之间存在着二律背反的关系，但二者也互相依存，缺一不可。历史和现实一再证明：只顾眼前和局部效率的"效率"绝不是广泛的和可持续的效率，只有以公平为先决条件的效率才是真正高层次的、整体的、持久的效率。十七大报告明确提出，"把效率与公平相结合"。做到这一点，贯彻和落实科学发展观是关键。科学发展观要求以人为本，强调发展的全面、协调和可持续，坚持经济、社会和人的全面发展，强调按照"五个统筹"的要求推进改革和发展，这样就把效率和公平真正统一了起来。科学发展观下的效率是公平前提下的效率，它立足于经济，但又超越经济；它在内涵上把经济效益与社会效益、经济发展与人类自身发展、人的近期需求与长远需求统一了起来，这有利于经济和社会的持续、快速、协调发展，有利于全面建设小康社会的尽早实现。

四、科学发展观的人学价值：自由与平等的统一

自由是人类独有的精神，是人同一切动物的分水岭。作为人类的普遍追求，人们往往将它视为不证自明的公理。平等概念，其基本含义有二：一为理想价值目标；一为客观社会事实。自由与平等的关系是政治哲学中一个非常复杂的难题。从抽象的层次看，自由与平等两个范畴具有不对称的地位。自由高于平等，可以说个人要求拥有自由是无条件的，但它拒绝个人之间的比较。从现实和历史来看，平等与自由往往相互冲突。人既生而平等又生而有别。人越是致力于争取更大的或更多的平等，就越有可能陷入等级、特权和精英专制的泥坑。

在理论上，自由和平等并不总是互相冲突的，两者之间也可以兼顾。托克维尔认为，"可以设想有一个终极点会使自由和平等汇合并结成为一体。……因为人人都将完全平等，所以人人也将完全自由；反过来说，因为人人都将完全自由，所以人人也将完全平等。"因为"如无完全的自由人就不能绝对平等，而在平等达到其极限时又会与自由融合"。① 最终的平等社会，只有在自由社会才能做到；而真正的自由社会，也能达到最大程度的平等。

科学发展观为自由与平等的高度统一提供了一种全新的视角。科学发展观以人为本的核心思想表明，我们党的一切奋斗和工作都是为了造福人民。"我们推动科学发展，根本的目的就是要……坚持保障人民权益与促进人的全面发展的一致性，做到发展为了人民、发展依靠人民、发展成果由人民共享。"② 在这里，"以人为本"的"人"并非指的是某一单个的人，而是最广大的人民群众，这充分体现了人的权利平等的思想；"发展成果由人民共享"，则充分体现了广大人民群众实质的平等，即机会平等与结果平等的有机结合，这有利于保障每个社会成员最基本的生活条件，为进一步实现共同富裕创造必要的前

---

① ［法］托克维尔：《论美国的民主》（下），商务印书馆1988年版，第116—117页。
② 胡锦涛：《在全党深入学习实践科学发展观活动动员大会暨省部级主要干部专题研讨班上的讲话》，人民出版社2009年版，第16页。

提；"人的全面发展"，意味着在科学发展观的指导下，人的自由可以多方面展开，走出"经济人"假设带来的困惑，进而从人的丰富性和社会性上把握人的发展要求，从社会全面发展和可持续发展中认识发展对人的意义，把自由视为社会发展与人的自我选择互动的过程，使自由的各个层面统一起来，也就使自由有了更全面的体现。

五、科学发展观的生态价值：人与自然的统一

人类自产生以来，其命运就始终与自然的存在和发展休戚相关。人与自然共处地球的同一体中，人类社会的生存和进步离不开大自然。马克思指出："在实践上，人的普遍性正表现为这样的普遍性，它把整个自然界——首先作为人的直接的生活资料，其次作为人的生命活动的对象（材料）和工具——变成人的无机的身体。自然界，就它自身不是人的身体而言，是人的无机的身体。人靠自然界生活。这就是说，自然界是人为了不致死亡而必须与之处于持续不断地交互作用过程的、人的身体。"① 可见，自然界是人类生存和发展的不可或缺的环境条件，与人类一起构成了内在关联的生态系统。不管是作为自然存在物还是社会存在物的人，生存和发展均离不开作为其"无机的身体"的自然界。

在人类发展的相当长一段时期内，人与自然的关系是相安无事的。然而，随着人类改造自然、征服自然的能力的增强，人类逐渐从依附、从属于自然的被动状态转变成以征服者的姿态主动利用、改造和开发自然，人与自然的关系出现了不和谐的音符。尤其是自上世纪中叶以来，随着科学技术的飞速发展，人类在利用科技取得巨大成就的同时，对自然无休止地索取，逐步超出了自然界所承受的极限，致使人与自然之间的关系变得逐渐紧张起来。人类在征服自然的同时，又常常受到大自然的惩罚，承受着单纯追求经济发展所造成的恶果。当今世界出现的生态、环境、人口、资源等全球危机问题，正是人与自然关系失衡的表现。

---

① 《马克思恩格斯选集》第1卷，人民出版社1995年版，第45页。

人与自然关系的失衡，折射的是人对自身价值的片面重视与对生态价值的极度漠视，其结果是人对自身价值追求反过来受到制约。这是长期奉行传统发展观所造成的后果。在如何正确处理人与自然的关系问题上，科学发展观为我们提供了新的视角。科学发展观强调："要牢固树立人与自然和谐的观念。自然界是包括人类在内的一切生物的摇篮，是人类赖以生存和发展的基本条件。保护自然就是保护人类，建设自然就是造福人类。要倍加爱护和保护自然，尊重自然规律。对自然界不能只讲索取不讲投入、只讲利用不讲建设。发展经济要充分考虑自然的承载能力和承受能力，坚决禁止过度性放牧、掠夺性采矿、毁灭性砍伐等掠夺自然、破坏自然的做法……建立和维护人与自然相对平衡的关系。"[1] 在人与自然的关系上，把人类的最高利益与对自然规律的正确把握结合起来，充分重视生态价值对人自身价值的重要意义，使人类社会与自然高度统一、和谐发展，从而使人类自身的活动具备足够的内涵，这就是科学发展观强调的要义。

（此文载于《中国集体经济》2010年第36期）

---

[1]《科学发展观重要论述摘编》，中央文献出版社、党建读物出版社2009年版，第37—38页。

图书在版编目(CIP)数据

国际共运史与社会主义研究辑刊/程玉海,张祥云主编
—北京:中央编译出版社,2011.7
ISBN 978-7-5117-0934-9

Ⅰ.①国…
Ⅱ.①程… ②张…
Ⅲ.①国际共产主义运动史－文集 ②社会主义－文集
Ⅳ.①D1-53②D091.6-53

中国版本图书馆 CIP 数据核字(2011)第 133113 号

国际共运史与社会主义研究辑刊	程玉海 张祥云 主编

出 版 人	和 龑
策划编辑	蒙 木
责任编辑	高立志 王丽芳
编辑信箱	momofofo@sina.com
责任印制	尹 珺
出版发行	中央编译出版社
地　　址	北京西单西斜街 36 号(100032)
电　　话	(010)66509360(总编室)　(010)66509246(编辑室)
	(010)66161011(团购部)　(010)66130345(网络销售)
	(010)66509364(发行部)　(010)66509618(读者服务部)
网　　址	www.cctpbook.com
经　　销	全国新华书店
印　　刷	北京中印联印务有限公司
开　　本	787 毫米×1092 毫米　1/16
字　　数	265 千字
印　　张	16.5
版　　次	2011 年 7 月第 1 版第 1 次印刷
定　　价	58.00 元

本社常年法律顾问:北京大成律师事务所首席顾问律师　鲁哈达
凡有印装质量问题,本社负责调换。电话:(010)66509618